LA VIE PRIVÉE

D'AUTREFOIS

ARTS ET MÉTIERS

MODES, MŒURS, USAGES DES PARISIENS

DU XIIᵉ AU XVIIIᵉ SIÈCLE

D'APRÈS DES DOCUMENTS ORIGINAUX OU INÉDITS

PAR

ALFRED FRANKLIN

LA VIE DE PARIS SOUS LOUIS XVI
Début du règne

PARIS

LIBRAIRIE PLON

PLON-NOURRIT ET Cⁱᵉ, IMPRIMEURS-ÉDITEURS

8, RUE GARANCIÈRE — 6ᵉ

—

1902

LA VIE PRIVÉE

D'AUTREFOIS

DEUXIÈME SÉRIE

PREMIÈRE SÉRIE

COMPLÈTE EN 23 VOLUMES

PARIS. TYP. PLON-NOURRIT ET Cie, 8, RUE GARANCIÈRE. — 3361.

TABLE DES MATIÈRES

LE TRAIN DE PARIS

OU

LES BOURGEOIS DU TEMS

LA VIE PRIVÉE D'AUTREFOIS

LA VIE DE PARIS SOUS LOUIS XVI

DÉBUT DU RÈGNE

PRÉFACE

Sur l'auteur de *La quinzaine angloise* et du *Train de Paris*, l'on ne sait guère que ce que lui-même a bien voulu nous en apprendre dans quelques préfaces. Il y a un peu à glaner aussi dans les nombreux ouvrages que son inépuisable fécondité a semés tout le long du chemin.

Il semble établi qu'il se nommait Jean-Jacques Rutlidge et qu'il était né vers 1744, en Irlande. Il appartenait à une famille fort riche et avait droit au titre de baronnet, qu'il traduisit en français par celui de chevalier.

En 1769, il peut avoir environ vingt-cinq ans et, suivant l'usage, il débute dans les lettres par une tragédie. Cinq actes en vers, dont le sujet, étrangement choisi, met en scène l'histoire de Thamar, tirée de l'Écriture sainte. La pièce est datée de Bruxelles et signée M. L. C. R. [1] OFFICIER LYONNOIS. Ce n'est pas un chef-d'œuvre. Pourtant, le style, tout médiocre qu'il est, surprend, et l'on se demande où et dans quelles conditions ce jeune Irlandais avait appris le français de manière à l'écrire ainsi.

C'est encore à Bruxelles, ou sous cette rubrique, qu'il fait imprimer une traduction très libre du joli poème d'Olivier Goldsmith *The deserted village.*

Quatre années s'écoulent, et nous retrouvons notre auteur à Paris, où il publie le seul de ses livres qui ait obtenu un véritable succès, *La quinzaine angloise.*

De toute évidence, il faut y reconnaître une autobiographie plus ou moins sincère. Il est probable qu'entre 1772 et 1776, Rutlidge aura perdu ses parents, sa mère au moins, et que, devenu possesseur dès lors d'une très grande fortune, il sera venu manger à Paris plusieurs centaines de mille francs.

Bien qu'il ait cru devoir s'en défendre par la suite, il a certainement fréquenté la plupart des personnages qu'il fait agir et qui, d'ailleurs, se

---

[1] Monsieur le chevalier Rutlidge.

reconnurent et se plaignirent [1]. Son livre se
trouve donc être à la fois un spécimen des romans de mœurs vers la fin du dix-huitième
siècle et un très curieux tableau du Paris viveur
à cette époque. « J'écris, dit Rutlidge, pour
l'instruction des jeunes voyageurs qui séjourneront à Paris après moi, » et il leur enseigne
le moyen « de s'y ruiner en peu de tems, »
art facile pour lequel ses compatriotes mon-
traient les plus heureuses dispositions. Lui-
même nous en instruit : « C'est entre vingt-un
et vingt-cinq ans que tant de jeunes Anglois,
trop tôt maîtres de leur fortune, viennent
perdre leur santé et dévorer leur patrimoine en
France. »

Bien que le style révélât un écrivain singulièrement inexpérimenté, le volume eut une
grande vogue. Il fut traduit en anglais dès
l'année suivante et plus tard en allemand et
en suédois. On le réimprima aussi à Yverdon,
puis à Londres, avec le récit, beaucoup moins
intéressant, d'un nouveau voyage fait à Paris
par l'auteur.

---

[1] « Je conçois à peine qu'il ait pu se trouver des hommes assez
insensés pour publier eux-mêmes qu'ils étoient les originaux
existans des copies odieuses et burlesques que j'ai introduites
dans mes tableaux... » *Lettre de l'auteur à l'éditeur*, en tête
de la seconde édition de *La quinzaine angloise*.

Voici donc Rutlidge romancier à la mode. Mais son ambition littéraire rêvait encore une autre gloire, celle que dispense le théâtre. L'indifférence témoignée par le public à *Thamar* semblait prouver que le genre tragique n'était pas son fait. Il n'en voulut rien croire, et l'année même qui avait vu naître *La quinzaine angloise* s'enrichit d'une comédie en cinq actes et en prose, signée M. L. C. R. G. A. [1]. C'était une satire dirigée contre madame Geoffrin et les habitués de son salon. D'Alembert, un de ceux-là, ne cherchait pas à dissimuler son opinion quand il écrivait à Voltaire : « Je ne sais quelle canaille vient de faire imprimer une comédie intitulée *Le bureau d'esprit,* où la pauvre madame Geoffrin mourante est fort dénigrée, à la vérité si platement que cela ne se peut lire [2]. »

Au reste, *Le bureau d'esprit* ne fut pas représenté, et c'est bien ce qui désespérait Rutlidge. Il se remit à l'œuvre. Quelques mois lui suffirent pour composer *Le train de Paris,* une comédie qui n'est pas sans valeur, et dans laquelle il entreprit « de combattre la manie

---

[1] Monsieur le chevalier Rutlidge, gentilhomme anglais ?

[2] Lettre du 23 novembre 1776, édit. BEUCHOT, t. LXX, p. 172.

ruineuse et ridicule qu'ont les bourgeois de
copier les vices et les travers que se permettent
les gens de qualité [1]. » Par la nature même du
sujet qui y est traité, ces cinq actes offrent
beaucoup plus d'intérêt aujourd'hui qu'ils n'en
présentaient alors, car ils font revivre des faits,
des sentiments et des mœurs qui, pour les con-
temporains, avaient seulement le mérite de se
produire sous la forme dramatique.

Sans hésiter, Rutlidge alla porter ces cinq
actes au Théâtre-Français, qui refusa d'en
entendre la lecture. L'auteur patienta pendant
trois mois; puis, enflammé de colère contre
des acteurs si peu avisés, il saisit sa meilleure
plume, et dans une préface destinée à précéder
la pièce imprimée, il expliqua au public comment la crainte de voir son œuvre compro-
mise par d'aussi médiocres « histrions » l'avait
déterminé à la retirer. Le morceau, d'une
naïve et superbe arrogance, rappelle plutôt les
bords de la Garonne que ceux de la Liffey.
Voyez :

« Le hasard me conduisit à la Comédie-
Françoise, d'où le jeu des acteurs m'a banni
depuis fort longtems. On donnoit, ce jour-là,

[1] Préface, p. 9.

la première représentation de *L'égoïsme* [1]. La
manière dont les acteurs rendirent cette pièce
me détermina à ne jamais leur confier la
mienne. Je vis avec une indignation égale à
celle que l'auteur a pu éprouver, la façon
lamentable et indécente dont sa pièce fut déchirée, les contre-sens éternels du farceur Pré-
ville, les charges détestables et grossières de
Dugazon, la balourdise monotone du pesant
Desessarts, le feu factice, les glapissemens insi-
gnificatifs et les hoquets de Molé. Pas un ne
s'étoit donné la peine d'apprendre son rôle,
encore bien moins celui de l'étudier et d'entrer
dans le sens des choses. Je ne dois ni ne veux
juger la pièce, mais j'ose assurer que le *Tar-
tuffe* même, ce chef-d'œuvre du génie de Molière, s'il eût été aussi ridiculement joué, auroit
également fait périr d'ennui les spectateurs. Je
me figurai dès lors ma comédie en proie à la
stupidité et à la négligence hautaine de ces
histrions, et je résolus de la mettre au jour sans
lui faire subir cette désagréable épreuve. Je la
fais imprimer, sans m'embarrasser beaucoup
des préoccupations de quelques lecteurs contre
les pièces non représentées. Je fais vœu même

---

[1] La meilleure pièce de Cailhava. Elle fut jouée pour la
première fois le 19 juin 1777.

de n'en jamais offrir aucune aux comédiens privilégiés. Si le gouvernement permet l'ouverture d'un second théâtre, je me livrerai alors avec empressement au désir que j'ai de contribuer, par mes foibles talens, à soutenir notre scène comique. »

Ce n'est pas tout. On imprima, la même année, un petit acte, *Les comédiens ou le foyer*, dont Rutlidge se reconnut l'auteur. Mais la publication avait eu lieu à son insu : « Cette bagatelle, prétendait-il, a véritablement été dérobée de mon portefeuille ; j'ajouterai que je ne m'attendois nullement à voir les Comédiens François se faire l'application des traits qui y sont répandus. Je ne connois aucun de ces messieurs que le sieur Auger. Tout ce que je sais d'eux, c'est qu'ils sont médiocres sur la scène. Quelques auteurs m'ont ajouté, qu'en comité ils étaient ingrats, avides et insolens. En partant de là, j'ai laissé courir ma plume ; ce tableau s'est trouvé juste et leur a fait jeter les hauts cris : j'en suis fâché pour eux. »

En somme, *Le train de Paris* finit par être joué. Les comédiens italiens l'acceptèrent et le représentèrent le 17 septembre 1779. Il obtint tout au plus un demi-succès, constaté d'ailleurs par la critique, qui ne se montra pas trop malveillante. On lit dans les *Mémoires secrets,* dont les arrêts sont parfois fort durs : « Les deux premiers actes, d'un excellent comique, ont été bien reçus et ont fait beaucoup de plaisir. L'auteur a foibli dans le troisième... On ne peut lui refuser un talent décidé, mais il faut qu'il étudie l'art davantage, ménage mieux ses forces, et châtie plus son style, car il a, plus que tout autre, le sel et la gaieté, les deux premières qualités du genre [1]. » La *Correspondance secrète* est plus sévère : « Cela, y est-il dit, peut s'appeler une chute complète, quoique assez douce [2]. »

Rutlidge se le tint pour dit. Tenté par un genre nouveau, il renonce au théâtre. Il fonde un recueil périodique, *Le babillard,* titre qu'il emprunte à Addison, sans pouvoir lui emprunter son talent. Pourtant, on pille *Le babillard,* et sans le citer. Sébastien Mercier, qui publiait alors son *Tableau de Paris,* se le permit trop souvent, et Rutlidge adressa ses plaintes au *Courrier de l'Europe* [3] dans une lettre qu'il signa : LE CHEV. RUDLEDGE [4].

---

[1] *Mémoires secrets,* dits de Bachaumont, 19 septembre 1779, t. XIV, p. 184.

[2] Tome VIII, p. 327.

[3] N° du 23 juillet 1782. Voy. aussi les *Mémoires secrets,* 31 juillet 1782, t. XXI, p. 39.

[4] En voici un extrait : « Le public, depuis quelque temps,

Entre temps, il avait intenté un procès dans lequel se trouvait engagée une partie de sa fortune, et qui constitue un très curieux document pour l'histoire des mœurs notariales au dix-huitième siècle. Voici le fait :

Rutlidge, lors de son arrivée à Paris, avait été recommandé au notaire Dehérain. A peine majeur, sans aucune expérience par conséquent, le jeune homme avait chargé le peu honorable officier ministériel de vendre une terre qui valait environ quatre cent mille livres. Dehérain l'acheta cent vingt mille livres pour lui-même, sous un nom supposé. Puis, voyant l'ingénuité de son client, il poussa l'audace encore plus loin. Il lui avança quelques fonds, en lui faisant croire que l'acquéreur refusait de payer. L'effrayant ensuite par la perspective d'un long et dispendieux procès, il décida le chevalier à lui abandonner, moyennant une somme dérisoire, sa créance sur l'acheteur fictif.

C'est beaucoup plus tard que Rutlidge put démêler les fils de cette friponnerie. Il porta

est inondé de nombreuses éditions du *Tableau de Paris*. De nombreux lambeaux du *Babillard* et de mes autres ouvrages, enchâssés dans les quatre gros volumes de celui-ci, me rendent tout fier, et je me crois presque assez bon pour être pillé... »

plainte, et l'affaire fut plaidée au Châtelet en
1782 [1]. Dehérain était soutenu par la plupart
de ses confrères, intéressés, disent les mémoires du temps, à sauver l'honneur de leur
corporation, et aussi « par une foule d'agioteurs et d'escrocs avides d'apprendre comment on élude les lois, jusqu'à quel point on
peut les enfreindre et compter sur leur indulgence. » Le chevalier avait surtout pour lui
« les gens de lettres et les fils de famille pro-
digues. » La partie n'était pas égale. Non seulement Rutlidge perdit sa cause, mais il fut
condamné aux dépens et à des dommages-inté-
rêts envers Dehérain. Celui-ci, voulant dignement couronner son œuvre, obtint une contrainte par corps, et fit enfermer son naïf client
à la Force, une prison toute nouvelle, qui
venait de remplacer le Petit-Châtelet et le For-
l'Évêque [2].

[1] Voy., parmi les factums conservés à la Bibliothèque
nationale : *Acquisition clandestine et à vil prix, par un
notaire au Châtelet de Paris, de la terre que son client l'avoit
chargé de vendre.* Et encore : *Mémoire pour le chevalier
de Rutlidge, contre M. Dehérain, notaire au Châtelet de
Paris, la veuve et les héritiers de défunt sieur de Milleville
de Bergère.*

[2] Sur cette affaire, voy. les *Mémoires secrets*, t. XX, p. 73
et t. XXI, p. 143. Dans les pièces du procès, Rutlidge est
dit « irlandais d'origine, homme de condition et capitaine de
cavalerie. »

Remis en liberté et pressé peut-être par la nécessité, Rutlidge revint aux romans. Il publia en 1785 *Le vice et la foiblesse, ou mémoires de deux provinciales ;* en 1786, *Les confessions d'un Anglois, ou mémoires de sir Charles Simpson ;* en 1787, un supplément à *La quinzaine angloise ;* en 1789, *Alphonsine ou les dangers du grand monde.* Tout cela est sans valeur.

La Révolution éclate et Rutlidge se jette dans le mouvement. Il prend une part active aux démêlés créés par la question des subsistances, et publie à ce sujet plusieurs brochures ; si bien que, dès la fin de l'année 1789, il est arrêté et conduit au Châtelet [1]. Relâché l'année suivante [2], la réclusion ne paraît pas l'avoir assagi. Il emploie son temps à tramer de ridicules complots et à écrire d'inutiles brochures ; ce qui fait qu'il est poursuivi de nouveau en 1792, sous l'accusation d' « avoir provoqué la cherté des grains. » On perd alors sa trace, et il passe pour être mort en prison vers 1796.

----

[1] Voy. le *Moniteur* des 8 juillet, 9 et 11 décembre 1789.— PRUDHOMME, *Révolutions de Paris,* n° 17, p. 31 ; n° 23, p. 52 ; n° 25, p. 46.

[2] A. TUETEY, *Répertoire général des sources manuscrites de l'histoire de Paris pendant la Révolution,* t. I, p. 131 et suiv.

· Voici la liste des ouvrages publiés par ce très · fécond et très médiocre écrivain :

Thamar, tragédie tirée de l'Écriture sainte, par M. L. C. R., officier lyonnois. Bruxelles, 1769, in-8°.

· *Le retour du philosophe, ou le village abandonné, poème imité de l'anglois du docteur Olivier Goldsmith.* Bruxelles, 1772; in-8°.

Observations à MM. de l'Académie françoise, au sujet d'une lettre de M. de Voltaire [relative à Shakespeare]. Paris, 1776, in-8°.

Essai sur le caractère et les mœurs des François, comparés à celles des Anglois. Londres, 1776, in-12.

La quinzaine angloise à Paris, ou l'art de s'y ruiner en peu de tems. Ouvrage posthume du docteur Stéarne, traduit de l'anglois par un observateur. Londres, 1776, in-12.

Le bureau d'esprit, comédie en cinq actes et en prose, par M. L. C. R. G. A. Liège, 1776, in-8°..

Premier et second voyages de mylord de *** à Paris, contenant La Quinzaine angloise, *et le retour de mylord dans cette capitale après sa majorité, par le Ch. R ****. Yverdon, 1777, 3 in-12.

OEuvres diverses, contenant des poésies et quelques dissertations. Yverdon, 1777, 2 in-8°.

Essais politiques sur l'état actuel de quelques puissances, par M. R. C. B. Londres, 1777, in-8°.

Le train de Paris, ou les bourgeois du tems, comédie en cinq actes et en prose, par Monsieur le chevalier Rutlidge. Yverdon, 1777, in-8°.

*Les comédiens, ou le foyer, comédie en un acte et en prose, par M ***.* Londres, 1777, in-8°.

Le babillard. Paris, 1778 [du 1er janvier au 30 août], 4 in-8°.

Calypso, ou les babillards. Paris, 1784-85 [51 numéros], 3 in-8°.

Le vice et la foiblesse, ou mémoires de deux provinciales, rédigés par l'auteur de La quinzaine angloise. Paris, 1785, 2 in-12.

Les confessions d'un Anglois, ou mémoires de sir Charles Simpson, rédigés sur le manuscrit original par l'auteur de La quinzaine angloise. Paris, 1786, 2 in-12.

Éloge de Montesquieu. Londres, 1786, in-8°.

Supplément à La quinzaine angloise, *ou mémoires de M. Provence.* Paris, 1787, 2 in-12.

Le valet de chambre financier, ou mémoires de M. Provence. Paris, 1788, 2 in-12. [Réimpression de l'ouvrage précédent.]

Nouvelle théorie astronomique, pour servir à la détermination des longitudes. Paris, 1788, in-4°.

Alphonsine, ou les dangers du grand monde, par l'auteur de La quinzaine angloise. Paris, 1789, in-12.

La vie de M. Necker, directeur général des finances, par un citoyen. Paris, 1789, in-8°.

Projet d'une législation des subsistances, composé pour M. Necker. Paris, 1789, in-8°.

Mémoire pour la communauté des maîtres boulangers de la ville et fauxbourgs de Paris, présenté au roi le 19 février 1789. Paris, 1789, in-8°.

Dénonciation sommaire faite au comité des re-

cherches de l'Assemblée nationale contre M. Necker, ses complices, fauteurs et adhérens: Paris, 1790, in-8°.

L'astuce dévoilée, ou l'origine des maux de la France, perdue par les manœuvres du ministre Necker, avec des notes et anecdotes sur son administration, par Rutofle de Lode. Paris, 1790, in-8°.

Procès fait au chevalier Rutlidge, baronnet, avec des pièces justificatives et sa correspondance avec M. Necker. Paris, 1790, in-8°.

Mémoires de Julie de M***. Paris, 1790, in-8°.

Aventures de milord Johnson, ou les plaisirs de Paris. Paris, 1798, 2 in-12. [Réimpression de La quinzaine angloise.]

LA QUINZAINE ANGLOISE

A PARIS,

OU

L'ART DE S'Y RUINER

EN PEU DE TEMS,

Ouvrage posthume du Docteur ST EARNE,
traduit de l'Anglois par un Observateur.

Quæque ipfe miferrima vidi. *Virg.*

A LONDRES.

MDCCLXXVI.

LA QUINZAINE ANGLOISE A PARIS

OU

L'ART DE S'Y RUINER EN PEU DE TEMS

PREMIÈRE JOURNÉE

DE MON ARRIVÉE A PARIS, ET MES PREMIÈRES CONNOISSANCES DANS CETTE CAPITALE.

J'en suis à mon second voyage à Paris depuis six ans; le premier fut de quinze jours. J'ai passé plus de cinq bonnes années à réfléchir sur les folies que j'y avois faites en deux semaines, et je viens de me déterminer à en publier le récit pour l'instruction de mes pauvres compatriotes, que j'ai la douleur d'y voir marcher sur mes traces. Je vois cette capitale avec des yeux bien différens, après un lustre. J'atteignois à peine alors à ma dix-huitième année. J'espère que, pour mon honneur, on daignera s'en souvenir à chaque ligne de la très humble confession qui va suivre.

En 176... je partis de Londres, avec le train,
l'équipage et les dispositions de la plupart de
nos étourneaux, c'est-à-dire avec un bon carrosse, deux valets anglois, un valet de chambre
provençal et des lettres de crédit très considérables. Leur produit étoit destiné à me défrayer
pendant le cours entier de mes voyages, qui devoit embrasser plusieurs états de l'Europe. Malheureusement, je commençois par la France, et
il ne servit qu'à me faire traiter de milord pendant une période bien courte par toutes les courtisanes, chevaliers d'industrie, savoyards des car-
refours et gens subalternes de toute espèce de la
capitale. .

Arrivé à Calais, je rencontrai M. S... Après y
avoir arrêté un de ces valets interprètes que l'on
a coutume d'y prendre pour suppléer à l'ignorance de la langue des domestiques anglois que
l'on a avec soi, nous prîmes la route de Paris.
Malgré l'habileté et l'effronterie de mon Provençal, je grossis ma suite d'un de ces hommes : il
nous mena sans accident jusqu'à l'hôtel du P. R.[1],
faubourg Saint-Germain.

Cette maison m'avoit été recommandée à Calais, par le sieur Desaint, comme le pied-à-terre

---

[1] Peut-être l'hôtel du Parc-Royal, dans la rue du Co-
lombier. C'était, après l'hôtel de Luynes, le plus renommé
du faubourg Saint-Germain. En 1760 les logements y coûtaient
jusqu'à quatre cents livres par mois.

de tous les seigneurs de notre nation, et le seul
hôtel qui convînt à un homme qui voyageoit en
berline et portoit douze mille livres sterling[1]
dans son portefeuille. Ma vanité avoit ouvert de
grandes oreilles, et malheureusement j'avois
toutes les dispositions du monde à être la dupe
de la pompe et de la vogue d'un hôtel garni.

Le sieur Béarn, l'hôte le plus civil et le plus
courtois, vint me recevoir à ma descente de carrosse. Dès ce moment, il me dora la pilule par
des politesses si soumises et qui portoient un caractère d'honnêteté si touchant, que j'eus lieu de
me croire chez l'homme de France au moins le
plus obligeant, si je n'étois pas chez celui qui
avoit le plus de probité. Mon engouement étoit si
grand, que, semblable au bourgeois-gentil-
homme de Molière, je lui aurois donné avec
plaisir une guinée[2] pour chaque révérence qu'il
me détachoit. Elles se suivoient si rapidement et
étoient si multipliées, qu'il auroit vidé ma bourse
encore plus vite que le garçon tailleur n'épuisoit
celle de M. Jourdain.

La tête baissée et le corps courbé à demi, mon
hôte, un flambeau à la main, marchoit avec un

---

[1] La livre sterling, monnaie de compte, valait, alors comme
aujourd'hui, vingt-cinq francs environ. Mais trois cent mille
francs du dix-huitième siècle représentent bien six cent
mille francs d'aujourd'hui.

[2] La guinée représente environ vingt-cinq francs vingt-cinq
centimes.

profond respect devant moi ; il m'introduisit
dans un bel et spacieux appartement au premier
étage. Après m'en avoir fait considérer l'élégance
et la commodité, il me déclara que je n'en
paierois que quarante louis d'or par mois ; à cette
proposition il joignoit la liste de tous les pairs
d'Angleterre qui s'en étoient contentés aux mêmes
termes, et conclut son discours par une insinua-
tion également adroite et gracieuse des gratifi-
cations que lui avoit valu la satisfaction qu'ils
avoient eue de ses services, et qu'ils avoient
jointes, en partant, à un prix aussi modéré.
J'avois trop d'ostentation et d'ignorance pour
contredire le perfide aubergiste. Je restai donc
en possession du premier étage, et lui de la certitude de quarante guinées par mois, sans compter les spéculations qu'il fondoit d'avance sur ma
cuisine, mes équipages et sur toutes les extravagances que j'avois bien l'air de devoir faire pendant mon séjour.

Après avoir passé la nuit dans un profond sommeil, doucement occupé des rêves agréables que
l'avant-goût de Paris me causoit, je fus éveillé
par un des deux valets de louage que la prévoyance du sieur Béarn avoit ajoutés à mon train.
Il m'annonça que le docteur ** étoit déjà venu
dans l'intention de me présenter ses respects, et
qu'il s'étoit informé avec la plus tendre solici-
tude de l'état de ma santé ; mais que, pour ne

pas interrompre mon sommeil, il avoit remis sa
visite à midi. Il étoit alors dix heures du matin
tout au plus. Je ne connaissois pas le docteur,
j'avois peine à deviner quel intérét il prenoit à
une existence dont il ne pouvoit être informé depuis quinze heures. Je résolus néanmoins d'attendre un homme aussi prévenant. Je m'en promis peut-être quelque utilité, ou au moins quelques facéties dignes de l'esprit léger de la nation
que je venois étudier la première.

Je l'attendis donc.. Pendant les deux heures
qui s'écoulèrent jusqu'à son retour, je fus assailli
par une foule de marchands, marchandes, histrions, tailleurs, maîtres de langues, maîtres de
danse. Peu rompu alors au train et aux usages du
monde, la seule conséquence que je tirois de
toutes ces visites intéressées étoit d'attacher à
mon individu une sotte importance, qui ne pouvoit être que le délire de ma jeunesse et de ma
vanité. Le docteur parut enfin, et vint fortifier
ce sentiment. Je m'étendrai un peu sur la des-
cription de ce personnage, parce qu'il a eu une
grande part à toutes les extravagances qui ont
signalé mon début dans le monde.

Qu'on s'imagine une physionomie où se peint
un mélange d'effronterie qu'on prend d'abord
pour simple assurance, avec un sourire qui, au
premier coup-d'œil, exprime un zèle officieux et
tempéré de respect, mais où il n'est pas difficile

de démêler bientôt la politesse niaise et affectée
d'un intrigant subalterne et sans esprit; une petite tête enveloppée de deux boucles de la gros-
seur du bras et de la longueur de quinze pouces,
qui, partant des sourcils, vont s'étendre dans un
sens circonflexe à trois doigts au-dessous des
oreilles, pour se rejoindre ensuite derrière la
nuque, où elles forment un énorme volume; le
tout lissé, pommadé à plaisir et servant de co-
quille à un chef mince, qu'il faut chercher dans
l'édifice de cette ample frisure. On l'y trouve bien
enfin, mais on y chercheroit vainement de la doctrine ou de la cervelle. La tête à perruque que
je viens de décrire a pour support un corps allongé en échalas vers le haut, et dont les membres se grossissent par le bas : leur ensemble
forme un tout d'environ sept pieds d'Angleterre[1].
Cette machine étoit revêtue d'un habit dont le
goût recherché annonçoit au moins un marquis.
Une longue épée battoit contre la place où il y
auroit dû avoir des mollets ; des doigts effilés,
placés au bout d'une main large, étoient ridiculement chargés de bagues de quelque valeur :
j'ai appris depuis qu'elles étoient autant de ré-
compenses de services rendus à d'opulens compatriotes. J'aurai occasion par la suite d'en indiquer la nature. Le fracas de vingt breloques

---

[1] Le pied d'Angleterre valait trente et-un centimètres.

m'annonça dès l'antichambre quelque chose qui
devoit ressembler à un mulet, mais qui n'avoit
que des rapports moraux avec cet animal. Tel
étoit l'extérieur du docteur. Quand il m'eut dé-
cliné ses qualités et se fut annoncé pour un
membre de la faculté, je ne pus m'empêcher de
me rappeler qu'on m'avoit prévenu en Angleterre qu'à mon arrivée en France je trouverois
tout plus singulier et élégant que raisonnable et
profond. Je fis asseoir le brillant Esculape, et lui
présentai du thé que j'avois encore devant moi,
attendant avec impatience qu'il s'expliquât sur
le motif qui m'attiroit sa visite.

Le docteur s'exprimoit avec facilité en anglois ;
mais son accent n'étoit pas pur. Après les complimens usités dans les premiers momens d'une
nouvelle connoissance et des offres générales de
service, il poursuivit ainsi : « Milord me paroit
se proposer quelque séjour en cette capitale. A
son âge on vient y chercher le plaisir, et on
manque rarement de l'y trouver ; mais il est essentiel d'y avoir une société sûre, on ne sauroit
même mettre trop de délicatesse dans le choix
qu'on en fait. Il faut aussi prendre au moins une
teinture de la langue. Je serois infiniment flatté
de mériter assez sa confiance pour qu'il voulût
bien s'en rapporter à moi pour ces objets. » A ce
préambule obligeant, il joignit le catalogue de
tous les pairs et de tous les gentilshommes anglois

avec qui il avoit eu des liaisons : je reconnus les noms d'un grand nombre de parens, d'alliés ou d'amis. Cela donna plus de chaleur à notre entretien ; il me parla alors de leur reconnoissance et de leurs libéralités. Il m'étala même des bijoux et des portraits, qu'il caractérisoit de précieux souvenirs de ses chers amis milord tel, monsieur tel, sire tel. Séduit par ces gages de leur amitié pour lui et par la chaleur des offres qu'il me faisoit, je me sentois insensiblement disposé à lui donner ma confiance et à me régler sur ses avis dans le pays inconnu où je m'étois jeté. Je le priai donc d'accepter mon dîner. Il me promit de rompre un engagement important pour me faire ce plaisir, et sortit en m'assurant que bientôt il reviendroit me tenir compagnie.

A peine le docteur eut-il tourné le dos que mon valet interprète et les deux laquais de louage que je tenois du maître du logis vinrent faire chorus de ses louanges à mes oreilles. Ils s'épuisoient en éloges sur un personnage qui mêloit si réellement l'utile à l'agréable. Tout cela se débitoit avec si peu d'affectation et tant d'adresse qu'il m'a fallu des faits pour me persuader de l'intelligence des panégyristes avec le saint. Ce n'est pas à dix-huit ans qu'on devine que les intrigans en chaussette¹ achètent la réputation des

¹ On nommait alors chaussettes des bas légers qui se mettaient sur la chair, par-dessous les vrais bas. Le diction-

fripons en livrée. Dans les discours de cette élo-
quente valetaille, il étoit autant question pour le
moins des parties de plaisir que le docteur avoit
liées que des cures qu'il avoit faites. Il est vrai
que les unes venoient assez à la suite des autres.
Je digérois cependant mon déjeûner en lisant
nonchalament le *Guide des étrangers* [1] ou l'*Almanach de Paris* [2], tandis que M. Toupet donnoit à
ma tête un tour à la françoise et épuisoit l'art
profond de mettre des papillottes. Cette utile
occupation emporta deux heures de mon tems
et consomma une partie de celui que le docteur
employoit à ses visites dans le quartier. Les Anglois abordent en foule dans le faubourg Saint-
Germain : de tous ceux qui y arrivent avec
quelque apparence de distinction, pas un n'é-
chappe à son attention. Heureusement il n'en-
treprend jamais de les guérir de ces maux qui

naire de l'Académie en 1778 et celui de Laveaux en 1820
ne donnent encore pas d'autre sens à ce mot Mais que signifie
cette expression *intrigans en chaussette ?*
   [1] Sans doute l'ouvrage suivant : *Le voyageur fidèle, ou le
guide des étrangers dans la ville de Paris*, par L. LIGER,
1715, in-12. — Pour les voyageurs de la qualité de milord,
il y avait un guide plus indiqué, celui de Nemeitz, dont voici
le titre : *Séjour de Paris, c'est-à-dire instructions fidèles
pour les voyageurs de condition*, 1727, in-8°.
   [2] Peut-être l'*Almanach de Paris, contenant la demeure,
les noms et qualités des personnes de condition dans la ville
et fauxbourgs de Paris*. L'édition de 1775 se vendait trente
sols brochée et quarante sols reliée.

peuvent avoir des conséquences mortelles et
dont la guérison exigeroit une grande sagacité
médicale. J'ai observé même, depuis que je suis
revenu sur son compte, qu'il déclinoit adroitement tout ce qui étoit d'une nature scabreuse et
compliquée, pour se renfermer et se rejeter sur
certaines maladies d'aventure. Sa pratique doit
y être d'autant plus lumineuse, que, tandis qu'il
les guérit d'une main, il les multiplie de l'autre.

A trois heures précises il arriva ; le sieur Béarn
nous fit servir à un prix exorbitant un très mince
dîner. Le docteur s'échauffa à cette vue, et d'un
ton de maître, que je n'aurois pas pris, il gronda
plus haut que je ne l'aurois fait moi-même. Dès
cet instant, il s'érigea en arbitre dans ma maison.
Par reconnoissance pour le mécontentement qu'il
faisoit éclater de me voir aussi mal servi, je crus
devoir en prévenir l'excès. — Docteur, lui dis-
je, la chère est mauvaise, mais en récompense
je crois que nous pourrons nous rejeter sur
d'excellent vin de Bourgogne. — Voyons, dit-il
tout en feu. En parlant ainsi, il se fit donner un
verre qu'il porta à ses lèvres. — D'où vient ce
vin-là ? poursuivit-il brusquement. Un valet de
louage lui répondit en tremblant qu'il venoit du
Pontac[1]. — Poison détestable, s'écria-t-il, et
digne du maudit cabaret où il fut composé. Puis

---

[1] Sans doute Pontacq, chef-lieu de canton dans les Basses-
Pyrénées.

s'adressant à un de mes gens, il demanda plume,
encre et papier. Ayant tracé quelques mots :
Tenez, dit-il, courez chez J..., marchand de vin
du Roi ; qu'il envoye à milord cent flacons du
meilleur pomard, en attendant que je lui donne
demain des ordres pour un assortiment. A sa
voix, le valet, souple et obéissant, disparut comme
l'éclair. Moi, ignorant des ressources et des
intelligences de l'obligeant médecin, je demeu-
rois interdit d'admiration, d'aise et de reconnoissance.

Tandis qu'il prenoit en main les rênes du gouvernement de mon domestique [1], il dévoroit. Ce
ne fut qu'après un travail considérable des dents
et de la mâchoire que la conversation se ranima.
Il noya dans un torrent de paroles les noms des
illustres qu'il alloit employer à mon éducation,
des ouvriers les plus parfaits en tout genre qu'il
se proposoit de rassembler pour me servir. Chaque phrase avoit pour refrain : « Ne vous inquié-
tez pas, je me charge de ceci, je réponds de cela. »
Ensuite venoit la chronique scandaleuse de
toutes les jolies intrigues de nos milords avec les
beautés de l'Opéra : qui avoit eu celle-ci, qui
avoit commencé à produire celle-là, les extravagances faites pour elles, les qualités brillantes et
la célébrité de ces dames, leurs défauts, leurs

---

[1] Ce mot signifie ici ménage, intérieur, etc.

agrémens, le danger de quelques-unes, mille anecdotes jolies, mille traits plaisants. Tous ces détails animoient ma curiosité, ils égayèrent le reste du repas. Dès que nous nous fûmes levés de table, prenant un ton sérieux et important : — Quel est, s'il vous plaît, votre banquier, milord ? dit le docteur. — C'est M. G... — Tant pis ; je suis fâché que ce ne soit pas* : cela est étonnant. Il est peu d'Anglois de votre distinction et de votre caractère qui ne lui soient recommandés. Outre la grande probité et le plus grand zèle pour vos affaires, cela vous procureroit encore des liaisons avec une maison que l'esprit et les talens du maître du logis ne rendent pas moins agréable que la compagnie nombreuse et choisie que le jeu y rassemble. — Le jeu ! comment ! chez un homme dont la confiance doit sans cesse venir remplir la caisse ! — Principes de votre lourde et frauduleuse patrie ! Un esprit vraiment spéculatif fait du jeu une branche réelle de commerce. Dites-moi, s'il vous plaît, milord, quelle différence trouvez-vous entre ce que l'on hasarderoit au trente et quarante, et ces spéculations vagues et incertaines que l'on fait dans vos fonds publics ? — Mais dans nos fonds, nous n'approuverions pas trop qu'un banquier, dépositaire de ceux d'autrui, s'exposât à les distraire par des paris ruineux dont les profits auroient été pour lui seul. — Bon !

on ne distrait rien ici, on y ramasse au contraire sans cesse et de toutes manières. Vos crédits, poursuivit-il, sont sans doute considérables ? — J'ai environ douze mille livres sterling sur Paris. Cette indiscrétion, où il entroit pour le moins autant de vanité que d'inexpérience, satisfaisoit essentiellement la curiosité du docteur et donnoit carrière à ses vues. — Belle somme, répliqua-t-il avec chaleur, c'est de quoi acheter toute cette capitale ! Eh bien ! je vais vous présenter chez le baron de***, vous y verrez la meilleure et la plus grande compagnie; c'est un homme d'un mérite distingué, qui a des talens supérieurs. Il leur doit une fortune immense, et peut aspirer aux honneurs dans un pays qu'il étonne par la nouveauté et la profondeur de ses vues. Vous rencontrerez chez lui quantité de personnes de distinction. Plusieurs parlent votre langue, ainsi vous pourrez passer agréablement votre tems en attendant que les leçons de M. l'abbé F*** vous aient mis à portée de tenir votre coin dans les sociétés françoises. Je remerciai le docteur de tant de bons offices.

Il se leva, et tirant le cordon de la sonnette : Il faut, dit-il, que j'examine quel équipage le maître du logis vous fournit. Abandonnez-moi tous ces petits soins-là, je m'en chargerai volontiers et je ferai en sorte que l'on ne vous en impose en rien. Voyez, ajouta-t-il avec empire à celui de mes gens

qui parut, voyez si le carrosse de milord est prêt.
Et sans attendre sa réponse : Descendons, dit-il
en se tournant vers moi, il est six heures, nous
ferons un tour à l'Opéra[1], de là nous irons chez
le baron de ***.

Je m'embarquai sous la conduite du mentor
singulier qui s'emparoit ainsi de ma personne.
Un très bon carrosse de louage, dont le derrière
étoit surchargé de tous mes valets, armés de
cannes par les soins du docteur, nous mit dans
un instant à la porte du Palais-Royal. Mon guide
me fit descendre, et sans me donner le temps de
considérer cet édifice, après avoir pris lestement
des billets d'entrée des mains du plus fringant de
mes valets de louage qui lui obéissoit au clin
d'œil, il m'entraîna avec précipitation dans la
salle du spectacle. Il se plaça à côté de moi dans
un des balcons qui touchent à la scène. La toile
ne tarda pas à se lever. Je vis pour la première
fois ce composé monstrueux de musique lourde
et bruyante, sans goût et sans chaleur, et de
cabrioles sans expression, que l'enthousiasme
françois prend et donne pour le premier des
spectacles. Cédant à l'ennui qui me dévoroit, je

---

[1] Alors au Palais-Royal. La salle, détruite par le feu en
1763, avait été reconstruite en 1770. Brûlée de nouveau en
1781, elle fut réédifiée sur le boulevard Saint-Martin. — En
1776, le beau monde dînait vers trois heures, se rendait au
théâtre vers six heures, et soupait vers dix heures.

me mis à parcourir tous les coins de cette salle
immense, et finis par laisser tomber les yeux sur
mon compagnon. Les siens étoient occupés.
J'observai un air d'intelligence entre leurs regards et ceux de quelques-unes des divinités qui
voltigeoient sur le théâtre. Toutes les fois que
quelques figures des ballets ramenoient celles-ci
à notre portée, elles sembloient aussi considérer
beaucoup l'air et l'attirail anglois dont j'étois
encore affublé.

Vous me paroissez, me dit le docteur, ne
prendre que très peu de plaisir à l'insipide tintamarre de cette musique françoise. Mais, ajouta-
t-il avec un sourire expressif, si les scènes qui se
passent sur le théâtre causent quelque ennui, on
en est amplement dédommagé par celles qui ont
lieu derrière les coulisses. A ces mots, il me tend
la main, et enjambant par dessus les trois bancs
qui étoient entre nous et la sortie, il m'entraîne
au foyer. Je ne tardai point à être convaincu du
cas qu'on y faisoit de lui, et de l'inclination judicieuse et naturelle qu'a tout cet essaim dansant
pour les jeunes Anglois qui en sont à leur premier tour en France.

La***, la***, la*** venoient de terminer un
pas de trois; en rentrant, elles aperçurent mon
guide, dont l'individu allongé excédoit de deux
pieds un groupe de petits-maîtres occupés à présenter l'or et l'encens à ces déesses. J'étois à côté

de lui. L'ampleur de ma cravate, la longueur des
basques de mon habit, je ne sais quel air roide et
niais dont nous ne nous défaisons qu'un an après
notre sortie d'Oxford ou de Cambridge et au moins
six mois de séjour à Paris, tout cela affichoit
mon pays sur tout mon individu. Les clignote-
mens du docteur, que j'étois encore trop neuf
pour observer ou pour apprécier, assuroient les
plus intelligentes que je pouvois pousser loin mes
offrandes. Aussi la troupe dorée des marquis fut
bientôt abandonnée à son désespoir, et le milord
entouré et lorgné sans miséricorde. Je ne savois
pas que le docteur me préparoit, pendant ce
tems-là, l'agréable surprise d'un souper avec
les deux plus jolies nymphes de la bande, qui
m'avoient lâché, avec quelques mots d'un anglois
estropié, des œillades assassines. Pour masquer
plus adroitement le coup de maître qu'il venoit
de faire, il se hâta de m'entraîner hors de ce lieu
d'enchantement, en me disant qu'il était temps
de nous rendre chez le baron de***.

En un moment nous arrivâmes à la porte de
son hôtel. Le docteur traversa devant moi toute
la maison, avec la même franchise et la même
liberté que s'il fût entré chez lui. Après avoir
passé dans plusieurs pièces remplies de gens à
différentes livrées, il me fit apercevoir le baron,
qui étoit venu me recevoir jusqu'à la porte d'une
première antichambre. C'étoit un homme posé et

à mine flegmatique, dont la tête forte et étoffée
portoit un air de système jusque dans ses révérences et son accueil. Sa voix forte et pesante sor-
toit avec lenteur et suivoit une mesure lourde et
monotone qui mettoit le ton d'une prudence
excessive jusque dans son bonjour.

Le baron m'introduisit lui-même dans un
salon, où, à travers les flots tumultueux d'une
assemblée nombreuse et l'embarras d'un grand
nombre de tables de jeu, je pénétrai jusqu'à la
baronne. La figure et l'air en dessous de celle-ci
faisoient le pendant de son époux. A peine se
donna-t-elle le tems de répondre à mon premier
compliment, qu'étalant un jeu de cartes, elle
me pressa d'en prendre une pour me placer à un
whist qui sembloit m'attendre là par un décret
des destinées. Jamais je n'étois entré dans une
maison où l'on fît si peu de dépense en conversation, et où l'on se trouvât situé si promptement
entre les rois de pique et de carreau. Je me soumis à l'usage et commençai une ennuyeuse partie avec trois inconnus : une fille âgée dont le
babil intarissable développoit les prétentions, un
abbé au regard avide dont l'attention au jeu
paraissoit surpasser celle qu'il mettoit à son bré-
viaire, et un vieux militaire à qui l'âge n'avoit pu
imprimer la bonhomie sur sa figure, tant son air
rusé et patelin trahissoit sa simplicité affectée.

Je jouois avec distraction, au grand regret de

la beauté surannée que j'avois en face, et portois
malgré moi un coup d'œil sur toutes les parties
de l'appartement et sur les divers originaux dont
il étoit rempli. C'étoit le plus étrange composé
que j'eusse vu de mes jours ; je n'étois point alors
en état de le définir, comme je l'ai été depuis,
quand j'eus connu en détail une partie des personnages et vérifié par une triple expérience la
justesse de la dénomination du *Paquebot*, qu'un
plaisant a donnée à cet hôtel. Tout ce que je vis
dans ce premier instant, c'est que la base des
occupations de la maison n'étoit pas moins la
politique que le jeu, car je vis nombre de brochures angloises et gazettes dispersées çà et là.
La sagane[1] empanachée et au moins quinquagé-
naire qui étoit malheureusement ma partener,
s'irritoit néanmoins de mes distractions : à chaque point que ma balourdise lui faisoit perdre,
elle poussoit un soupir avec lequel je croyois son
âme prête à passer, ou un cri plus aigre que celui
de nos orangères de Cheapfide[1]. Je riois intérieurement, tout en lui demandant très humblement
pardon. Enfin nous en fûmes quittes pour quelques louis d'or et pour une syncope qui la rendit
pourpre pendant trois minutes.

L'assemblée s'apprêtoit à s'écouler. Le maître

---

[1] Sorcière. Le mot sagane, qui se trouve dans les diction-
naires de Boiste et Landais, a été omis par Littré.

[2] Un riche quartier de Londres.

du logis demanda si quelque cavalier n'auroit
pas la complaisance de ramener Mlle*** jusqu'à
son couvent : c'étoit ma désolée associée.

L'obligeant docteur qui s'étoit déjà mis en possession de tout ce qui m'appartenoit, disposa en
cette occasion de ma personne et de mon carrosse.
Je ne pus résister au ton supérieur qu'il y mit. Je
présentai la main à la vieille, avec le moins de
mauvaise grâce possible, et nous sortîmes de
l'appartement.

Je m'aperçus que, radoucie par cette complaisance, l'impression de mes fautes au jeu commençoit à s'effacer de son esprit. En roulant
depuis l'hôtel de *** jusqu'à son monastère, je
reconnus l'excès de son indulgence, et en sa
faveur je passai sur l'énormité de ses prétentions ;
je la quittai, avec permission de lui aller faire ma
cour. Elle étoit d'autant plus flatteuse que je
n'avois pas eu la peine de la demander, et qu'elle
me prouva combien l'âge avancé étoit prévenant
chez les belles.

A peine étions-nous montés en voiture que le
docteur dit avec chaleur au cocher d'aller dans
la rue de Richelieu. Il fouetta et nous volâmes.

— Mon cher ami, me dit alors mon compagnon, en me serrant la main, j'ai résolu de
vous faire racheter tout l'ennui que vous avez pu
dévorer ce soir par un des plus jolis soupers de
Paris. Un homme comme vous doit partager sa

vie entre les sociétés sérieuses et l'agréable
extravagance de ce qu'on appelle parties fines.
Vous êtes jeune, vous avez de l'esprit et de la
figure : six mois de ce train-là, et vous allez
laisser bien loin derrière vous le marquis de ***
et M. de ***, les deux plus agréables seigneurs
de France; cela fera sans contredit beaucoup
d'honneur à l'Angleterre. — En vérité, mon
cher docteur, vous êtes le meilleur et le plus
complaisant de tous les hommes. Je n'avois point
encore l'habitude de ces mots françois si expres-
sifs, tels que *charmant et délicieux*, qui auroient
mieux convenu aux circonstances. — Il est fort
heureux, pour un étranger, poursuivis-je, de
faire une rencontre aussi rare. Que vous êtes
obligeant! — Oh! milord, répliqua précipi-
tamment le docteur, outre que tel est mon
naturel, je partage tous les agrémens que je puis
procurer à mes compatriotes; cela ne m'a jamais
rien coûté. — Tout au contraire, c'est une
preuve de la bonté de votre cœur, lui dis-je. Je
n'ai point l'esprit méchant et j'étois trop aveuglé
pour donner à la dernière phrase du docteur son
sens strict et littéral.

Mon carrosse s'arrêta, nous descendîmes. Le
docteur me précédoit par un escalier assez étroit
et fort obscur; il nous conduisit à une antichambre, fort propre et très bien éclairée, au
premier étage. Deux valets sans livrée, mais très

bien vétus, y étoient de garde : l'un des deux
demanda mon nom, et sur la réponse de mon
introducteur, les deux battans du salon s'ou-
vrirent soudain. Mes yeux furent frappés par un
luxe recherché et voluptueux que l'on ne connoit
qu'à Paris, et dont toutes les ressources sont
prodiguées, surtout dans les lieux semblables à
celui où je me trouvois. Trois femmes composoient toute la compagnie, elles vinrent avec
épanouissement au-devant de mon guide et
eurent pour moi la politesse la plus empressée.
J'en reconnus une pour la demoiselle ***, que le
docteur m'avoit nommée le soir de l'Opéra. La
seconde étoit une camarade, elle appeloit la troisième sa maman ; elle avoit en effet l'âge bastant[1] et l'air de matrone qui convenoit à ce
rôle-là. Je m'aperçus que la demoiselle *** étoit
la sultane qui régnoit dans ce palais. Je remarquai bientôt une intelligence entière entre la
douairière et le docteur. Ils se parloient à
l'oreille et pendant ce tems-là les yeux de la
vieille se fixoient sur moi en-dessous. A mesure
qu'il paraissoit mettre plus de chaleur dans son
discours, la physionomie surannée de la harpie
prenoit un air avide qui la faisoit ressembler à
un dogue qui guette un os. La compagne de la

---

[1] « L'âge bastant », l'âge suffisant. Le mot est encore dans
la dernière édition du dictionnaire de l'Académie (1878), mais
on l'y déclare « familier et vieux ».

demoiselle *** s'appeloit Julie; elle étoit moins
jolie : c'est une politique dans tous les coryphées
de l'Opéra de ne s'accoupler qu'ainsi. Toutes les
fois qu'un homme de quelque considération (et
celle-ci se mesure par la bourse) est attendu, et
qu'on a sur lui des projets, s'il doit être accompagné par un docteur ou quelque autre personnage de cette espèce, il se trouve toujours une
beauté d'un rang inférieur qui échoit au lot de
l'écuyer. — Eh bien! milord, me dit-la ***, en
m'abordant d'un air et d'un ton badin, comment trouvez-vous Paris? les femmes vous pa-
roissent-elles jolies? Vous aurez assurément
déjà formé quelque engagement de cœur. Un
seigneur jeune et aimable comme vous n'y peut
guère rester un moment oisif. A ce doux compliment, je ne répondis autre chose, si ce n'est :
« *Oh! Madame, point du tout,* » et cela avec une
prononciation aussi comique qu'inintelligible
pour des oreilles françoises, accompagnée d'une
nigauderie stupide, en jouant des doigts sur les
cornes de mon chapeau, me tenant roide comme
un piquet que le sieur G...[1] auroit probablement
bien de la peine à plier. Mon air gauche et tout
emprunté auroit fait sur toute autre des impres-

---

[1] Il est nommé plus loin (p. 80) Gardel. C'était sans doute
Pierre-Gabriel, frère du célèbre Maximilien Gardel. Pierre
était entré à l'Opéra en 1774, il y devint maître de ballets, et
vécut jusqu'en 1840.

sions fâcheuses, mais les savantes de l'Opéra aiment à nous dégourdir et se font bien payer leur temps et leur indulgence.

. Mlle *** me fit cinquante agaceries sur le même ton; j'y répondois par la fade répétition de mes trois monosyllabes. On me trouvoit cependant charmant et surtout une physionomie très spirituelle. Je voyois même l'instant où l'on alloit me faire des complimens des belles choses que je disois. J'avoue que, dans mon ivresse imbécile, j'aurois avalé cela aussi dru que les sornettes du docteur.

. La beauté lutine qui m'avoit entrepris, se tournant d'un air languissant vers le docteur, dit avec un soupir : « Milord est bien aimable, mais il est bien froid. Ah! sans doute il connoit la belle ** : c'est la beauté de ces messieurs, ils ne voient de charmes dignes d'eux que les siens. — Je ne crois pas, reprit le docteur, que milord en ait la moindre idée; d'ailleurs, il a de trop bons yeux pour ne pas vous rendre justice. » Comme cette partie de la conversation paroissoit m'être échappée et que je promenois de grands yeux qui cherchoient à comprendre, il se hâta de m'en faire la traduction. — En vérité, ajouta-t-il, et sans flatterie, il y a bien de la différence : Mlle D. H... est en même tems et la plus belle créature de Paris et celle qui est la plus exempte de ces sentimens qui avilissent souvent la

beauté.' Ceci étoit prononcé avec feu, j'y répondis de même : la demoiselle *** m'observoit.
— Parlez donc françois, milord, me dit-elle avec pétulance et en me donnant un petit coup sur les doigts. Je priai mon interprète de vouloir bien lui témoigner le regret que j'avois de n'avoir point la facilité de l'entretenir, mais qu'au moins, je savois assez de françois pour ne laisser échapper aucune de ses aimables saillies. Le compliment lui fut rendu assez bien pour m'en valoir bon nombre en échange. — Eh bien ! apprenez-moi donc l'anglois, poursuivit-elle avec enjouement, moi je vous apprendrai le françois. — De tout mon cœur, lui répartis-je. Elle me détacha un coup d'œil qui me porta jusqu'à l'âme.

Un homme encore mieux vêtu que les gens de l'antichambre, que depuis j'ai découvert être au moins le père putatif de Mlle ***, vint avertir qu'on avoit servi. — Allons, milord, donnez-moi la main, dit celle-ci, et venez vous mettre auprès de moi. — Ma fille, ma fille, s'écria la matrone, ça n'est pas joli de faire comme cela des avances aux messieurs! — Maman, dit l'autre d'un ton folichon, c'est mon maître d'anglois. — Nous étions cependant dans la salle à manger. Une table servie avec élégance étoit éclairée par douze bougies portées sur des girandoles qui s'élevoient aux quatre angles d'un

surtout somptueux. Mon écolière, noncha-
lemment assise sur une bergère qui tenoit le coin
du feu, m'avoit fait placer si près d'elle que j'en
étois embarrassé et honteux comme un novice que
j'étois. La maman se mit au côté opposé et le
docteur étoit entre elle et la divinité en sous-
ordre. On me servoit avec empressement des
morceaux délicats, on me faisoit boire des vins
fins et pétillants. A un service recherché succéda
un autre dont tous les mets n'avoient pas une
faveur moins délicieuse. Celui-ci fut relevé par
un dessert où le vin de Champagne couloit à
grands flots. Pour couronner l'œuvre et me faire
la cour, on me servit du punch ; la jolie main de
l'hôtesse pressa les citrons, il n'étoit pas possible
de refuser. Chaque instant rendoit la conversation plus vive et plus animée ; il est facile de
se figurer combien peu j'étois en état d'y prendre
part. J'en faisois néanmoins tous les frais. La
nymphe s'aperçut que mes sens commençoient à
s'émouvoir ; elle fit entendre, il faut l'avouer, un
très joli gosier et chanta un air tendre autrement
qu'on ne le fait à l'Opéra.

Vers une heure et demie du matin, on se leva
de table. Après quelques saillies qu'on ajouta
aux gentillesses du souper, la maman proposa
un vingt et un. J'ignorois ce que c'étoit. — Eh
bien ! nous serons de moitié milord et moi, dit
ma jolie agaceuse ; et elle m'entraîna en me

prenant sous le bras, vers une table à tapis vert
qui se trouvoit à deux pas. On sonna pour avoir
des cartes, tout le monde prit place ; je tirai une
bourse qui pouvoit contenir quatre-vingts louis
d'or. Aussitôt le jeu me fut remis et je fus chargé
de la banque avec ma sémillante voisine, qui fort
adroitement me laissa le soin d'en faire les
avances.

Si j'avois eu des distractions avant le souper
chez le baron, j'en eus bien d'autres ici. Les
pieds, les yeux, les petits coups de genoux ; tout,
au-dessus et au-dessous de la table, étoit occupé
à les multiplier. Le vin de Champagne m'avoit
enlevé la moitié de mes facultés ; mais me
fussent-elles restées tout entières, tant de con-
tacts dangereux m'en eussent cent fois ravi
l'usage. Aussi mes quatre-vingts louis fondirent
avant la fin de ma banque. Je m'aperçus, malgré
mes vertiges, que les trois quarts du gain étoient
passés du côté de l'avisée et discrète maman de
ma jeune associée ; l'autre quart étoit entre les
mains du cher docteur et de la complaisante
bonne amie. Mon associée se plaignoit assez
tranquillement de sa perte. Elle voulut tirer de
l'or de sa poche pour faire un nouveau fond. Un
changement d'habillement fut un prétexte à
n'avoir point sa bourse sur elle. Le docteur, le
plus poli des hommes, pour prévenir la peine
qu'elle auroit prise à se lever, me passa un rou-

leau de cinquante louis. Ma divinité, piquée de
l'inflexibilité du sort qui s'étoit déchaînée contre
ma main, voulut donner les cartes à son tour. Ce
fut avec encore moins de succès que moi. Madame sa mère avoit un bonheur incroyable, rien
n'y résistoit, et en deux tours de main, le rouleau
du médecin prit la même route que mon or. On
eut la bonté de remettre à un autre jour la
revanche, et de convenir que ce soir-là ma belle
partenaire et moi nous étions en guignon.

La belle, pendant toute la partie, avoit fait
jouer entre ses doigts une boîte d'or travaillée
d'un assez bon goût; je l'avois admirée. « Je
témoignai le désir le plus vif de la considérer
de près. Elle fut remise entre mes mains. Après
en avoir examiné le goût et le fini, je voulus la
rendre. La charmante hôtesse n'y voulut point
consentir. J'insistois, elle prit de l'humeur.
Enchanté d'une prévenance aussi généreuse,
j'allois témoigner au docteur que je voulois au
moins faire un échange. Dans cet instant, la
belle, non moins rusée que libérale, aperçut à
mon doigt un très beau brillant qu'elle considéra
avec attention en me caressant la main. Je ne
sais comment cela se fit, mais il tomba naturellement de mon doigt et se trouva placé au sien.
— Eh bien! dit-elle avec une ingénuité d'enfant,
si milord ne veut pas accepter ma boîte, je la
troquerai contre sa bague. Il n'étoit pas de la

dignité d'un pair d'Angleterre de faire attention
à la différence de valeur énorme de ces deux
bijoux. Le doigt d'ailleurs étoit si joli, que dans
mon ivresse un anneau de quinze cent guinées
ne me parut pas trop précieux pour l'orner. Une
libéralité aussi extraordinaire releva bien tout
l'éclat du mérite qu'on m'avoit d'abord trouvé;
des yeux animés ne me peignoient plus qu'amour
et volupté. La prudente maman prit ce moment
pour annoncer, avec un regard sévère et d'un
ton glacé, qu'il falloit se quitter. — Allons,
jeunes gens, dit-elle, allons, il est tard : nous
avons demain une répétition à onze heures, il
faut se retirer. — La familiarité ainsi établie,
j'obtins la permission de prendre congé par un
baiser à l'angloise. Porté moitié sur mes gens,
moitié par mes jambes, je regagnai, sur une infi-
nité de paraboles, mon carrosse. Je revins me
mettre au lit, ivre de vin, enchanté de ma soirée
et escorté du fidèle docteur à qui, avant de nous
séparer, je remis le rouleau fondu chez la ***.

J'ai entendu dire quelquefois que l'amour
enlevoit le sommeil; ce n'est point celui qu'on
prend dans les foyers, à l'aide d'un vin de Champagne fin et pétillant : il fait oublier dans les
bras de Morphée et les pertes et les sottises qu'on
peut avoir faites la veille. Aussi, je ne pensois ni
à mon diamant ni à mon argent perdu. Je ne vis
dans toute ma journée que l'acquisition de la

jolie boîte d'or et les heureux présages des faveurs de la divine ***. La perte de tout mon portefeuille m'auroit tout aussi peu affecté. Nous autres pauvres Anglois, en arrivant à Paris, on nous dit que nous sommes inépuisables, et nous avons la sottise de le croire. Enfin j'étois enivré, je m'endormis sans penser à rien, et je fis, autant que je puis m'en souvenir, des rêves divertissans.

DEUXIEME JOURNÉE

ÉVÉNEMENT DÉCISIF

C'est ainsi que s'étoit terminée la première journée de mon séjour à Paris. Son détail, tel que je viens de le rapporter, doit mettre au fait du caractère et des principes du docteur**. Les trois quarts des hommes, dans leur première jeunesse, dépendent de ceux qu'ils ont le bonheur ou le malheur de rencontrer ; j'en suis la preuve, et quoique je puisse me consoler par le grand nombre de dupes que cet homme avoit faites auparavant et qu'il fait encore tous les jours, je suis bien honteux qu'un être dont j'ai connu par la suite la frivolité, le néant et les traits plus qu'équivoques, soit venu à bout de me faire illusion pendant quinze jours. Quoi qu'il doive en coûter à mon amour-propre, je vais cependant continuer mon récit pour l'instruction des jeunes voyageurs qui séjourneront à Paris après moi.

Je m'étois couché à quatre heures du matin. A peine avois-je ouvert les yeux, assez avant dans la journée, que ce digne personnage parut au chevet de mon lit. — Eh bien ! milord, me dit-il, comment avez-vous passé la nuit ? Avez-vous fait des songes agréables ? — Au moins, j'avois matière. — C'est fort bien, répartit-il ; mais les plaisirs sont faits pour occuper le déclin du jour. J'ai pourvu à ce que vous ayez ce matin quelque occupation sérieuse pour varier. L'abbé F... vous donnera une première leçon de la langue françoise, et, une heure après, le sieur G... vous donnera les élémens de l'art qui, dans ce pays, embellit si bien la nature, et qui de son union avec elle fait naître ces grâces étrangères à toutes les autres nations. Vous, mon cher milord, vous n'avez besoin que d'un peu de déve-loppement pour les posséder. J'étois confus de tant d'amitié ; je remerciai l'incomparable et obligeant docteur, et me précipitai hors de mon lit pour déjeûner avec mon digne conseil.

Mes maîtres vinrent ensuite ; je fis mon appren-tissage de françois et de danse. Les deux vir-tuoses qui travailloient à mon éducation me pa-rurent des phénix ; l'un par sa politesse admirable et son joli grasseyement, l'autre par ses grâces inimitables. Je donnai ensuite quelques heures à ma toilette, et m'étant revêtu d'un habit égale-ment riche et élégant que le tailleur du cher docteur venoit de m'apporter avec cinq ou six autres du dernier goût, je voulois me montrer au

Palais-Royal, où j'ignorois que le prévoyant médecin m'avoit préparé des admirateurs.

Une douzaine au moins des personnages que j'avois remarqués la veille chez le baron, partagés en différens groupes, étoient dispersés le long de la grande allée. Je ne fus pas trois minutes sans être abordé : le vieux militaire et l'abbé qui m'avoient gagné quelques louis d'or au wisth s'empressèrent des premiers. L'un des deux, plus qu'octogénaire, paraissoit néanmoins jouir d'une santé d'autant plus soutenue que son âme étoit plus réfléchie et plus égale. Il me dit qu'il s'appeloit le colonel Cunning, ses expressions étoient amicales et mielleuses. Il connaissoit parfaitement toute la volée des voyageurs de notre pays et se donnoit pour le parent avoué de M. Greenville [1], ex-ministre du roi notre maître.

Il y avoit quelques minutes qu'il avoit entamé ce détail, quand nous fûmes joints par un petit homme trapu. Sa physionomie fraîche et rubiconde, sa chamarrure, ses bijoux, tout s'accordoit assez à me le faire prendre pour un commis renforcé de finances, quand le colonel me dit que c'étoit le comte de ** : son nom J... n'avoit jamais été accompagné d'une aussi flatteuse qualification. J'ai appris depuis que c'étoit en effet le neveu d'un riche et parcimonieux banquier,

[1] Cette famille a fourni de très nombreux hommes d'État à l'Angleterre.

Le Palais-Royal vers 1760, d'après Germain Brice.

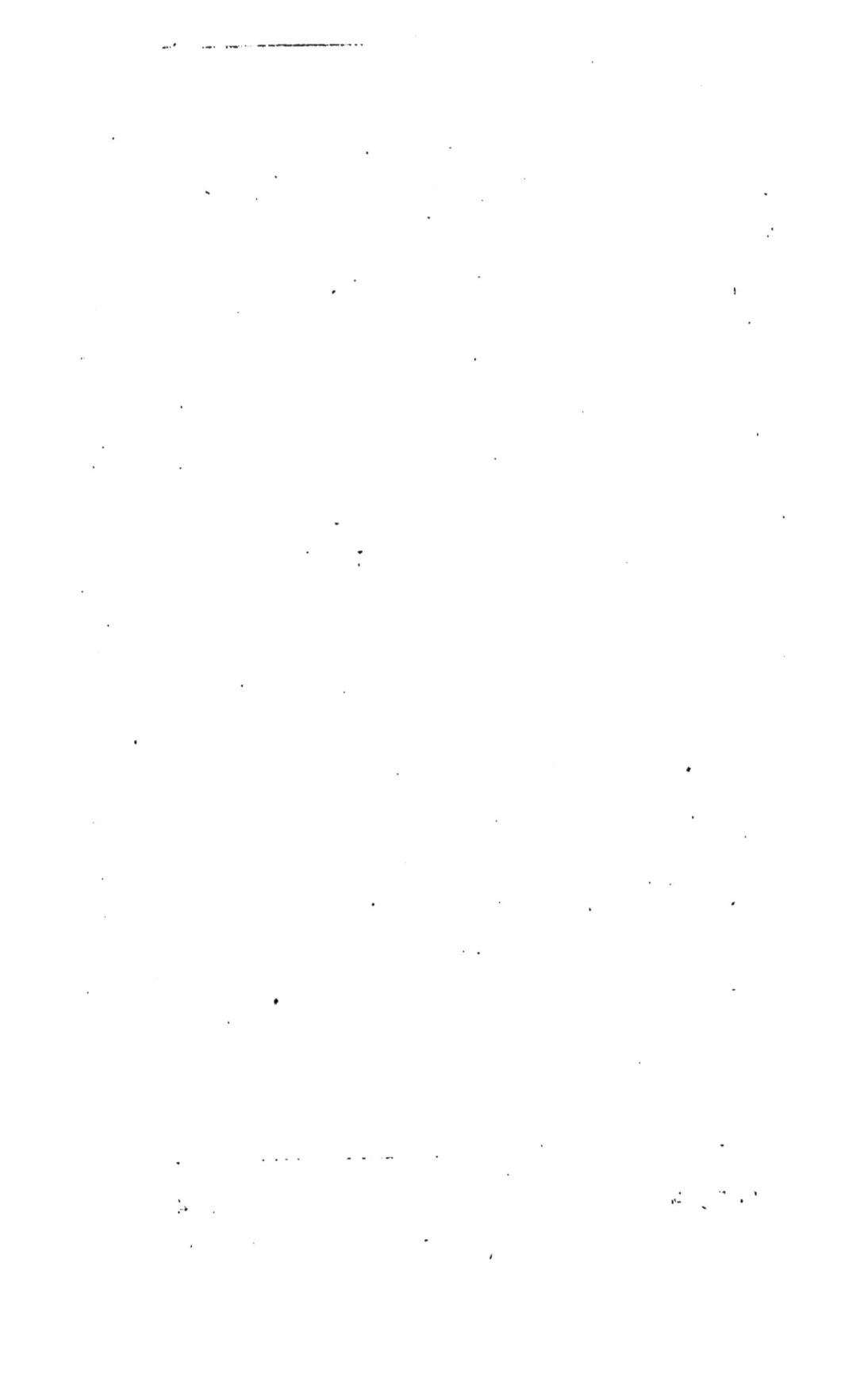

qui, en mourant, avoit frustré tous ses autres col-
latéraux pour réunir sur lui toute la succession.
Du fond d'un comptoir de la ville de Rouen,
notre héritier n'avoit fait qu'un saut à la dignité
de comte de l'empire. M. le comte me bar-
bouilla, à l'aide d'une langue aussi épaisse que
son individu, un compliment, et me présenta un
jeune homme efflanqué et maladif qu'il me
nomma le comte de Rongdeal, son beau-frère ;
ce nom me parut tout aussi bizarrement accou-
plé d'un titre que l'autre. J'aurois cru que ces
usurpations aussi folles qu'indécentes étoient
une maladie de famille, mais il pleut ici des
comtes, et l'on ne fait qu'en rire.

Nous fimes quelques tours d'allée. Pendant
tout ce temps l'abbé F... ne lâcha pas un mot :
je fus tenté de croire qu'il n'ouvroit jamais la
bouche que pour annoncer trèfle, carreau ou
atout. J'ai été depuis confirmé dans ma conjec-
ture : on ajoutoit seulement à cette idée que je
m'en étois formée, qu'il avoit, en dépit de sa
physionomie de doguin, rendu à un prélat des
services qui lui avoient valu de très bons béné-
fices.

Si l'on marche à Paris sur des comtes, on y
est sans cesse coudoyé par des abbés ; l'habit sa-
cré qui devroit distinguer le sacerdoce est un
travestissement banal qui sert de manteau à une
multitude de poltrons et d'intrigans. Un homme

d'une taille moyenne, fluet, poudré et frisé avec
la dernière précision, portant une physionomie
qu'on aurait prise pour celle d'un satyre, si la
foiblesse et la langueur n'en avoient tempéré
l'impudence, vêtu d'un habit violet bordé d'or,
augmenta bientôt notre troupe. Il se nommoit
l'abbé *** : il me témoigna beaucoup de prévenance et le désir de me connoître. Mais j'aperçus qu'il mesuroit d'un œil irrité le fidèle docteur dont je tenois le bras. Tous ses traits, en se
démontant, peignoient l'envie et le chagrin. Je
n'avois garde d'attribuer ces sentimens à une jalousie dont j'étois l'objet. Je ne savois pas alors
qu'ils étoient rivaux et se mêloient quelquefois
du même métier. Il est bon de prévenir que ce
n'étoit ni la théologie, ni la médecine.

L'entretien roula bientôt sur les jolies habi-
tantes des environs du jardin. L'abbé *** et le
docteur en dissertoient à l'envi avec une sagacité
égale. Il n'est pas possible de faire une descrip-
tion plus détaillée des ruelles que celles qu'ils
faisoient. Le vieux militaire les écoutoit avec un
sourire complaisant qui laissoit deviner les souvenirs agréables qu'il pouvoit se retracer. Le
gros comte et son beau-frère railloient à bout
portant les deux narrateurs, mais leurs traits
s'émoussoient sur eux et ils n'en alloient pas
moins leur train. L'abbé ***, l'air sérieux et les
yeux ouverts, paroissoit absorbé dans la profonde

méditation de quelque coup de piquet. Pour moi,
j'étois assez sot pour faire grande attention à
tant d'impertinences. L'heure de quitter la promenade arrivoit pourtant; après avoir fortement
assuré le comte que j'irois le voir, je m'embarquai avec le fidèle Achate et le vieux colonel, que
j'emmenai dîner avec moi.

En rentrant, un de mes valets de louage me
remit, avec quelque précaution, une très petite
lettre très ambrée, qu'on étoit venu apporter
avec empressement pendant mon absence. Je
l'ouvris. Elle étoit écrite en langue françoise;
mais le caractère en étoit si mal formé et l'ortho-
graphe si bizarrement stylée, que quelqu'un qui
la savoit aussi imparfaitement que moi ne pouvoit non plus y comprendre qu'au grimoire. Je
fus obligé d'avoir recours au docteur. Après un
quart d'heure d'étude, il vint à bout d'y déchif-
frer ce qui suit :

« Savez-vous bien, mon petit milord, que vous
êtes bien méchant? vous m'avez empêchée de
fermer l'œil toute la nuit. Maman s'est fâchée
contre moi, elle dit que je suis folle. J'aurai bien
du chagrin, si vous ne venez pas ce soir à la Co-
médie-Italienne. Soyez au moins chez moi à neuf
heures, j'ai bien des choses à vous dire. Cette
jolie petite bague que vous avez mise hier à mon
doigt l'a rendu bien babillard. Il m'a dit à
l'oreille que vous aviez fait à Paris une fort jolie

maîtresse, et cela m'a fait bien de la peine. Cependant si vous venez ce soir, mon petit milord, ce sera une preuve qu'il a menti : je me consolerai et ne le croirai plus une autre fois. »

Mon amour-propre me fit trouver ravissant le tour enfantin et mignard de ce poulet. « Oh! cette fille a de l'esprit comme un ange! s'écria le docteur : Dieu me damne, si ce n'est la plus jolie enfant de Paris. Eh bien! milord, si vous n'avez rien de sérieux à faire, il faut lui donner cette petite satisfaction-là ; nous irons y passer une heure ce soir. » En disant cela d'une voix assez basse, nous nous rapprochions du colonel. Il avoit découvert un trictrac dans mon appartement; il me proposa, une partie en attendant qu'on se mît à table. J'acceptai. Nous jouâmes douze louis d'or; je gagnai la première, je perdis les deux suivantes. Le dîner qu'on annonça prévint la quatrième.

Par les soins et la vigilance de mon majordome, je fus infiniment mieux servi que la veille; tout étoit délicieux. Le bourgogne couloit à foison. Mon vieux convive mangeoit avec réflexion et buvoit du même sang-froid qu'il mettoit au whist, au trictrac et à tout ce que je lui avois vu faire. J'ai expérimenté depuis combien il étoit adroit et rusé, et savoit faire contribuer son monde, avec le calme, la discrétion et la dignité qui convenoient à son âge et à son état. Nous dînâmes

gaiement, parce que son flegme n'excluoit pas la
joie; nous fîmes encore la digestion au trictrac,
elle ne me coûta que cinquante louis.

Le docteur, toujours attentif et prévoyant,
avait fait atteler pour aller prendre l'air au boulevard avant de se renfermer aux Italiens, où
d'ailleurs le bon ton exige que l'on n'arrive que
pour la seconde pièce. Il sembloit que cet homme
eût résolu de laisser mourir tous ses malades
plutôt que de perdre un seul des instans où il
pouvoit contribuer à mes plaisirs; aussi j'étois
pénétré de la plus vive gratitude. Peut-être dans
ces premiers momens avoit-il ses raisons pour
tenir pied à boule [1]. L'abbé *** étoit un de ces
hommes contre qui il faut mettre en œuvre l'assiduité autant que l'adresse. Quoi qu'il en fût,
je résolus de l'indemniser du sacrifice de tous les
honoraires qui pouvoient lui échapper. Je crois
qu'il fut content, car il ne me quitta point tant
que cela se soutint.

Dans la saison où nous étions alors, tous les
êtres corrompus ou frivoles qui infectent cette
grande ville ont coutume de se rassembler au

---

[1] « On dit, au jeu de quilles, *pied à boule*, pour avertir
celui qui joue de tenir le pied à l'endroit où sa boule s'est
arrêtée; et figurément qu'un homme tient *pied à boule* pour
dire qu'il ne quitte point son travail, son occupation; et faire
tenir pied à boule à quelqu'un, pour dire l'obliger à une grande
assiduité. » *Dictionnaire de Trévoux*, t. I, p. 995.

boulevard. Là, leur insipide occupation est d'aller mettre au jour un habit nouveau ou une voiture récemment sortie des mains d'un malheureux ouvrier qui court en vain après son salaire, pendant que souvent elle l'éclabousse et quelquefois l'écrase. A travers des tourbillons de poussière, une file de carrosses circule au petit pas sur un demi-mille d'Angleterre[1], où, malgré la lenteur de la marche et les efforts de l'escouade qui y met l'ordre, souvent on s'embarrasse et on se heurte[2]. Les oisifs qui s'y font traîner s'occupent à s'y considérer ; des regards effrontés vont y décontenancer les femmes jusque dans l'enfoncement de la berline la plus modeste. On y voit, il est vrai, peu de pareils équipages. Le sexe qui vient y figurer pour la plupart ne s'en offense pas ; au contraire, il répond au coup d'œil le plus hardi avec une assurance ou plutôt un air triomphant qui décèle le faste et la fierté avec lesquels la prostitution et le déshonneur marchent front levé au milieu des dépouilles

[1] Le mille d'Angleterre représente 1609 mètres.
[2] « Les boulevards sont une promenade qui règne autour de Paris. Elle consiste en deux grandes avenues de quatre rangs d'arbres chacune, où se tiennent les gens à pied. Au milieu est une chaussée très large destinée aux voitures. Les jours de fête, les boulevards sont le rendez-vous de tout Paris. On y voit quatre files de voitures non interrompues pendant l'espace de plus de deux lieues. Le fiacre délabré y figure à côté du plus brillant équipage. » COGNEL, *La vie parisienne sous Louis XVI*, p. 120.

LE BOULEVARD DES ITALIENS A LA FIN DU DIX-HUITIÈME SIÈCLE, d'après Marlès.

éclatantes du libertinage et de la sottise. Souvent
les victimes imbéciles de ces sirènes insolentes
et cruelles s'assemblent en foule et les adorent
sans pudeur sur leurs chars, aux yeux du public
indigné de tant de bassesse et de duperie. J'en
vis une dans un superbe équipage tout brillant
de dorures qui rehaussoient le plus éclatant vernis. Six beaux anglois[1], couverts de plumes d'or
et de soie, la traînoient en pompe; une livrée
riche et imposante en occupoit le devant et le
derrière. Ce jour-là un monde infini se pressoit
au boulevard. Au moment où son char triom-
phal déboucha d'une rue qui y conduit, un peuple
immense qui occupoit les contre-allées à pied,
se porta avec rapidité du côté par où elle arrivoit : on auroit cru d'abord, à cet empressement, qu'une reine bienfaisante et chérie
venoit s'offrir aux hommages d'une nation enchantée. Je le pensai. Mon guide m'apprit que
c'était la fameuse **. Le tumulte qui se fit entendre découvrit bientôt le motif et la nature
d'un empressement qui m'avoit trompé. Le faste
insultant que venoit étaler une courtisane au milieu du peuple retraça à tous les esprits une
image odieuse. Bientôt le superbe équipage fut
entouré par cette multitude qui, à la fureur et
aux menaces, mêloit les expressions les plus ac-

---

[1] Le mot *chevaux* est sous-entendu.

cablantes de la dérision et du mépris. Elle
s'échauffoit, l'instant approchoit où le char d'or
alloit être mis en pièces. Heureusement la garde
accourut et vint à bout de dégager la beauté interdite, qui avoit eu tout au plus le plaisir de
parcourir cinq ou six toises de la carrière où elle
s'étoit promis d'éblouir jusqu'à la brune un public plus bénévole.

A la relation de ce mortifiant événement, que
cinq cents voix bourdonnoient autour de moi,
je vis tous les petits-maitres qui étoient dans les
voitures dont j'étois à portée, pâles et défaits.
Partagés entre la douleur et l'indignation, les
uns lamentoient tristement, les autres invecti-
voient avec véhémence sur la décadence de la
civilité et des belles manières. Ils traitoient libé-
ralement de g..... et de c..... une foule d'arti-
sans et d'ouvriers qui osoient murmurer de ce
qu'ils ne les payoient pas pour tout prodiguer à
de pareilles créatures. Dans leurs imprécations
ils enveloppoient jusqu'à l'ordre public qui ne
faisoit pas mettre en prison quarante mille citoyens honnêtes, pour avoir manqué aux lois de
la galanterie et au très humble respect dû à une
c...n[1].

Mes pensées étoient si différentes alors de ce
qu'elles sont aujourd'hui, que, compatissant plus

---

[1] Il faut sans doute lire « à une catin ».

La Comédie italienne en 1763, d'après le plan de Deharme.

à l'affront fait à la fille de spectacle qu'aux justes
motifs d'animosité de tant de malheureux, j'opi-
nois aussi solidement que tous ces messieurs.
Indigné plus qu'aucun d'eux, je quittai ce théâtre
de la grossièreté du peuple françois, et fis voler
mon char à la Comédie, au risque de rompre
bras et jambes à la misérable infanterie qui avoit
bien de la peine à se sauver de droite et de
gauche, malgré les *gare* enroués que hurloit
mon cocher.

Dans une salle étroite et obscure, indigne
d'une capitale comme Paris[1], de plats histrions
finissoient de jouer une farce que la moitié au
moins des spectateurs n'entendoit pas. Ces bouf-
fons firent place à des chanteurs et à des canta-
trices françoises dont les voix aigres et les mé-
thodes forcées défiguroient un chant moins désagréable cependant que celui qui m'avoit fait
fuir de l'Opéra. Il visoit au goût italien, et dans
quelques années il pourra y avoir des rapports.
Mais ce n'étoient ni les charmes ni la perfection

---

[1] La Comédie Italienne était encore installée rue Mau-
conseil. En 1781, on lui construisit sur des terrains appar-
tenant au duc de Choiseul une nouvelle salle qui, occupée
plus tard par l'Opéra-Comique, fut brûlée en 1887. Les comédiens italiens, craignant d'être confondus avec les acteurs du
boulevard, ne voulurent pas que leur salle eût sa façade sur
cette promenade et exigèrent qu'elle fût tournée du côté de la
ville. L'Opéra-Comique qui vient d'être reconstruit témoigne
encore de cette ridicule exigence.

des arts que je cherchois ; tout m'auroit paru
bon, si j'eusse rencontré Mlle ***. Aucun des
coins de la salle n'échappa à ma vue ; je ne la
voyois nulle part, l'impatience la plus vive me
tourmenta pendant plus d'un quart d'heure et en
décupla la durée. Enfin le bruit d'une petite loge
que l'on ouvroit sur l'amphithéâtre me fit tourner
la tête de ce côté-là ; j'aperçus une vaste forêt de
plumes qui, se présentant sur une tête qui se
courboit pour en ménager l'édifice délicat en
passant par la porte, étoit cause que je ne pouvois reconnoître les traits du visage. Je me le remis pour celui de ma conquête, lorsque, s'étant
assise, la certitude de laisser un intervalle de
deux pouces entre le sommet de son panache et
le plafond de sa loge, lui eut permis de se re-
dresser[1]. Une riche rivière de diamans couvroit
sa gorge, deux énormes girandoles chargeoient
encore plus les oreilles qu'elles ne les paroient,
une chaîne de gros chatons passoit en écharpe du
sein droit au côté gauche. Comme la scandaleuse
magnificence des beautés annonce ici le tarif des
folies qu'elles s'attendent à voir faire pour elles[2],

---

[1] Il n'y a là aucune exagération. Voy. *Les magasins de nouveautés*, t. III, p. 251 et suiv.

[2] Prévost de Saint-Lucien écrivait vers 1789 : « Les courtisanes du premier rang ne sont pas entretenues avec autant
d'éclat que jadis. Manger un million avec une actrice ne passe
plus pour une merveilleuse conduite. » *Un provincial à Paris
en 1789*, p. 97.

tant d'éclat m'éblouit et m'effraya en même
temps. — Que de diamans, dis-je au docteur
d'une voix fort émue! Cela est incroyable. —
Un Russe, répondit-il, est l'auteur de tout ce
faste qui vous surprend. Croiriez-vous qu'il n'en
a coûté à cette belle que quelques heures de
complaisance. A vous dire le vrai, il faut que
vous lui ayez singulièrement donné dans l'œil
pour qu'elle aille, comme elle le fait, au-devant
de vous. Vous pouvez vous flatter d'avoir plu à
une personne dont bien des amans de la plus
haute volée ont vainement poursuivi les faveurs.
L'intérêt, j'en suis sûr, n'y est pour rien. Un
discours aussi flatteur chatouilloit mon oreille et
portoit dans mon âme les impressions que s'étoit
promis celui qui parloit. — Vous sentez cependant,
continua-t-il avec réflexion et intérêt, qu'une
femme aussi recherchée et aussi jolie a un certain état à soutenir. C'est une maison montée,
ce sont d'autres dépenses assez considérables.
Mon cher milord, tel est ici le ton, personne ne
peut s'en dispenser, et si vous en étiez quitte
pour contribuer à tout cela, ce seroit bien le
moins que vous puissiez faire pour une personne
qui renonce à bien des avantages en vous aimant
comme elle le fait.

En me parlant ainsi, le docteur avoit infailliblement lu dans mes yeux que le poisson étoit
dans la nasse. Tout d'un coup il me quitta. Bien-

tôt je l'aperçus du côté opposé de la salle, entretenant la belle ***, que sans doute il félici-
toit du trait dont elle avoit blessé mon cœur. Au
bout d'environ dix minutes, il me rejoignit, et
affectant un air de satisfaction et d'enchantement : — Vous êtes, dit-il en m'abordant, de
tous les mortels le plus fortuné; cette pauvre enfant n'a qu'une seule crainte, c'est que vous ne
répondiez pas à toute l'ardeur que vous lui avez
inspirée. Mais je crois m'y connoître un peu ; je
lui ai dit que j'augurois mieux de votre bon goût,
et que je répondois de votre sensibilité. Cette
bonne nouvelle l'a mise aux cieux, car c'est bien
la créature la plus tendre et la plus reconnois-
sante ! Voyez ce charmant étui, il est riche autant que de bon goût : elle a voulu qu'il restât
dans mes mains, comme un précieux souvenir
du jour le plus heureux de sa vie. Cette fille-là,
milord, oh ! elle a de l'âme jusqu'au bout des
doigts. Le personnage, qui m'observoit attentivement, ne proféroit point une syllabe qui ne
redoublât l'ivresse dont mes sens étoient agités.
Je ne savois plus quand arriveroit la fin du spectacle. Dans les œillades qui, du fond opposé de
la salle, venoient soulager mon amoureux tourment jusque dans le balcon, je crois que vingt
fois j'aurois interrompu l'acteur par la violence de mes soupirs. C'est une drôle de chose
qu'un écolier d'Oxford, la première fois qu'il

avale à longs traits le poison de l'amour banal
des enchanteresses de l'Opéra; il est dupe avec
une ardeur et une sottise qui se disputent d'excès :. c'étoit, au vrai, ma situation: La vanité
que m'inspiroient mon titre, la fourniture de
mon portefeuille, mes gens, l'air subordonné
du docteur, jusqu'à mon habit neuf et à l'édifice
élégant que le sieur Toupet avoit bâti sur ma
tête, achevoit de me faire bouillir la cervelle.
De tous les fous qui avoient jamais passé le
Pas de Calais, sans en excepter même le lord
D... T..., j'étois bien le plus extravagant. Enfin
la toile tomba.. Je gagnai rapidement les corri-
dors, et m'y empressant aux dépens des coudes
et des pieds de quelques spectateurs à qui je dis-
tribuois des excuses assez gauches, je parvins
à l'escalier assez à temps pour présenter la main
à ma belle.

Par malheur, cet escalier est roide et tour-
noyant, la joie m'avoit tellement ému que, n'a-
percevant pas les pans de sa robe qui étoient
rassemblés sous mes pieds, je m'y embarrassai;
quelqu'un étant venu à me pousser dans cet instant, je fis une culbute d'environ dix marches.
Pour surcroît d'infortune, l'amour avoit tellement attaché la main de Mlle *** dans la
mienne, que, l'entraînant avec moi, nous roulâmes ensemble. Pendant le trajet que cette
chute nous fit faire, le désordre de ses habits

laissa découvrir gratis aux spectateurs des char-
mes-dont la vue coûte si cher en d'autres circonstances. Nous nous relevâmes avec la confusion que devoit donner une pareille catastrophe,
et, à travers les rires et les huées qu'elle avoit
excités, nous eûmes beaucoup de peine à gagner
la porte. Mon indulgente compagne présumoit
assez bien de mes libéralités futures pour me
passer cette première sottise : au lieu de reproches, elle ne me témoignoit que l'inquiétude la
plus vive. Elle fut bientôt environnée de nombre
de bonnes amies qui la considéroient avec une
pitié maligne et équivoque, tandis que leurs
faussets enroués glapissoient autour d'elle : Eh!
mon Dieu, ma chère, comment cela vous est-il
arrivé? Voulez-vous de l'eau de Cologne[1]? Pour
moi, tirant gauchement de ma poche un énorme
rouleau de taffetas d'Angleterre, je l'offrois en
tremblant. — Eh! mon Dieu, M. l'Anglois,
s'écria un plaisant à deux pas de moi, ce n'est là
que la forme de l'emplâtre que madame met à
ses blessures. Le stentor des savoyards de Paris
cria heureusement enfin : le carrosse de milord!
Ma compagne se débarrassa de ses officieuses
amies. Nous traversâmes, tète baissée, la double
haie des rieurs, laissant au docteur le carrosse

[1] L'eau de Cologne avait été inventée dans cette ville vers
1650.

de Mlle ***, pour ramener la petite Julie qui l'avoit accompagnée au théâtre.

Réfugiés dans notre étui et à l'abri des sarcasmes que notre chute avoit fait pleuvoir sur nous, je faisois mon possible pour faire oublier à ma belle l'accident de l'escalier, rassemblant avec des efforts incroyables tous les termes de politesse et de galanterie que j'avois pu ramasser dans mon Boyer[1] et recueillir de la première leçon de l'abbé F... Je balbutiois une sotte apologie dans le plus pitoyable et le plus confus de tous les jargons. Comme je soupçonnois mes paroles d'être peu intelligibles, j'y ajoutai des gestes propres à porter plus de signification. La douceur et la bonté avec laquelle on recevoit mon repentir et mes empressemens me transportoient de joie. Nous étions déjà dans la rue de Richelieu et montés dans l'appartement, où pendant quelques minutes nous fûmes encore seuls.

La foible résistance que ma beauté opposoit à mes amoureuses attaques m'avoit mis tout en feu, et je devenois entreprenant quand la matrone de la veille se montra. Elle affecta du mécontentement d'un pareil tête-à-tête, et dit brusquement à sa fille d'aller se déshabiller; celle-ci me regarda tristement et sortit.

---

[1] Le dictionnaire anglais d'Abel Boyer. Cet ouvrage, qui jouit pendant longtemps d'une grande vogue, datait de 1702.

Resté avec la discrète et prudente douairière, en véritable écolier je cherchois à apaiser, par des protestations, la colère qu'elle laissoit à demi éclater. Ne pouvant parvenir à dérider son vieux front, j'allois abandonner l'entreprise avec autant de chagrin que d'impatience, quand mon illustre et prudent appui, l'adorable docteur, entra. Mon air consterné, le silence consterné de la maman engagèrent soudain une explication par les questions qu'il se hâta de lui faire sur le tableau inattendu que nous lui offrions l'un et l'autre.

— Monsieur le docteur, lui dit la vieille, affectant de se composer un peu, vous le savez bien, ma fille n'est pas en état de faire des folies. Je m'aperçois à merveille qu'elle s'amourache de milord ; c'est à moi d'avoir de la prudence pour elle. Que diroit un certain personnage qui nous soutient à l'Opéra, s'il venoit à savoir quelque chose d'un pareil caprice? Je veux bien croire que milord est trop honnête homme pour nous tromper ; cela ne suffit pas. Nous ne sommes point dans le cas des attachemens de passage. Malheureusement, une femme de théâtre ne peut pas suivre son goût et ses penchans sans être assurée... En un mot, monsieur le docteur, vous qui avez de l'esprit et de l'usage du monde, vous ne blâmerez sûrement pas d'aussi justes alarmes. Sans lui répondre, le judicieux Escu-

lape me rendit ce discours, dont quelques inter-
ruptions m'avoient empéché de saisir le sens,
avec un habile commentaire qui me décida à
offrir sans délai des gages palpables de ma
constance et de ma sincérité. Je tirai de mon
portefeuille un effet de mille louis d'or, et l'allon-
geant à l'impitoyable et rusée harpie, je faisois
des excuses de ne pas parler françois. — Oh!
pardonnez-moi, milord, je vous entends à merveille, me répondit-elle; malgré cela, n'allez pas
me soupçonner d'un vil intérêt. Il est si naturel
à une mère d'assurer le bien de sa fille ! Nous
voyons tous les jours tant de perfidies? D'ailleurs, vous savez qu'on n'est pas toujours jeune.
J'approuvois, d'un coup de tête, des raisonne-
mens aussi judicieux. Au reste, continua-t-elle
d'un ton flatteur, le sacrifice de la plus belle jeunesse ne peut être fait à quelqu'un qui le mérite
plus que vous. Il est bon que je vous prévienne
que, sur cet article, ma fille est délicate jusqu'au
ridicule : si elle pouvoit se douter de la galanterie que vous venez de lui faire, tout seroit
perdu. La pauvre enfant rougit d'un rien. Croiriez-vous que, pour nous soutenir comme je le
fais, je suis forcée de lui cacher les bienfaits
qu'elle reçoit? N'allez pas lui en parler, je vous
supplie. Tout grossier qu'étoit ce piège, il trompa
mon excessive crédulité. En blanc bec véritable,
je n'admirois pas moins la noblesse des senti-

mens de la jeune que la prud'homie de la
vieille, et lui serrant la main, mon âme était encore plus allégée que mon portefeuille.

Mlle *** et la petite Julie rentrèrent dans cet
instant ; on vint m'avertir presqu'aussitôt qu'il
falloit se mettre à table. Si la joie et le plaisir
avoient été jusqu'à l'ivresse au souper de la
veille, dans celui-ci ils prirent tout d'un coup ce
caractère. A peine touchions-nous au milieu du
dessert, qu'on vint dire à l'oreille de la demoiselle Julie qu'elle étoit attendue avec impatience
chez elle. Elle se leva avec précipitation, et le
galant docteur s'offrit à l'y reconduire ; sa proposition fut acceptée.

Il tardoit longtemps à revenir. La maman, ex-
cédée, disoit-elle, de la veillée du jour précédent,
se mit à bâiller sur sa bergère ; bientôt elle y
ronfla de toutes ses forces. A mesure que son
sommeil paraissoit plus décidé et plus profond,
nous devenions plus éveillés et plus vifs. Un
sursaut, qui rouvrit tout d'un coup les oreilles
et les yeux à la duègne, vint interrompre le badi-
nage. — Maman, allez donc vous coucher, lui
dit la fille en la poussant du pied contre le sien ;
vous dormez debout. Fi ! cela n'est pas joli. —
Tout-à-l'heure, ma fille, répliqua-t-elle, la
bouche béante et la langue embarrassée. A peine
eut-elle prononcé ces mots, que, se laissant aller
sur son siège, elle ronfla avec plus de force qu'au-

paravant. — Oh! mais, maman, cela est insupportable! n'êtes-vous pas honteuse? dit alors la demoiselle ***, en la poussant du bras; tenez, voilà votre bougeoir. — Allons, allons, répliqua la mère, se soulevant et frottant ses yeux. Et puis, avec un bâillement assez violent pour lui démonter la mâchoire : je ne sais ce que j'ai à dormir ce soir, dit-elle; vous attendrez donc M. le docteur, mes enfans, mais au moins soyez sages. Puis, en me souhaitant amicalement le bonsoir, elle gagna la porte et se retira — Pour le coup, je crois que c'est tout de bon, dit la demoiselle ***.

Nous renouâmes alors l'entretien plein de vivacité que nous avions entamé. Si mes phrases étoient imparfaites et peu correctes, mes gestes, comme dans le carrosse, suppléoient à ce qui manquoit à mes discours. En pareil cas, c'est peut-être un avantage d'ignorer une langue. Plus d'une fois cela a beaucoup abrégé les chemins. Les heures s'écouloient cependant avec rapidité dans de si doux entretiens, et j'étois inquiet de ne pas voir arriver mon compagnon. Je sonnai : au lieu d'un des laquais qui avoit coutume de répondre, je vis paroître une grosse soubrette, qui me dit gaiement que M. le docteur avoit dit qu'il ne reviendroit point, et qu'il avoit même renvoyé son équipage. Alors se tournant avec de grands yeux étonnés vers sa jeune

maîtresse, elle ajouta d'une voix timide et embarrassée : — Milord ne reste-t-il pas ici? —
Eh! mais je ne sais pas, répondit cette dernière
avec émotion et en me lançant un regard ;
comme il voudra... Mais maman... — Oh parbleu! votre maman, répliqua la suivante d'un
ton dévergondé, elle dort à présent qu'elle
n'entendroit pas Dieu tonner : et puis demain il
fera jour. Laissez-moi faire : quand elle s'éveil-
lera, les oiseaux seront dénichés. Ce qui est fait
est fait, vous êtes assez bons amis pour n'y pas
faire tant de façon. — Comme elle vous arrange
cela! répartit la demoiselle ***, en tâchant de
rougir. Elle me serra la main avec tant d'ardeur
que je m'échappai en caresses aussi hardies que
passionnées. — Patience, patience, dit alors la
grosse femme de chambre, vous attendrez bien
à tantôt pour vous dire le reste. Allons, mademoiselle, venez que je vous déshabille. A ces
mots elle l'entraîna pour aller la mettre au lit,
avec un gros rire indécent, me recommandant
de me tranquilliser, et m'assurant que bientôt
elle viendroit me chercher pour lui souhaiter le
bonsoir.

Elle ne tarda point en effet. Ici je termine
cette seconde journée, en tirant le voile sur les
réalités et les songes de cette nuit heureuse.

TROISIÈME JOURNÉE

ÉVÉNEMENT DU RÉVEIL. — VISITE SINGULIÈRE ET
DANGEREUSE. — DUPERIE D'UNE AUTRE ESPÈCE.

Un rayon de soleil qui pénétra dans l'alcôve
entre les rideaux mal fermés, en tombant sur
mes yeux me fit apercevoir qu'il étoit jour :
l'objet de mon amoureuse ivresse en avoit
mesuré la portée. Trop adroite pour en épuiser
tout d'un coup les vapeurs, la demoiselle *** se
hâta de tirer la sonnette. La grosse résolue de
soubrette entra. Sa prévoyance avoit fait placer
auprès de moi tout ce qu'il me falloit. A son
aide, je me levai ; et, à un peu de désordre près
dans ma chevelure, je fus en état de sortir dans
un habillement du matin qu'on m'avoit apporté.
On frappa cependant rudement à la porte ; la
suivante y courut. Je la vis revenir avec un
visage allongé et tenant à la main un papier
qu'elle remit à sa maîtresse. Celle-ci, d'un air non
moins consterné après y avoir jeté les yeux, dit
avec un soupir douloureux et pénible : Eh ! mon
Dieu, faites entrer, mais qu'il me donne au

moins le temps de sortir du lit. En proférant ces
paroles, elle se leva assez brusquement, et
passant rapidement un déshabillé, elle se jeta
sur un fauteuil, où elle resta morne et silencieuse.
Je lui dis que, si quelque affaire exigeoit que je
sortisse, j'allois la laisser en liberté. — Non, point
du tout, me dit-elle, en me serrant la main et
donnant à sa physionomie le plus grand air
d'altération; ce n'est rien, restez. La suivante
introduisit alors un homme, dont l'équipage étoit
.fort mince et la mine rébarbative. — Eh bien!
monsieur Chiffon, vous êtes bien inquiet pour une
bagatelle, lui dit avec humeur ma divinité, comment pouvez-vous me tourmenter de la sorte?
C'est prendre bien mal votre tems. Quoi! me
faire lever pour cette gueuserie! — Excusez,
madame, répliqua celui-ci, avec une révérence
sournoise et profonde, il est midi passé et je ne
croyois pas venir aussi mal à propos. — Vous
êtes donc bien pressé? — Je ne sais ce que c'est
que d'être importun, madame, mais en conscience les tems sont si mauvais! J'ai parcouru
tout le quartier, j'ai été chez vingt de nos dames
avant de venir chez vous, je n'ai pu faire un sou
dans toute ma soirée. D'ailleurs vous savez à
merveille qu'il y a longtems que votre petit
mémoire secret court. Je ne puis en vérité m'en
passer. — Il faudra pourtant bien que vous atten-
diez encore. — Je ne le puis, j'en suis fort fâché

et c'est avec peine que je me porterois à des voies chagrinantes pour vous. Après quelques phrases assez vives qui grossirent de part et d'autre ce dialogue, le créancier se retira avec menaces. — Ah! mon Dieu, s'écria la belle, quand il fut sorti, si maman alloit savoir cela! La douleur lui fit verser quelques larmes. La soubrette, blême et effrayée, faisoit paroli à sa tristesse [1]. Hélas! que faire, madame? Ce maudit M. Chiffon n'entend non plus raison qu'un Suisse. — Eh bien! courez, donnez-lui mes bracelets. Le geste dont elle accompagna ces paroles me mit au fait de la question, et m'indiqua qu'elles avoient joué le rôle de matoises et qu'il ne me restoit plus qu'à continuer celui de dupe, que j'avois si bien commencé. Ce n'étoit pourtant pas ainsi que je qualifiois les choses dans mon délire.

J'arrêtai avec vivacité les bijoux, et me saisissant du mémoire qui étoit resté sur la toilette, j'aperçus au bas un total de deux mille livres tournois [2]. Je dis, avec autant de chaleur que de faste, que l'on courût après l'insolent créancier, et que c'étoit une bagatelle. Cet ordre fut avidement saisi, et exécuté plus vite encore par la

[1] « On dit familièrement *faire paroli à quelqu'un*, pour lui être égal. » *Dictionnaire de Trévoux*, t. VI, p. 545.
[2] La livre tournois, monnaie de compte un peu plus faible que la livre parisis, valait presque exactement un franc de notre monnaie.

prompte soubrette. La maîtresse, avec tout l'emportement de la plus extrême affliction, avoit fait, mais trop tard, quelques pas vers la porte pour s'opposer à sa course, et, revenant vers moi, protestoit qu'elle ne souffriroit pas une indignité qui feroit suspecter sa tendresse pure et désintéressée. Je fis les plus humbles instances : elle se désoloit, s'écheveloit presque. Enfin le bon M. Chiffon reparut. Encouragé par la soubrette à passer par-dessus les scrupules de ma trop délicate amante, je ne la fis pas languir : moyennant la plus grande partie de l'or que j'avois sur moi, sa quittance resta entre mes mains. Rien n'égaloit la joie du créancier, je sauvois, disoit-il, son crédit et sa fortune. Il partit après mille courbettes, humbles autant qu'hypocrites, car chez ces dames, ce qui paroît sortir ainsi par une porte, rentre souvent par une autre. L'on verra si je n'ai pas eu raison de croire que le prétendu M. Chiffon, d'intelligence avec mes grivoises, a été verser mon argent dans la caisse de l'industrieuse et rusée maman.

Je prenois une peine indicible à consoler ma nymphe du plaisir que je venois de lui faire, et mes protestations commençoient à produire quelque effet, quand Fanchon reparut avec le chocolat. — Bonne sainte Marie! mademoiselle, s'écria-t-elle, voilà-t-il pas de quoi tant pleurer! Qui en a en bâille à l'autre, c'est la règle. Milord a fait cela de si bonne grâce qu'on voit bien que cela ne lui coûte guère. Vive un Anglois! ça vous a plutôt lâché cent pistoles que les autres un compliment, parlez-moi de ça. — Taisez-vous, donc, bavarde, dit Mlle *** en s'essuyant les yeux et faisant succéder l'humeur la plus caressante à sa profonde mélancolie. Le tems ainsi revenu au beau, nous déjeunâmes.

La belle commençoit à se faire à mon mauvais françois. Notre entretien tomba insensiblement sur tout ce qui pouvoit intéresser une jolie femme, parures, ameublemens, bijoux, voitures, chevaux fringans. Nous en étions à ces derniers objets, quand le cher docteur arriva. Sa physionomie portoit un air de triomphe qui sembloit partager le mien. Il assimila son ton et ses manières aux agréables circonstances de la matinée. Les plaisanteries cessèrent enfin. Quand une fille comme la demoiselle *** a mis sur le tapis une matière intéressante, elle ne lâche pas facilement prise; aussi le chapitre des carrosses revint bientôt, et il fut traité à fond. J'omettrai le détail que le docteur fit à ce sujet, pour vous dire simplement qu'avec la plus grande adresse, on me disposa à effacer l'éclat des prodigalités dont le lord E... T... accabloit la déesse qui, le jour d'avant, avoit été si fâcheusement éconduite du boulevard, et l'éclat de celles qui distinguoient tous nos illustres sur le pavé de Paris.

Je quittai la demoiselle *** et me séparai pour quelques heures du docteur. Enflé d'un ridicule orgueil ou plutôt d'une vanité insensée, j'allois avec promptitude réaliser les insinuations que j'avois prises auprès d'eux. Je voulus unir le plaisir de la surprise au mérite de la profusion. L'esculape ne fut pas du secret, et par les soins de mon habile et leste Provençal, aidés d'un nouveau fragment de mon portefeuille, en moins de deux heures six superbes coursiers se trouvèrent dans l'écurie de Mlle ***, et une magnifique berline avoit pris sous sa remise la place d'une mince diligence à l'angloise, qui s'en étoit retournée chez le loueur de carrosses.

J'étois occupé à m'applaudir chez moi d'une sottise aussi complète, quand le sieur Gardel vint me donner ma leçon. Le docteur arriva, il ignoroit cette magnifique galanterie. Le gigantesque esculape et l'histrion s'extasioient à l'envi sur le développement de mes grâces naissantes. Enfin, ivre de leurs louanges, je m'habillai magnifiquement pour sortir. Nous devions aller chez le baron de *** : j'étois invité à dîner. Un de mes gens m'annonça le major Saggs. Quoiqu'il ne me connût pas, il débuta avec familiarité et se donna pour un compatriote qui, chaud et prévenant dans ses affections, vouloit me faire partager les plaisirs de tous les cercles brillans où il étoit lui-même installé.

Si je n'avois été dans la chaleur d'une fièvre
de raison, j'aurois démêlé tous les symptômes de
l'escroquerie sur sa figure, et deviné, à son air
de cormoran, les motifs qui le conduisoient chez
moi. Mais ma stupide vanité étoit tellement
exaltée par tous les subalternes qui m'environnoient, qu'à travers son bandeau je n'apercevois
que des prévenances et même des hommages.
Le major me conta des nouvelles politiques et
ensuite parla jeu. Il manioit en maître cette dernière matière et me citoit, pour la scène de ses
exploits, des lieux si augustes, qu'avec mon peu
d'expérience il m'étoit bien impossible de former
sur son compte le moindre soupçon déshonorant.
Je ne savois pas qu'un fripon doré, moyennant
de l'argent et des cartes, s'accoste tous les jours
d'un prince, se familiarise avec des altesses, et
qu'il n'y a nulle part plus d'égalité entre les
hommes que dans les lieux où le pharaon[1] fait
une des occupations importantes de la vie.

Notre entretien n'alla pas plus loin : le major
prit congé, après m'avoir assuré du plaisir qu'il
auroit à me rencontrer l'après-dîner chez le
baron. Il me fit encore l'agréable proposition de
passer ensuite la soirée avec lui et quelques
compatriotes de choix, jusqu'à l'instant du

---

[1] Jeu de cartes qui avait beaucoup de ressemblance avec
notre baccarat.

moins, milord, ajouta-t-il, où le plaisir vous
rappellera dans les bras de l'amour. Ces dernières
paroles furent lâchées avec un ricanement très
affecté, et suivies d'un regard fin qui, se fixant
d'abord sur moi, sut tomber ensuite sur le docteur. En l'écoutant je poussai la sottise jusqu'à
me rengorger. Plus frivole cent fois que le
François le plus léger, je me peignois à moi-
même comme un homme initié dans tous les
mystères du savoir-vivre les plus raffinés, et près
d'y être à la mode.

Comme le docteur étoit un des commensaux
habitués de la maison du baron, on ne sera pas
surpris de l'y voir venir dîner avec moi sans
façon. Le service y fut élégant. Mais l'ardeur du
jeu, qui fournissoit aux frais du repas[1], l'abrégea
beaucoup. Je m'y étois trouvé à côté d'un jeune
homme d'une figure aimable et d'un extérieur
honnête et doux. Quelqu'étranger que je fusse
moi-même à la société, je m'étois facilement
aperçu qu'il avoit encore moins d'usage du
monde que moi. Il parloit jeu avec passion et
par toute sa conversation, qui ne roula sur autre
chose, il faisoit voir qu'il en avoit la phrénésie.
Si sa physionomie n'avoit porté en même tems
un caractère décidé d'ingénuité et de candeur

---

[1] Même dans quelques salons titrés, le jeu était alors pour
les maitres une source de revenu.

qui dissipoit toute prévention, on auroit pu le
classer avec les fripons, mais il n'étoit encore
qu'au rang des dupes. Il méloit à ses discours
beaucoup d'indiscrétion et encore plus de vanité,
et par-dessus tout, attachoit une valeur prodi-
gieuse au hazard de la fortune ; il ne lui échap-
poit pas trois mots sans se targuer de la sienne.
Il joignoit tout le raboteux d'un débutant comme
moi à toutes les puérilités d'un fils unique, gâté
dans la maison paternelle par un instituteur
domestique, ignorant les hommes, et dont par
conséquent la longue enfance devoit se perdre
dans l'âge viril. Un pareil caractère devoit m'inspirer une pitié orgueilleuse. Tout aveuglé que
j'étois sur mes faits personnels, je raisonnois
assez bien, comme cela n'arrive que trop souvent, sur le compte d'autrui. L'extérieur du
jeune homme m'avoit frappé. En sortant de
table, je demandai au docteur qui il étoit. Il
m'apprit qu'il s'appeloit Raw, riche possesseur
dans nos îles et fils d'un père prodigue et dissipateur qui avoit mangé une fortune triple de
celle qu'il lui avoit laissée.

Le whist ne tarda point à occuper tous les
convives. Le sort, à ce que je crus, avoit placé
les acteurs. L'on manquoit de femmes ; la com-
tesse fit la partie de trois vieillards, anciens fami-
liers du logis. Je me trouvois associé, avec mon
jeune voisin du dîner, contre le maître du logis

et un grand flandrin à paroles précieuses et
appuyées, qui se faisoit appeler le· marquis
de ***. La ressemblance de nom me fit présumer
qu'il étoit quelque chose au colonel Cunning. Je
ne me trompois pas, c'étoit son fils.

La partie s'étant engagée, je m'aperçus de tout
ce qu'il en coûtoit au jeune et bouillant Raw
pour contenir son âme joueuse et pétulante ;
elle s'irritoit de la marche étudiée d'un jeu à
combinaisons, et soupiroit après ceux d'un
hasard plus simple et plus rapide. A mesure que
les cartes tomboient sur le tapis, son imagination
lui peignoit les chances d'un vingt et un ou d'un
trente et quarante. Le whist ne s'accommode
pas de ces spéculations étrangères, aussi nos
antagonistes en profitoient. Le jeune homme
doubloit sur mon jeu qui étoit considérable et
digne de la colère et du génie calculateur du
baron ; sa manie pour les chances l'avoit encore
entraîné à des paris qui pouvoient décupler sa
perte. En très peu de parties je perdois cent
louis. Ce que le jeune Raw avoit hazardé fut
empoché par le digne fils du colonel, qui, en lui
tirant sa révérence, lui offrit d'un air ironique
trois ou quatre leçons par semaine.

Le major Saggs, qui venoit d'entrer, avoit fait
le tour du salon ; ensuite il s'étoit arrêté à considérer la fin de notre partie. — Eh bien, messieurs, dit-il, vous êtes maltraités au whist : il

faut réparer vos malheurs au vingt et un. Il nous
conduisit à une longue table déployée dans un
cul de lampe que formoit le fond de la pièce où
nous étions. Bientôt, elle fut entourée de dix ou
douze acteurs. J'y passai deux heures entre le
major et l'imprudent Raw. Le premier me com-
bloit de caresses et d'amitié. Grâce à ses avis, je
me levai à peu près comme je m'étois mis au
jeu. Il me dit qu'il étoit tems de partir, et foulant
au pied les cartes dont le parquet du salon étoit
déjà inondé, je le suivis avec le jeune Raw et le
digne et féal médecin.

Nous volâmes à l'hôtel d'Yorck : c'étoit là que
logeoit le major et qu'il attendoit ce soir ce qu'il
appeloit l'élite de nos compatriotes. Le cercle ne
fut pas longtemps à se compléter. J'y reconnus
sir Walter-Wim, ainsi que le jeune Rosse, gentilhomme écossois dont la fortune étoit immense
et la grande jeunesse propre alors, ainsi que la
mienne, à recevoir toutes les impressions et à
donner dans tous les panneaux. Pour tenir en
échec trois imprudens marmots, le major nous
avoit mis en opposition cinq à six de ces habiles
voyageurs qui circulent continuellement de Paris
à Londres et de là à Spa, pour se porter périodi-
quement de ces trois chefs-lieux dans tous les
endroits où un grand concours de monde amène,
des enfans de famille à dégourdir et de l'argent
à gagner.

Pour ne pas effaroucher le gibier, l'avant-souper fut rempli par une conversation qui roula sur des matières de galanterie : c'est d'ordinaire le premier appas par où ces illustres amorcent la jeunesse. Mes prouesses avoient fait du bruit ; mes magnificences, ou plutôt mes folies, divulguées par le scandale, m'établissoient la plus brillante renommée, et annonçoient un caractère dont tous ces honnêtes gens se proposoient de tirer parti. Des têtes meublées comme les leurs ne pouvoient entreprendre ni soutenir une conversation sérieuse. — La.** étoit éblouissante aujourd'hui chez Torré [1], dit un des assistans. — Oui, en honneur, répliqua sir Walter, en forçant un peu le ton glacé et insipide dont il ne sort guère. — Sir Walter, dit le major, elle vous a donné dans la vue, gare à votre flegme. — Oh ! point, je vous jure. — Comment ! Je vous jure ! mais vraiment vous vous échauffez. Ce *je vous jure* là est un extraordinaire, il trahit le trouble de votre âme : sir Walter, sir Walter, vous êtes atteint d'un trait mortel. — Quoi qu'il en soit, continua-t-il, chacun voit à sa manière ; je connois certaine petite personne au nez retroussé, au minois expressif, aux grâces vives et lutines, à qui je donnerois bien la pomme : mais chut ! ajouta-t-il en me regardant ; le Pâris de l'aven-

---

[1] Vauxhall installé boulevard Saint-Martin.

ture n'est pas loin. Pour un débutant la place a
été assiégée avec autant d'éclat que de succès.
Ces paroles fixèrent sur moi tous les regards. —
Diable! milord, reprit l'efflanqué et précieux
marquis de ***, comme vous vous êtes établi là!
Tudieu! quelle magnificence! Mais il y avoit de
quoi subjuguer la moitié de l'Opéra. Quel est
donc le triste et stupide Mercure qui a pu vous
induire si fort en erreur sur les prix courans?...
Ici je vis pâlir le docteur, et blâmant en moi-
même l'indiscrétion du comte, je me hâtai de le
tirer de ce mauvais pas. — Monsieur le marquis,
dis-je, je satisfais mes goûts sans aide, ni conseil. — Tant pis, milord, tant pis, vous allez
nous gâter toutes ces princesses-là.

On se mit à table, on y déraisonna jusqu'au
dessert. Alors, les vapeurs du vin et l'effervescence
des cervelles animant les propos, ils acquirent
une licence effrénée et dégoûtante, qui inspira
les *tostes*[1] que l'on portoit à la ronde. Ceux-ci,
en se multipliant rapidement, nous livrèrent
bientôt sans défense et sans raison aux projets
du major.

L'excès de tous les vins frelatés fut suivi de
celui de tous les poisons distillés qu'inventa la
débauche. De la table, on ne fit encore qu'un
saut autour d'un tapis vert : c'est toujours là le

---

[1] Notez que notre mot *toast* est anglais.

point de réunion et le couronnement de l'œuvre. Le major versa devant lui beaucoup d'or. A cette vue, les yeux du jeune Raw acquirent le double de leur orbite ordinaire ; il mit dix louis en avant, qui furent d'abord couverts. Le sobre et prudent docteur s'était douté de la chance de ce premier coup, aussi en hasarda-t-il cinq : ils gagnèrent. Le chevalier, l'Écossois et moi, entrions insensiblement au jeu : il nous favorisa aussi. Les crânes échauffés par le succès, nous nous y enfoncions. La chance tourna à l'instant même. Bientôt les liqueurs dont nos sens éprouvoient les effets étant mises en plus grande fermentation par l'addition d'un punch violent que nous buvions sans y penser, nous ne vîmes et n'agîmes plus qu'avec désordre et confusion. Nos pertes nous animoient en s'étendant ; l'or, les paroles, les billets échappoient à nos bouches bégayantes et à nos mains forcenées.

Le lecteur s'attendroit en vain à quelques détails de cette horrible soirée. Ma confuse raison n'a jamais pu me les rappeler. Il ne m'en reste pas moins à rougir de l'avoir noyée au point d'avoir absolument oublié quelles mains charitables me transportèrent sans connoissance et privé de mes facultés hors de cette honteuse et infâme caverne.

QUATRIÈME JOURNÉE

FACHEUX RÉVEIL. — PERTE RÉPARÉE EN APPARENCE
SEULEMENT

Après le sommeil stupide et pesant de l'ivresse,
j'ouvris les yeux affoiblis et enflammés. Lourd,
embarrassé et malade, j'entendis sonner une
heure ; je voulus sortir du lit, où j'étois ardent et
inquiet. Mes jambes vacillantes plioient encore
sous moi. A mesure que le chaos de mes pensées
se débrouilloit et que ma mémoire se dégageoit
des vapeurs du vin, je cherchois à la fixer sur mes
dernières actions du jour ou plutôt de la nuit
précédente. Je ne rencontrois que la plus
effrayante confusion, je craignois même d'aller
chercher l'affligeante vérité à travers ces ténèbres.
Dans cette perplexité, j'eus recours au médecin,
que j'envoyai chercher.

— Eh bien ! mon cher milord, me dit-il, vous
voilà fatigué et malade. Ah ! continua-t-il avec
un gémissement affecté, voilà ce que c'est, on se
livre sans ménagement ; la bourse et la santé, tout
en pâtit. La somme que vous avez perdue est

considérable : mais cette leçon pourra vous être utile, et si vous en profitez, vous ne l'aurez pas payée trop cher. — Comment! dites-vous, j'ai perdu une somme considérable? l'argent que j'avois ne pouvoit pas monter à cinquante louis. — Oh! vous n'y pensez donc pas, milord, vous aviez perdu un peu de votre raison ordinaire : je me tuois à vous faire des signes, néanmoins vous alliez toujours votre train. A la vérité, vous n'êtes ni l'unique ni le plus malheureux : sir Walter et le fougueux Rosse partagent votre disgrâce. Le premier perd dix-huit cens guinées, le second sept mille, et vous... — Comment moi! — Oui, vous-même, milord, avez-vous oublié avec quelle frénésie vous n'avez pas cessé de doubler sur chaque coup que vous perdiez. Je ne puis m'empêcher de rendre justice au major; en beau joueur il se prêtoit à tout. C'est quelque chose de bien incroyable aussi que la confiance du sort à le favoriser. — J'ai bien quelqu'idée confuse qu'il doit m'avoir gagné quelque chose sur parole. — Comment! trois mille pièces, quelque chose? Ah! milord. — Trois mille, dis-je avec surprise! — Oui, tout autant; j'en suis désolé, mais le fait est réel. Je restai muet et stupéfait. On me tira de ma rêverie en m'annonçant le petit gentilhomme écossois qui en tenoit pour ses sept mille guinées. La vue d'un homme plus malheureux que nous soulage apparemment

nos disgrâces, car la sienne me rendit la force
d'aller le recevoir.

Rosse étoit aussi blême, aussi défait et aussi
harassé que moi ; bientôt je vis que c'étoit la
colère qui le soutenoit. Milord, me dit-il dès la
porte, on nous a pillés, assassinés. Nous avons
donné hier dans les embûches d'une troupe de
fripons. Pardon, monsieur le docteur, vous fai-
siez bande, et cela vous arrive souvent ; mais je
vous excepte. Vous avez empoché quelque chose :
je veux bien croire que c'étoit loyalement, quoiqu'il sied mal à un homme de votre état d'être
un pilier de tripot. — Monsieur, interrompit
gravement l'esculape qu'avoit d'abord déconcerté
cette apostrophe, vous vous égarez furieusement
en parlant ainsi de la compagnie où vous vous
êtes trouvé hier au soir ; quant à moi il m'est
permis de me trouver... — Oui, répartit le
colère Écossois, chez vos malades à cette heure-
là. Mais que m'importe ? c'est vous, milord, à
qui je viens déclarer hautement que, pour l'argent que j'avois sur moi, je consens de bonne
grâce qu'il m'ait été filouté ; ce châtiment n'est
que trop juste, pour m'être laissé entraîner dans
ce coupe-gorge ; mais pour les sept mille pièces
que le major ose réclamer comme perdues sur
parole, que la terre m'engloutisse si le scélérat
en voit jamais le sou. On avoit tellement ébranlé
ma raison et abruti mon entendement, que

j'ignore si c'est sept mille ou sept millions de
pièces que j'ai jouées. C'est dans cette situation
qu'on n'a pas eu honte de nous faire mille escro-
queries. — Monsieur, répliqua le médecin d'un
ton plus doucereux qu'auparavant, j'ose vous
assurer que vous deviez cette dernière somme en
sortant. J'étois de sang-froid. — Je ne suis point
sorti, monsieur le docteur, on m'a emporté, et
votre sang-froid ne fera pas valoir vos témoignages ; je les récuse. Milord, continua-t-il, sans
s'embarrasser comment l'autre prendroit ce
qu'il venoit de dire, j'ai résolu d'en venir à
toutes les extrémités plutôt que d'abandonner à
ces brigands la plus petite parcelle de leur proie ;
je me suis hâté de vous en avertir et suis venu
vous conseiller d'en faire autant.

L'impétueux Rosse en étoit en cet endroit de
son discours, quand sir Walter survint. Son triste
et long visage, toujours inaltérable et froid, ne
donnoit à pressentir aucun sentiment ni aucune
émotion. — Eh bien ! sir Walter, lui dis-je, que
pensez-vous de notre malheur ? — Je n'y pense
plus, j'ai payé. — Payé ! s'écria Rosse avec
rage : eh bien ! à la bonne heure, chacun est le
maître de se laisser plumer ou non : pour moi
je veux être déshonoré si de semblables coquins
obtiennent jamais une obole de ce qu'ils m'ont
pipé. — Il m'est bien venu en pensée quelques
soupçons, répondit le baron avec son flegme

accoutumé : mais j'ai fait réflexion que, quand des gens comme nous ont eu le malheur de faire une sottise et qu'ils peuvent en être quittes pour de l'argent, il vaut mieux la boire en silence et ne plus y retourner. — Cette manière de prendre les choses, également noble et judicieuse, est bien digne de vous, lui dit alors le docteur avec chaleur. Si ces messieurs (ce que Dieu me préserve de croire) avoient été capables de vous escroquer, ce parti seroit encore le seul qu'il resteroit à prendre. — Mon féal, lui dit Rosse en le regardant de travers, vous avez vos raisons pour attacher de l'héroïsme à une petite gloriole que les fripons sont intéressés à exalter ; mais apprenez que je ne souffrirai point que des pipeurs effrontés fassent impunément moisson de plus de sept mille pièces. Liberté ! chacun peut faire comme il veut : pour moi j'ai pris ma résolution ; si j'allois en faire la sottise... mon tuteur... — Le major, repartit l'autre, est trop raisonnable pour ne pas entrer en accommodement avec vous et se contenter d'un arrangement jusqu'à ce que l'âge vous ait rendu maître de... — Il n'aura pas plus l'un que l'autre, vous pouvez l'en assurer de ma part. Alors il fit un mouvement vers moi. Je me levai, parce que j'augurai qu'il alloit sortir. Comme je le reconduisois, il m'exhortoit vivement à n'être pas dupe de cette *canaille :* je rapporte ses termes. Pour lui, il jura de tenir

bon. Effectivement le malheureux major l'a
trouvé intrépide. Après quelques. assauts fanfa-
rons et une course simulée en Angleterre à sa
poursuite, qui s'est bornée à Calais, il est revenu,
les mains vides et la tête levée, reprendre ici le
cours de ses caravanes dans le beau monde.

— Quel furieux ! dit le docteur quand je fus
rentré. J'avois gardé jusque-là un profond silence.
— Je vous avouerai avec candeur, mon cher
docteur, répliquai-je, que je trouve quelque
fondement à sa résolution. A la vérité, il y a plus
de grandeur dans celle de sir Walter ; mais je
partage le soupçon du premier, quoique déterminé à tenir la même conduite que le second. Le
docteur s'empressa de répondre : — Je reconnois
bien là les sentimens que votre naissance doit
vous inspirer ; j'ai gémi sur votre entêtement à
braver la fortune, mais j'admire comme vous
prenez tous les deux le parti de la prudence et
de l'honneur. — Eh ! bien, mon cher ami, faites
réaliser ces trois mille louis et qu'il n'en soit
plus parlé. Ma main lente et tremblante ne tiroit
qu'à regret hors de mon portefeuille qui mai-
grissoit à vue d'œil quelques effets que je lui
remis ; elle étoit bien éloignée de mettre à ce
sacrifice l'aisance qu'elle avoit mise à ceux que
j'avois faits à la demoiselle***. Un soupir m'é-
chappa et je regrettois amèrement les instans
passés et l'or prodigué loin d'elle.

Un carrosse se fit entendre dans la cour. Quelle fut ma surprise et ma joie, quand je l'en vis descendre ! Sans doute l'amour, jaloux des holocaustes que venoit de me surprendre le dieu des pipeurs et des larrons qui partage quelquefois avec lui dans cette capitale, venoit réclamer mes hommages. La belle éplorée se précipita dans mes bras en entrant. — Bon Dieu ! mon cher ami, qu'est-ce que le docteur est venu apprendre ce matin à maman ? Quoi ! c'étoit pour vous aller immoler au trente et quarante que vous m'aviez oubliée hier au soir ! Que j'ai souffert, hélas ! Savez-vous bien qu'on se ruine comme cela ? Comment allez-vous faire ? — Ce n'est rien, répondis-je en lui serrant la main. — Ou du moins peu de chose, ajouta fastueusement le docteur, trois mille louis ne feront point pâlir milord. Le seul regret qu'il puisse ressentir est de n'en avoir pas fait un meilleur usage, poursuivit-il d'un ton de mystère. — Sans doute, répartis-je, à cela près je puis supporter cette perte. — Je ne suis pas bien riche, dit la belle en minaudant, j'espère que milord compte assez sur mon attachement pour... Ici l'héroïne baissa les yeux modestement et parut suffoquée par le sentiment qui l'avoit fait parler. A cette vue mon attendrissement fut extrême ; et, ne concevant rien à cette nouvelle manière de semer pour recueillir, je me hâtai de la rassurer par l'exhibition de huit mille pièces en or et d'environ six mille qui me restoient en papier. A cet aspect, les roses renaissoient sur son teint et ses regards s'arrétant avec joie sur un fonds aussi précieux, elle me fit admirer la part qu'elle prenoit à mes intérêts. Ses tendres protestations achevèrent d'écarter l'image de mon malheur et de ma sottise, et furent terminées par l'assurance que je lui donnai de me rendre le soir auprès d'elle. La belle, consolée, me laissa dans les plus douces réveries. Je sortis moi-même peu de temps après, pour aller dîner chez le comte***.

Il avoit rassemblé compagnie nombreuse, elle étoit presque entièrement composée des personnes que j'avois vues chez le baron. Je fis attention que le vieux colonel y étoit tout aussi impatronisé que le docteur chez ce dernier. On servit un dîner fort splendide[1]. Tout annonçoit dans cette maison qu'on faisoit honneur à la succession du vieux banquier par le contraste

---

[1] « Il y a à Paris, à la honte du bon ordre, deux cens maisons de jeu, ou plutôt deux cens coupe-gorges, qui sont le rendez-vous des filoux et des dupes. Des comtesses et des baronnes du dernier siècle président dans ces funestes tripots...

« Le revenu des cartes aide à défrayer les trois-quarts des maisons de Paris. Chaque famille a ses coteries particulières, sur lesquelles son ordinaire est fondé. Inviter les gens à dîner ou les inviter à venir le gousset garni payer leur écot, c'est la même chose. » *La capitale des Gaules ou la nouvelle Babilonne*, 1759, p. 23.

parfait de toutes les voies qui, pendant un demi-
siècle, lui avoient servi à accumuler. Le jeu succéda encore ici à la bonne chère. Pour le coup,
j'y fis merveille; outre l'argent comptant qui
pouvoit monter à deux cens louis, j'en gagnois,
en me retirant, quinze cens autres sur parole,
au marquis de ***. Chose merveilleuse et qu'on
aura peine à croire, ce marquis, gendre du baron, étoit un gascon, et les gens de cette province
ont presque le talent des Piémontois pour com-
mander à la fortune. Après une victoire aussi
distinguée, je fis un signe au docteur, et nous
sortîmes.

— Eh bien! me dit-il, vous voyez que la fortune est journalière au jeu comme à la guerre.
Encore une séance comme celle-ci, et il ne res-
tera pas la moindre trace du souper fatal d'hier.
Vous ne sauriez croire combien je suis enchanté
de ce retour de chance. Je le remerciai assez
tranquillement. — L'heureux caractère, s'écria-
t-il, toujours égal dans la perte ou dans le gain !
En nous entretenant ainsi, nous arrivions chez
la demoiselle ***; mon air clair et serein, aidé
d'un clin d'œil du docteur, donna à deviner dès
mon entrée que j'apportois de bonnes nouvelles.
Il se hâta d'en instruire les dames. — J'en suis
enchantée, dit la demoiselle *** en m'acca-
blant de caresses, mais après cela il faut être
sage et ne plus jouer. — Je suis fort de cet avis,

reprit le docteur avec prud'homie. — Passe
pour une partie comme notre vingt et un de
l'autre jour, ajouta la maman d'un ton affec-
tueux : ça ne ruine pas du moins, et l'on va se
coucher comme si rien n'étoit. Elle se répandit
ensuite en lieux communs pathétiques contre la
funeste passion du jeu, et ne tarissoit point d'a-
necdotes, que le médecin avoit soin d'adoucir
par les modifications qu'il se hâtoit d'y joindre.
Cette conversation fut prolongée bien avant dans
le souper. A chaque trait de morale que me
détachoit la vieille, la jeune, se penchant amou-
reusement vers moi, me disoit : entendez-vous
bien, mon bon ami ?

La soirée acheva de s'écouler ainsi. Pendant
que j'étois enchanté du zèle de ces dames, le
docteur disparut sans m'avertir et s'en retourna
dans mon carrosse. Quelques instants après, je
me retirai avec la demoiselle ***. —.Eh ! bien,
dit-elle, vous avez donc gagné ? Gardez cet
argent-là, il vous portera bonheur. Il n'en falloit
pas davantage pour piquer mon humeur prodigue; par cette raison-là même, je voulus partager mon gain avec elle. Elle s'en défendit avec
chaleur, je fus plus d'une heure avant de l'y
résoudre. Cédant enfin à mes instances : — Je
vous le garderai, dit-elle, et si jamais vous êtes
en guignon, vous le trouverez ici. Ravi de son
idée, je lui remis la somme entière qu'elle versa

dans sa bourse. Celle d'une fille de l'Opéra est
comme les gouffres de l'Achéron. Jamais ceux-
ci ne lâchent leur proie : il en est de même de
l'autre. Tous les trésors de la banque d'Angleterre y entreroient, mais pour en ressortir, *hoc
opus, hic labor est*[1].

Tel fut le sort d'un argent gagné avec tant de
pèine et de bonheur. On va voir que je ne fus
guère plus chanceux dans l'emploi que je fis de
celui dont le marquis étoit resté mon débiteur.

---

[1] *Enéide*, lib. vi, v. 129.

CINQUIEME JOURNÉE

AGIOTAGE. — GRANDES AFFAIRES.
DÉNOUEMENT FACHEUX

Je quittai la demoiselle *** le lendemain vers
midi. En rentrant chez moi, je trouvai le docteur. On m'avoit dit à la porte que depuis deux
heures on m'y attendoit avec impatience. — Mon
cher milord, me dit-il, il y a longtemps que je
suis ici; comme j'ai une affaire importante à
vous communiquer, j'ai guetté votre retour. Je
viens vous trouver de la part de ce malheureux
marquis, que vous avez tant maltraité hier au
jeu. Dès le grand matin, il s'est rendu chez moi,
le pauvre homme m'a fait pitié. On n'a point
dans ce pays-ci d'immenses fortunes comme en
Angleterre. Sa désolation est extrême. Comme
l'honneur lui prescrivoit de vous payer dans les
vingt-quatre heures, il a été obligé de confesser
son embarras à son beau-père, le baron de ***;
il s'attendoit, avec raison sans doute, à trouver
des ressources dans sa caisse, mais le sort l'a
encore trahi là. Toute immense qu'est la fortune
de celui-ci, son génie entreprenant y cause sou-

vent des vides; l'infortuné marquis ne sait com
ment faire... — Eh bien! qu'il prenne son
tems pour moi, je ne suis point pressé. — Cela
est bien honnête, mais permettez que je vous
parle ingénuement : mauvaise maxime que de
laisser languir une dette de jeu. Cela peut exposer à des revanches qui éternisent les choses et
d'ailleurs anéantissent tous nos avantages : votre
intention n'est point de passer votre vie à un
tapis vert. J'ai bien avisé en moi-même un
arrangement par lequel vous seriez payé tout de
suite et même avec des avantages considérables;
mais j'ignore s'il vous conviendra. — Expliquez-
vous mieux et je vous en dirai mon sentiment.
— Au reste, il pourroit aller jusqu'à vous indemniser de toutes vos dépenses ici. — Je vous entends encore moins. — Il est vrai que cela exigeroit un peu de patience et surtout certain
esprit de spéculation. — Voyons donc enfin. —
Mon cher milord, prêtez-moi, s'il vous plaît,
attention. J'ai vos intérêts à cœur, c'est ce soin
qui m'a inspiré l'idée dont je devois vous entretenir, elle m'appartient tout entière; je n'ai
aucune certitude, mais de grandes espérances de
la faire réussir. Le baron a une des plus fortes
têtes que la nature ait jamois organisée, il spé-
cule avec autant de profondeur que de sûreté.
Aussi la confiance publique vole au-devant de
ses projets. Les plus brillans succès ont appris

à les apprécier. Il s'est surpassé en dernier lieu.
L'Espagne recéloit depuis longtems, dans le
sein de la terre, des trésors cachés. Tandis
qu'elle alloit à grands frais en ramasser dans le
nouveau monde, elle négligeoit ceux-ci. L'œil
du génie voit tout. Le baron, à qui il n'a jamais
manqué, y suspecta plus de métaux précieux
que n'en produisent ensemble le Pérou et le
Potose. Mais il s'agissoit de rouvrir ces mines
profondes. Cela demandoit de grands frais. Il a
fallu s'appuyer d'une compagnie puissante et la
composer d'un certain nombre d'actionnaires.
Cette riche et solide entreprise a acquis le plus
grand crédit. J'ai pensé, milord, à saisir cette
occasion pour vous obtenir une part aux richesses
immenses qu'elle promet. — Je ne conçois pas
encore bien cela. — Rien cependant n'est plus
simple. Les quinze cens louis qu'on vous doit
serviroient en partie à une acquisition aussi
avantageuse. Il faudroit peut-être y ajouter
quelque chose, mais ce seroit de l'argent bien
placé. Je présume assez de mon crédit sur l'esprit du comte pour l'engager à vous faire l'abandon d'une des actions qui lui restent. — En
vérité, mon cher docteur, vous êtes un homme
admirable, mais croyez-vous que le comte ne
connoisse pas trop la valeur de ces effets pour
consentir à ce marché? — Laissez-moi agir,
c'est un homme généreux autant que sage; il est

infiniment sensible aux beaux procédés. Il aime
tendrement sa famille; je me charge de faire
valoir le vôtre envers son gendre : il ne faut
qu'un peu d'adresse pour conduire tout cela.
Entre nous, savez-vous bien, milord, que ce
sera un grand coup ! Le séjour de cette capitale,
ruineux pour tant d'autres, sera pour vous
l'époque d'un accroissement de fortune, qu'en
honneur je crois infaillible. — Je remets absolument mes intérêts en vos mains, lui dis-je
avec reconnoissance. Le docteur loua mon bon
esprit et se félicita d'une aussi bonne pensée.

Pendant qu'il étoit allé travailler aussi solidement à l'augmentatinn de ma fortune, mes occupations ordinaires remplissoient ma matinée.
J'attendois avec impatience le résultat d'une négociation dont il me falloit espérer d'aussi grands
avantages. Non moins habile agent qu'adroit
Mercure, le médecin reparut, tenant à la main
un très beau fragment de minéral. — Tenez,
dit-il, voilà un échantillon que l'on a tiré de la
source intarissable de vos richesses futures;
c'est presque pur argent. Je considérois ce morceau, qui me donnoit une idée des trésors cachés
sous l'enveloppe de la terre du Tobozo. — Il
vous en coûtera, dit-il, quelque addition aux
quinze cens louis, mais c'est semer pour récol-
ter au centuple. Le baron en agit on ne peut
plus noblement : chaque action vaut actuelle-

ment' à la bourse de cette grande ville plus de
cent mille livres tournois, encore à ce prix on
se les arrache. Il vous donne celle-ci pour
quatre-vingt mille écus. Ce sera quinze cents
louis à ajouter à autant que l'on vous doit.
Tandis que le docteur redoubloit ainsi de persuasion, ma crédulité et ma folie redoubloient
aussi. Il me mena faire un dîner familier à l'hôtel de ***. On m'y combla de caresses, on parla
d'affaires; en peu d'heures j'en sortis avec un très
beau château en Espagne. pour mes trois mille
guinées, et la tête remplie de vent et de chimères.

J'avois encore écorné mon portefeuille de
quinze cens louis, qu'il m'avoit fallu ajouter à
mon gain, et je croyois avoir fait un coup de
maître. A une journée aussi remplie des faveurs
de la fortune, succéda la soirée la plus dissipée.
Moyennant mon habile spéculation, mes plaisirs
passés me coûtoient si peu de chose que j'étois
bien résolu de les multiplier à l'avenir. Je par-
courus tous les spectacles, et à la suite d'un
grand souper que je donnai à sir Walter et à
quelques autres amis, les sens échauffés de
bonne chère, l'esprit exalté de flatteuses espérance, je regagnai l'heureuse rue de Richelieu.

Il étoit très tard, la demoiselle *** m'avoit
probablement supposé aussi sérieusement occupé
que deux jours auparavant chez le major Saggs,
elle ne m'attendoit plus. J'aperçus cependant

par les fenêtres des appartemens qu'ils étoient
encore éclairés. Je montai lestement, et traversant l'antichambre, que la négligence des valets
avoit laissée entr'ouverte, je pénétrai sans
bruit jusqu'au salon. Quelle fut ma surprise et
mon horreur, quand j'aperçus sur une ottomane
un inconnu entre les bras de ma belle. Mon
entrée fit envoler les plaisirs et succéder l'effroi
et la confusion. Ce n'étoit pas tout. Je perdis la
parole, quand le quidam qui jouissoit des droits
que je croyois réservés à ma seule tendresse
m'eut découvert son visage en se relevant. L'indignation et la colère me rendirent stupide pendant une minute. C'étoit le créancier au petit mémoire, l'impitoyable M. Chiffon ; mais bien différent de ce qu'il étoit la veille : élégant comme
un maître à danser, frisé comme un bébé, la
métamorphose l'auroit rendu méconnoissable
pour tout autre œil que celui d'un amant irrité.
Revenu à moi, je poussai un grand cri, et rega-
gnant la porte, je la fermai avec violence. Pensif et confus, je retournai à mon hôtel, où je
passai toute la nuit dans les insomnies que devoient produire d'affreuses alternatives de jalousie et de honte de me voir ainsi joué. Je ne me
doutois pas encore que ces accidens étoient
communs et formoient la catastrophe ordinaire
de toutes les intrigues qu'on lioit avec les demoi-
selles de l'Opéra.

SIXIÈME JOURNÉE

RÉFLEXIONS AMÈRES. — CHANGEMENT DE SCÈNE.
VISITE HONORABLE. — RECHUTE.

J'avois éprouvé pendant toute la cruelle nuit que je venois de passer le combat le plus affligeant et le plus singulier au dedans de moi. Tout honteux que j'étois d'être dupe, mes sens étoient charmés et, luttant contre ma raison, celle-ci avoit peine à remporter la victoire. Enfin la réflexion armant mon orgueil, elle prenoit le dessus, et peut-être que, si je n'avois pas appelé à mon secours le guide perfide et séducteur qui trompoit ma jeunesse, l'issue de cette folie auroit suffi pour prévenir toutes les autres.

Instruit des perfidies d'un amour mercenaire, je ne me figurois pas qu'on abusât de même des apparences de l'amitié. J'accusois le docteur de crédulité et d'erreur comme moi-même, et mon âme franche et naïve se donnoit bien de garde de le supposer complice d'une trahison dont je concevois à peine la noirceur.

De bon matin, je l'envoyai chercher. J'étois

impatient de verser dans son sein mon chagrin et mon humiliation. La perspective assurée de tous les trésors de l'Espagne avoit beau flatter ma cupidité et m'offrir une ample indemnité de l'or prodigué à la ***, ce sentiment n'est pas le plus fort dans un jeune homme vain. Mon amour-propre n'étoit pas consolé, et il revenoit toujours présenter à tous mes ressentimens une image horrible et révoltante, quoique ma jalou-. sie fût éteinte.

J'attendois le médecin avec la plus vive impatience; chaque instant étoit un siècle. Il parut enfin à demi habillé, tant mon émissaire l'avoit excité. — Eh bien! lui dis-je avec l'accent tremblant et confus de la rage, on me trompoit avec la dernière indignité, l'auriez-vous jamais cru? — Qui donc? répondit-il tout déconteancé. — L'abominable femme dont vous aviez si bonne opinion. — Cela est-il possible? — Possible! C'est un fait... Cette nuit j'ai surpris... Je ne puis vous exprimer ma juste fureur. — Comment, milord, expliquez-vous, de grâce. — Quoi! mon cher ami, un coquin, un misérable à qui j'ai payé, il y a deux jours, un prétendu mémoire. — Je tombe de mon haut. Sexe abominable, s'écria-t-il en levant les yeux et joignant ses deux énormes mains, voilà donc de vos caprices! Ah! que m'apprenez-vous? Quoi! cette fille dont les sentimens m'avoient séduit!

Beaucoup de ces femmes-là ont de ces fantaisies, mais je n'aurois jamais soupçonné celle-ci.

Nous observâmes alors l'un et l'autre une pause de quelques minutes. Le docteur, faisant mine de réfléchir, poursuivit d'un ton plus raffermi. — Après tout, il est heureux que vous ayez fait à tems cette découverte, toute désagréable qu'elle est. Vous alliez un peu vite ; c'eût été grand dommage que vos libéralités eussent continué à tomber sur un objet aussi indigne. Permettez le terme à mon amitié : les plus courtes folies sont les meilleures. — Loin de calmer mes sens, ces derniers mots du docteur me donnoient à mes propres yeux un air de sottise. Alors, sortant des bornes où je m'étois contenu jusqu'à ce moment, je me répandis en ridicules menaces et en imprécations puériles. — Mon sage mentor épuisa son éloquence à me faire comprendre la petitesse d'un éclat, et même son danger. Il entra pour cela dans le détail des infâmes prérogatives de toutes les femmes qui sont inscrites sur le catalogue de l'Académie royale de musique [1]. Enfin, à force

---

[1] Sur la situation faite aux actrices de l'Opéra, voy. dans cette collection *La vie de Paris sous Louis XV. Devant les tribunaux*, p. 96. — Sébastien Mercier écrivait encore vers 1780 : « Une fille est enlevée au pouvoir paternel dès que son pied a touché les planches du théâtre. Une loi particulière rend vaines les lois les plus antiques et les plus solennelles. » *Tableau de Paris*, t. III, p. 104.

de pérorer sur les conséquences d'un bruit et
d'un scandale aussi indécent que superflu, il vint
à bout de me rendre un peu à moi-même.

Le sérieux que les circonstances avoient jeté
naturellement dans notre entretien, faisoit un
peu trêve au délire auquel j'avois été en proie
depuis que j'avois mis le pied à Paris. Je me sou-
vins dans ce premier intervalle qu'il y existoit un
certain chevalier **, pour qui j'avois des recommandations des lords Hol... et Shel... C'étoit m'y
prendre un peu tard pour en faire usage. Si
quelque chose avoit pu m'excuser de cette négligence, c'est que je n'avois pas même entendu
prononcer un nom aussi respectable parmi les
originaux de toute espèce que j'avois fréquentés
depuis mon arrivée. Je m'en ouvris au docteur.
Eh! mon Dieu, je suis votre homme, s'écria-t-il
avec emphase. Le chevalier n'a pas un plus cher
ni un meilleur ami que moi; que ne parliez-vous
plus tôt? Mais il est inutile de lui dire depuis quel
tems vous êtes à Paris. — Eh! ne le faudra-t-il
pas, lui répliquai-je; car c'est encore une des
marottes de tous nos étourdis qui font d'éclatantes équipées de s'imaginer que tout le monde
s'en occupe. — Lui! non sûrement, répartit le
médecin, c'est un absorbé dans des études abs-
traites et profondes, exilé par choix loin du
monde, et dont l'indolence faciale détourne toujours les yeux de tout ce qui se passe ailleurs.

Rassuré par ce tableau du chevalier **, je montai en voiture sous l'escorte du docteur, et nous fûmes à Neuilly. Le docteur me parut en effet très familier dans la maison. Si l'accueil du maître avoit répondu à celui des gens que nous rencontrâmes en entrant, j'aurois dû en conclure que son crédit étoit encore plus excessif chez le chevalier ** qu'à l'hôtel de ***.

Le chevalier parut enfin. C'étoit un homme de quarante ans, d'une figure noble, d'une physionomie remplie de bonté et d'expression. La simplicité et l'aisance de ses manières écartent bientôt la gêne. L'alliance d'un usage du monde infini avec le naturel le plus heureux et à l'intelligence supérieure en font l'homme de tous les hommes, de tous les tems et de toutes les circonstances. Je m'aperçus qu'il faisoit le plus grand cas des recommandations que je lui avois remises. Je fus, après quelques instans, aussi à mon aise avec lui que pouvoit l'être un homme qui avoit dans la tête la dose de folies qui faisoit fermenter la mienne.

Je fus retenu à dîner chez le chevalier. Les convives qui y arrivèrent étoient des hommes connus par de grands talens, Messieurs ***, ***, le chevalier ***. Mais la gravité des sciences et la rudesse qui accompagnent souvent l'étude profonde et suivie n'altéroient point chez eux l'aménité des mœurs. Je regrette bien de n'avoir

point été assez préparé à goûter en même tems
l'utile et l'agréable pour m'être attaché dès lors
à des gens que je cultive aujourd'hui avec autant
de fruit que d'agrément.

A ceux-ci, vint se joindre un jeune homme.
Au moment où il arriva, le visage du maître du
logis parut s'épanouir, il parut aussi satisfait
qu'un père qui voit un fils pour qui il a une tendre prédilection. La longue physionomie du long
docteur parut au contraire deux fois plus longue
que de coutume. Sans faire beaucoup d'attention
à ce dernier, Bouillac (c'est le nom du jeune
homme) eut bientôt une grande part à l'entretien. Je ne pus m'empêcher d'admirer le tour
heureux de tous ses discours, l'étendue de sa
vaste et rapide imagination. Il faisoit également
usage de notre langue et de la françoise, et tour
à tour jetoit sur tous les objets ou les fleurs ou
le fiel. On l'écoutoit avec plaisir; mais il étoit
impossible de s'empêcher de lui reprocher, en
soi-même, un tour caustique sur lequel le chevalier **, malgré l'extrême partialité qu'il m'a toujours paru avoir pour lui, ne lui faisoit pas absolument grâce. Tous les efforts que faisoit le docteur pour être quelqu'un dans cette maison, aidés
de mes préventions pour lui, ne purent me déguis-
ser la nullité où il étoit tombé vis-à-vis de cette
assemblée. Il ne disoit plus rien, il étoit anéanti.
Son air décisif et impérieux s'étoit évanoui depuis

que Bouillac étoit entré. Déconcerté et tremblant
par l'appréhension du sarcasme dont celui-ci lui
faisoit voir la pointe, il eut recours à une peinture
clandestine qu'il m'en fit tout bas, comme d'un
homme encore plus haïssable et dangereux qu'é-
loquent et spirituel.

Je m'aperçus bientôt des raisons que le docteur pouvoit avoir de m'inspirer cette idée. Le
mordant Bouillac tympanisa de la manière la plus
cruelle presque tous les personnages avec qui le
docteur m'avoit mis en liaison. Il ne nommoit
personne, mais chaque coup de pinceau étoit
parlant. Quoique, depuis, j'aie pu voir que l'enthousiasme du bien et la haine des méchans
étoient ses inspirateurs, je n'ai pu m'empêcher
de blâmer souvent l'âcreté des ridicules qu'il
sème. Ami comme je l'étois du docteur et engoué
de ceux que Bouillac déchiroit, je détestois un
esprit satirique, et j'étois mortifié surtout du
mépris avec lequel il paroissoit dédaigner d'en-
velopper mon compagnon dans sa censure. Il
disoit si bien les choses cependant que, si je
n'avois point été prévenu en faveur de ceux qu'il
peignoit, au lieu d'un Juvénal excessif et emporté, j'en aurois fait, dans mon opinion, un
Addison dans ses mouvemens pathétiques. Le
chevalier ** s'informa des connoissances que
j'avois à Paris et des bons maîtres pour tous les
exercices qui convenoient à un jeune homme de

ma naissance. Le docteur, pour prévenir le
détail que j'aurois pu faire à toutes ces questions,
se hâta d'y répondre lui-même. Il parla de mes
progrès, sous l'abbé F... et le S... G... et ajouta
que bientôt j'irois à l'académie[1] de D... G²...[2] Le
chapitre des connoissances qu'il m'avait procu-
rées fut légèrement effleuré. Il parloit avec
réserve et comme d'une chose accidentelle de
ma liaison avec le baron, et glissant avec dextérité par-dessus la mine du Toboso, il ne fut question ni de cette acquisition merveilleuse, ni de la
part qu'il avoit eue à me la faire faire. Pendant
que le médecin battoit la campagne sur tous ces
articles, Bouillac sourioit malignement, et multipliant les questions, se plaisoit à redoubler son
embarras. Le chevalier ** mit gravement fin à ces

---

[1] Un séjour à l'*académie* était le complément indispensable de l'éducation pour un gentilhomme. On y apprenait
l'équitation, la danse, l'escrime ; on y faisait des courses de
bagues et de têtes avec la lance et l'épée.

[2] Il faut lire sans doute Dugard. Il se qualifiait d'écuyer
du roi, et tenait alors une des académies le plus en vogue.
Les prix y étaient ainsi réglés :

Logement et nourriture....................	1.500 liv.
Logement et nourriture pour un gouverneur..	700 —
— — domestique..	400 —
Droit d'écurie...........................	29 —
— pour les gaules.....................	3 —
Au maître d'armes........................	18 —
— de danse	15 —
— de voltige....................	15 —
— de mathématiques	15 —

désolantes escarmouches et à ces ironies perpé-
tuelles, en prenant un ton plus sérieux. —Il vau-
droit beaucoup mieux, milord, dit-il, que vous fré-
quentassiez des cercles différens de ceux où vous
êtes tombé. Vous n'y apprendrez à connoître ni la
nation ni ses mœurs. D'ailleurs, prenez-y bien
garde, jeune et riche comme vous l'êtes, vous rencontrerez bien des pièges ; ce pays-ci en est rempli,
les femmes surtout : avec les hommes, vous
pouvez perdre votre argent, avec celles-ci, on
risque bien davantage. Ici, Bouillac regardant
le docteur, dit : Bon, bon ! ce que vous perdriez
avec elles, milord, monsieur le docteur vous le
fera retrouver. Il a fait, dans ce genre, des expé-
riences merveilleuses sur tant de jeunes Anglois !
A ce trait malin, il fit succéder un commentaire
long et plaisant sur le texte que le chevalier **
venoit de lui fournir ; il peignit les foyers, leurs
dangers, les dénouemens des aventures qu'on y
rencontroit. J'aurois cru presque qu'il savoit mon
histoire ; je rougissois, et mon cher Mentor per-
doit patience. Toute l'assemblée rioit beaucoup
du sel et de la chaleur des portraits. Le docteur
mé disoit tout bas à l'oreille : Cet homme a la
langue d'un serpent, je crois qu'il ne finira pas
d'aujourd'hui. Quelques instans après, redoutant
les impressions qu'il pouvoit faire sur moi, il me
fit prendre congé. — Eh bien ! me dit-il en nous
en retournant, vous venez de voir, milord, des

beaux esprits et des savans avec leur cortège ordinaire, l'enthousiasme et la critique. Vous voyez qu'on a beau dire, c'est une triste société. La vanité, tout au plus, peut y conduire et lui prêter quelques agrémens. Il faut pourtant que je rende justice au chevalier ** : il a aimé les plaisirs et a été abordable; mais depuis que son maudit Bouillac l'a séduit par son caquet, tout est changé. J'ai fait la pluie et le beau tems dans cette maison, moi qui vous parle. Cet homme est cause que je n'y mets plus le nez sans en sortir mécontent. Je ne conçois pas comment on peut avoir la foiblesse de s'en coiffer. On ne le connoît pas, il est au fond très vicieux, mais cela n'a pas le sou. Glorieux de son triste mérite, pour se dédommager il tranche du Caton, joue toutes les femmes et déchire tous les hommes. Je vous confesserai avec candeur que, si j'avois prévu le rencontrer chez le chevalier **, je vous aurois prié de remettre votre visite à un autre jour. Cet homme est un enragé, son mal se communique. Diriez-vous qu'en le fréquentant, le chevalier ** en est venu à ne plus croire un mot de tout ce que je lui dis? La chaleur de la harangue du docteur avoit fait impression sur mon esprit. — En vérité, dis-je, c'est quelque chose d'inconcevable. Ce jeune homme est plein d'esprit, mais il faut que ce soit un mauvais caractère. — Oh ! un caractère abominable.

Tout ce qu'il touche se flétrit sous ses mains. Les choses les plus innocentes deviennent des horreurs. La plus légère galanterie est débauche crapuleuse; le moindre faible pour le jeu, duperie insensée ou escroquerie systématique. Moi, milord, moi qui vous parle, parce que j'ai quelque complaisance pour mes amis, il m'a cent fois, dans ses tableaux malins, revêtu de la caricature du plus plat et du plus déterminé m...[1] — O le mauvais esprit! — Avez-vous fait attention aux railleries sanglantes qu'il a lancées contre le baron de ***; c'est par envie, milord, car ce personnage a des prétentions à tout. Ne parlons pas davantage de cet homme. Je vous conseille d'autant plus de l'éviter, qu'il est artificieux et séduisant. J'assurai le docteur qu'il ne me feroit jamais illusion.

Je n'avois pas de projet formé pour la soirée, par conséquent elle devoit être fort désœuvrée. J'avois sur la physionomie cette espèce de sérieux qui peint le loisir ennuyeux et le besoin de distraction; le docteur savoit combien il est voisin de la réflexion chez presque tous les Anglois. — Eh bien! dit-il, il s'agit de prévenir ce soir l'ennui qui vous gagne à la suite de tant de doctrine et de méchancetés. Venez avec moi chez *, il vous en fera oublier jusqu'à la moindre impression. Je me laissai conduire.

---

[1] Ces trois points paraissent difficiles à traduire.

* était ce même banquier que son zèle officieux m'avoit recommandé dès les premières
heures de notre connoissance. Je trouvai, en y
arrivant, les plus étranges bigarrures. Celles de
chez le baron de *** n'en approchoient pas. Si
le plaisir naît et s'entretient dans la cohue, cette
maison est certainement son temple et son asile.
Le maître du logis, grand fabricateur de sytèmes,
parieur extravagant, composé étonnant et ridicule de la présomption françoise et des manies de
piliers de café, m'en fit les honneurs, ainsi que
ceux de son esprit, avec bien plus de fracas que
de véritable politesse. Il me présenta un vieillard
dont les traits avoient quelque rapport avec ceux
du patelin colonel Cunning, mais leur tournure
étoit plus juive. C'étoit le bouffon de la maison.
Cet homme, à force d'être ordurier, croyoit être
plaisant : à soixante-dix-sept ans, il venoit, par
pure facétie, d'épouser une prétendue Agnès de
quatorze. Les ridicules dont ce personnage affec-
toit de se couvrir pour amuser les rieurs lui
avoient ouvert des portes considérables : l'emploi
de bouffon est volontaire et le meilleur de tous
aujourd'hui chez les grands. Il s'en étoit formé
un chemin couvert, par lequel son avarice avoit
atteint son but; et à force de se rendre comique-
ment méprisable, il étoit sorti de l'indigence et
du néant.

Le second personnage qui brilloit dans ce cercle, étoit un petit homme gros et ramassé, aussi rempli de pétulance que diapré de bourgeons, à voix rauque et perçante. C'étoit un vrai Silène. Cet homme avoit fait autrefois beaucoup de bruit à Paris sous le nom de milord ***. Après s'être laissé dépouiller par une courtisane célèbre, il avoit été réduit au nom plus modeste de M. ***, et tour à tour avoit habité la Bastille et le For-l'Evêque[1]. Sans une succession considérable qui vint à propos rendre du relief à la progression de son inconduite, il étoit dans le droit chemin de terminer ses travaux par B***[2].

Un troisième acteur figuroit dignement avec les précédens : c'étoit un fugitif d'Angleterre. Muni d'un emploi qui lui procuroit le maniement des deniers de nos troupes, il avoit disparu avec des sommes très considérables. Cette adroite soustraction l'aidoit à végéter dans cette capitale entre quelques prostituées, dans une retraite obscure à l'extrémité d'un de ses fauxbourgs. Une multitude d'agioteurs de toute espèce et de tous états formoient, par groupes diversement occupés ou d'un jeu très intéressé ou d'un entretien follement politique, le reste de l'assemblée. Là, le

---

[1] Jusqu'en 1674 le For-l'Évêque fut le siège et la prison de la justice épiscopale. Après la suppression de celle-ci, on y enferma surtout les prisonniers pour dettes et les comédiens insoumis. Voy. ci-dessous p. 200.

[2] Sans doute le château de Bicètre, où l'on enfermait les libertins et les gens sans aveu.

démon du gain souffloit toute sa sombre fureur
et tous ses emportemens; ici, la manie des spéculations, toutes ses absurdités. Des farces licen-
cieuses et grossières varioient, et formoient inter-
mède à tout ce tintamarre. Pour le coup, le docteur s'étoit trompé, malgré tous les efforts qu'il
fit pour faire valoir *** et sa maison, je ne pus
jamais y trouver d'attrait. Aussi, agissant pour la
première fois depuis mon arrivée, d'après ma
propre impulsion, je n'y fis qu'une courte visite.
J'avois sous les yeux le contraste des objets si
divers que j'avois vus ce jour là, et il auroit
opéré des effets salutaires si au sortir de là, l'habile médecin ne s'étoit hâté de changer sa batte-
rie. Il me mena prendre le frais au Palais-Royal,
c'est le théâtre des aventures les plus fréquentes.
Celle que je vais compter arriva, du moins en
apparence, sans préparation et fut l'effet d'un
hasard imprévu, quoique l'étendue des vues et
la sagacité du docteur puissent bien aller jusque
là et faire naître aussi imperceptiblement les
circonstances.

Je rencontrai sir Walter dans la grande allée.
Il me proposa à souper dans le voisinage du
palais; j'acceptai. Il me mena chez la fameuse****.
Depuis un mois environ, il s'étoit embarrassé de
cette femme infatigable et elle usoit, avec son
avidité accoutumée, des libéralités du baronet.
Mademoiselle **** occupoit un petit hôtel élégant

et commode, la magnificence et la richesse de
toute sa décoration intérieure déposoient des
sottises qu'elle a fait faire. Tout ce que j'avois
trouvé si brillant chez la *** se réduisoit, par
comparaison, à une propreté élégante et à un
luxe de simple commodité. Ce n'étoit rien au
prix de ce qui s'offroit à mes regards.

Les degrés qui conduisoient à plusieurs antichambres, aussi bien que celles-ci, étoient couverts d'une multitude de valets vêtus de livrées
différentes. Je m'attendis à trouver, par conséquent, un cercle nombreux et distingué dans les
appartemens. En traversant cette foule, je
remarquai que plusieurs de ces messieurs paro-
dioient excellemment auprès des soubrettes les
empressemens et la galanterie aisée de leurs
patrons auprès des maîtresses. Enfin, nous par-
vinmes au sanctuaire. Que de sacrificateurs
entouroient l'idole! Je fus présenté par sir Walter.
En voyant cette courtisane célèbre, je trouvai sa
figure beaucoup au-dessous de l'idée que m'en
avoit fait concevoir l'éclat qu'elle avoit fait à
Londres comme à Paris. Je ne puis nier, cependant, qu'elle n'eût à un très grand point ce genre
d'agrémens qui remplacent avantageusement la
beauté et touchent bien plus qu'elle. J'en fournirai la preuve par les effets qu'ils firent sur moi.
Le premier accueil fut doux et civil, je fus très
content.

La demoiselle **** avoit, aussi bien que la
traitresse ***, une compagne. Elle étoit, comme
l'autre, suivant l'ordonnance, je veux dire beaucoup moins jolie. C'étoit, disoit-on, une cousine,
dont, malgré cette inégalité de charmes et d'appas, elle prétendoit faire *le chemin :* expression
commune ici à celui qui aspire aux honneurs de
la guerre comme à toutes les catins qui visent à
des rentes viagères. Mon compliment fait à la maîtresse du logis, la cousine eut son tour. J'entendis que, se penchant vers l'autre, elle lui disoit à
l'oreille : « Quoi! c'est là ce pauvre petit milord
de ***. Eh! mais, il est fort joli. Oh! elle a eu
tort, et elle méritoit bien ce qui lui est arrivé. » Je
rougis et ne pus pas bien démêler si c'étoit honte
ou plaisir qu'excitoit en moi ce propos. Ma vanité en souffrit et s'en applaudit en même tems,
et ces deux mouvemens se confondoient.

La cour brillante et nombreuse qui environ-
noit ces dames m'étoit absolument inconnue. Sir
Walter, que ses liaisons avec elle n'avoient pu
manquer de mettre aussi en liaison avec ses connoissances, me nomma le marquis de ***, monsieur de *** : je me ressouvins que le docteur me
les avoit cités comme la fleur des agréables. Il
m'y fit aussi connoître le comte de ***, le chevalier de ***, et quelques autres moins célèbres
dans la chronique des ruelles.

Les deux premiers que je viens de nommer

sembloient avoir dans ce logis des prérogatives
de fondateurs. Quoiqu'alors sir Walter en fît
tous les frais, ils en faisoient les honneurs. Mais
c'étoit avec si peu d'affectation et tant de
grâces, qu'à la place du baronnet il me sembloit
que je leur en aurois su gré. Je comparois en
moi-même, dans mon premier mouvement d'admiration, le ton et les allures de ces élégans
personnages à la lourde et grossière masse de
prétentions de nos *macaronis*[1] *anglois*, et même
à la fade et insipide copie que j'en avois rencon-
trée dans quelques aspirans, chez le baron
de ***. Oh! combien me disois-je, un François
est-il privilégié par la nature et fait pour les
grâces! Elles nous fuient, rustres que nous
sommes! Vous aviez bien raison, joli et élégant
Chesterfield[2], de proposer ces charmans modèles
à votre fils ; mais que cet enfant de l'amour étoit
indigne de vos leçons, en un mot, qu'il étoit
Anglois !

Le pauvre sir Walter avec sa froide simplicité

---

[1] Le *Macaroni-club* était celui des dandys, des petits sots
riches et inutiles. Stanfort, dans son *Dictionnary*, donne la
citation suivante, qui est empruntée à un ouvrage publié en
1770 : « Il y a une espèce d'animal, ni mâle ni femelle,
une chose du genre neutre, qui a surgi dernièrement parmi
nous. Cela s'appelle *Macaroni*. Cela parle sans rien dire,
cela sourit sans agrément, cela monte à cheval sans faire
d'exercice, etc., etc. »

[2] Allusion aux célèbres lettres de lord Chesterfield à son
fils.

avoit un air si gauche, quoiqu'il payát les violons, auprès de tous ces François sémillans que j'aurois pardonné à Mademoiselle **** un quiproquo comme celui de la peu délicate ***. Moimême, j'aurois trouvé excusable qu'on m'eût donné un pareil substitut, au lieu du vilain M. Chiffon.

En si brillante compagnie, le souvenir de mes' disgrâces s'effaçoit insensiblement. Une noble émulation me gagnoit et le faisoit disparoître. Il est probable que les premiers efforts que je faisois pour sortir de ma roideur angloise devoient augmenter ma gaucherie ; on en rioit sous cape. Les louanges qu'on donnoit à ma bonne mine et à mon air d'aisance ne pouvoient être qu'un persifflage sanglant. Cependant comme la demoiselle **** parloit intelligiblement l'anglois, j'avois lieu de déployer ma galanterie. J'en étois un peu moins taciturne. Quant aux belles manières qui me manquoient, je faisois intérieurement le souhait de venir m'y former rapidement à si bonne école.

A souper, on me fit les honneurs, je fus placé entre les deux cousines. La chère qu'on m'avoit fait faire chez la demoiselle de la rue de Richelieu étoit délicate et recherchée ; mais ici, c'étoit la profusion de Nomentanus[1]. Aux seigneurs qui

[1] Célèbre dissipateur romain. Voyez Horace, satire V, vers 102.

formoient le gros des convives étoient mêlés des artistes et des virtuoses dont les talens, au dessert, embellirent la fête. Le jeu ayant succédé à un repas splendide, je m'y livrai avec prudence et m'en retirai à bon marché.

Pendant tout le tems que je restai chez mademoiselle ****, elle n'avoit cessé de m'entretenir sous le prétexte qu'elle parloit seule ma langue ; elle m'avoit traité avec une distinction qui auroit alarmé tout autre que sir Walter. Je l'accusois souvent en moi-même d'ingratitude et d'imprudence ; le calme et grave chevalier avoit heureusement plus de faste que d'amour, et les misères dont celui-ci a coutume de s'alarmer échappoient à ses yeux ou glissoient sur son cœur. Je ne fus pas longtems non plus à avoir la clef de cette singulière conduite de la part de tous deux. Le baronnet m'apprit lui-même que ses affaires le rappeloient à Londres, et que sous deux jours il partoit. La demoiselle songeoit sans doute d'avance à réparer, d'une manière digne de ses prétentions, le vide qu'elle pressentoit et pour cela, elle avoit appris par expérience à préférer l'Angleterre. J'aurois, sans contredit, dû mépriser ces motifs de préférence assez faciles à saisir. Mais j'étois méconduit par la vanité et égaré par le ressentiment. Dans un âge où la raison ne se fait guère entendre, dans un lieu d'où on a soin de la bannir ou de l'enivrer, il

n'est guère possible d'en prendre conseil. Je
sortis très flatté, et par conséquent très sensible
déjà, à des avances qui m'offroient l'occasion
d'exciter le dépit de l'abominable ***.

Le docteur, qui pendant toute la soirée avoit
paru me perdre de vue et s'être faufilé avec les
aimables de la société de mademoiselle ****, n'en
avoit pas moins étudié ma contenance et deviné
mes dispositions. Il étoit homme à ne les combattre qu'autant qu'il falloit pour se mettre à
couvert en cas d'événement, tout en les fortifiant
au fond. Il s'y prit pour cela avec sa dextérité
ordinaire. Il m'abandonna, à ma porte, à des
réflexions moins morales que celles du matin. En
attendant le sommeil, je me mis à bâtir des projets de plaisir et de vengeance.

SEPTIÈME JOURNÉE

SUITE DES DESSEINS AMOUREUX. — ENTRETIEN NAIF
D'UNE COURTISANE EXALTÉE AVEC UN SERVITEUR
ADROIT. — SINGULIER TRAITÉ.

Mon enthousiasme de la veille revint avec mon
réveil. Quelle différence, me disois-je en moi-
même, de nos épais et lugubres *rostbeefs*, aux
hommes merveilleux que j'ai vus hier. Ah ! si je
pouvois leur ressembler ! Oh ! la belle **** me
donnera ce secret-là. Il vaut bien la petite
atteinte qu'il faudra encore mettre à mon portefeuille.

Quelque prétexte que cet espoir d'acquérir
des perfections aussi éclatantes pût fournir à
mon goût naissant pour cette beauté, mon aventure burlesque avec la demoiselle *** étoit si
récente que je sentois quelque scrupule et voyois
un peu de ridicule à me rembarquer sitôt sur
une mer où je venois de faire un humiliant nau-
frage. J'en étois à quelques réflexions sur ce
sujet, quand Provence, mon valet de chambre,
vint m'offrir son ministère pour sortir du lit.

J'avois coutume de dire mes secrets à ce digne serviteur. Il faut qu'un jeune homme ait toujours un valet confident, et que celui-ci, moitié domestique et moitié compagnon du maître, ait l'adresse et les ruses d'un valet de comédie. Provence occupoit cette place auprès de moi. Je lui dis donc ma nouvelle flamme et mes projets. Cet homme, grâce au docteur, avoit été suspendu de ses fonctions et de ses honoraires dans l'aventure précédente ; il saisit avec avidité l'occasion de s'y réintégrer. Il partit, fit son message, et peu de temps après, il revint m'instruire de son succès.

Comme mon émissaire rentroit et avoit déjà la bouche ouverte pour me faire le récit de sa négociation, il aperçut le docteur qui étoit venu me voir pendant son absence. A son aspect il s'arrêta : il étoit facile de pénétrer par cette réticence la crainte qu'il avoit de se voir enlever la conduite de cette importante affaire. Le docteur, voilant assez adroitement les soupçons qu'il pouvoit concevoir, affecta de la discrétion et m'offrit de sortir si j'avois quelque chose de pressé ou de secret.

— Eh ! non, mon cher docteur, lui dis-je, en souriant, j'ignore pourquoi M. Provence se déconcerte, je ne veux rien avoir de caché pour vous. Il faut, au contraire, que vous appreniez en même tems que moi ma bonne fortune ou

ma disgrâce ; il faut d'abord que je vous mette
au fait. Le souper d'hier au soir m'a mis au rang
des admirateurs de mademoiselle ****; mais, à la
vérité, ce sentiment n'a point encore acquis
assez de force pour que je puisse en pâtir beaucoup si j'échoue, quoique je crois m'être aperçu
que la belle avoit pour moi certaines attentions
fines et significatives. — Oui vraiment, très significatives, fit-il, et pour vous dire ma pensée avec
franchise, en la voyant chuchoter éternellement
à votre oreille, je vous ai même cru très avancé.
Prenez-y bien garde cependant, milord, vous
savez par votre propre expérience, combien les
femmes sont étranges ! — Oh ! repartis-je, il faut
passer par-dessus quelques petits défauts ; si l'on
se souvenoit toujours de la tempête, on ne se
remettroit jamais sur les flots. D'ailleurs, mon
cher docteur, il y auroit bien de l'injustice à vous
à soupçonner toutes les femmes parce que vous
vous êtes laissé surprendre à l'air de pruderie
de ***. — Oh ! milord, répondit-il, ce n'est pas
mon coup d'œil que je prétends venger, j'ai trop
d'attachement pour vous, pour n'être pas guidé
par des motifs qui ne me sont pas personnels. —
Fort bien, mon ami, je vous en remercie, mais
si vous m'aimez, passez-moi cette fantaisie. Eh !
bien, M. Provence, où en sommes-nous? ajoutai-
je en adressant la parole à ce dernier. — Pas tout
à fait à la queue du roman, milord, mais il ne

s'en faut guère. — Comment donc, du roman?
— Oui, la belle ou plutôt les circonstances vous
sont contraires, car pour elle un pareil excès de
cruauté n'est jamais entré dans son âme : il faut
que vous soupiriez au moins pendant deux grands
jours complets. Sur la fin du troisième, votre
amoureux martyre pourra recevoir le soulagement
accoutumé. — Eh! pourquoi ce délai? — Ah!
milord, admirez une probité rare chez ses pareilles. Elle veut tenir ses sermens à sir Walter.
Il a passé avec elle un bail qui ne doit expirer
que lundi au soir : c'est aujourd'hui vendredi,
mais elle n'en rabattroit pas un quart d'heure.
Le dernier se trouvera à la soixante-douzième, à
compter de celle-ci ; mais alors, à la minute, hor-
loge sonnante, vous disposerez en sultan d'une
odalisque obéissante et soumise. — Eh bien!
répliquai-je, ce principe de justice en vaut bien
un autre : quand César est payé, il n'a plus rien
à dire. — De justice ! milord, cette fille-là est la
justice même. De plus, en l'achetant on l'obtient :
cela n'arrive pas toujours à l'autre. Précisément
au coup de fouet du postillon du baronnet, l'a-
mour qu'on avoit pour lui part et prend son vol
avec les chevaux de poste. Je porte mille guinées pour la première semaine, l'amour que
mon arrivée inspire pour vous prend la place;
pendant une huitaine, il y commande. Vous la
ravitaillez alors : autre huitaine, et ainsi jusqu'à

ce que l'ennemi, par des voies semblables, s'y forme des intelligences et nous en débusque. — Le docteur ne put, non plus que moi, s'empêcher de rire. — Ce garçon a de l'esprit, me dit-il, il est impayable; mais vraiment je ne connoissois pas son mérite. Provençal fit une révérence, et dès ce moment ils furent amis.

Je demandai à mon adroit et ingénieux valet un compte circonstancié de la commission. — Ce matin, dit-il, milord, je partis chargé de vos ordres, plus fier que Mercure allant chez Danaé de la part du maître des dieux. Arrivé au lieu de mon ambassade, je crus qu'il étoit à propos de sonder les principaux ministres avant d'aller jusqu'à la souveraine. J'ai voulu m'instruire et savoir au juste qui étoit la favorite. J'ai fait ma cour d'abord, avec assez d'égalité, à Manon et à Sophie. Je me suis aperçu que la dernière avoit porté à Madame son consommé, et qu'elle étoit longtemps à revenir. Oh ! c'est là la favorite, me suis-je dit. On tient actuellement conseil, et il est question de nous. La soubrette confidente revint enfin. Sa mine épanouie et riante me fit présumer que j'étois le bien venu. Sans affectation, je la tirai à l'écart pour lui dire que j'avois quelque chose d'intéressant à communiquer à Madame, mais que j'attendrois sa commodité. — En vérité, M. Provence, il est bien matin. Je ne sais comment faire, Madame est au lit, je voudrois pourtant bien vous obliger. Seroit-ce une lettre, un billet? je m'en chargerois et je pourrois le remettre. — Non, mon enfant, ma commission est verbale, je parle assez bien pour que la précaution d'écrire soit superflue avec moi. — Eh bien! dit-elle, la chose devient encore plus délicate, nous avons des engagemens. Ma maîtresse est un peu scrupuleuse. — Bon! mon cœur, nous sommes riches, et nous savons soulager les personnes timorées. — Enfin, dit-elle, il faudra bien m'exposer à être grondée pour vous. Elle remonta lestement, redescendit de même, et m'assura que sous trois minutes je serois introduit.

Mademoiselle, ajouta la soubrette, ne vous demande que le tems de se lever, et m'a chargé de vous faire déjeuner en attendant. A ces mots, elle a guidé mes pas vers l'office, et sa belle main a présenté des vins d'honneur à votre plénipotentiaire. Plusieurs tranches d'un excellent jambon, six rasades de bourgogne m'ont inspiré le beau feu qui m'a fait briller à l'audience qu'on m'a accordée ensuite.

J'entrai respectueusement. La souveraine, voluptueusement étendue sur sa chaise longue, m'a fait un petit signe de tête. — Comment se porte milord? m'a-t-elle dit. Je suis on ne peut plus flattée qu'au moment de son réveil il ait bien voulu s'occuper de moi. — Madame, ai-je

réparti galamment, il est si naturel de s'occuper
de vous le matin, et si heureux de vous occuper
le soir !... — La princesse a ri de ma saillie. Vous
allez bien vite, m'a-t-elle répondu en riant toujours : milord a-t-il mis cela dans vos instructions? — Madame, il a coutume de les faire
courtes et claires, et comme je présume que vous
n'aimez pas plus que lui à prodiguer les paroles,
je viens vous offrir sa bourse et son cœur. —
Milord est bien bon, ses offres sont faites pour
flatter la plus jolie femme. J'accueillerois, comme
je le dois un aussi agréable message, mais je
crains bien que d'autres engagemens... Il ne
faut pourtant pas que le messager perde ses pas,
a-t-elle ajouté. Et ici, milord, elle m'a fait le
présent d'usage. Madame, ai-je répondu en
m'inclinant, un engagement cède tous les jours
à un autre engagement qui flatte davantage. —
Oh ! dit-elle, remplacer, à la bonne heure; mais
je crois que celui que j'ai n'ayant plus que trois
jours à courir, il ne faut pas rompre brusquement. — Alors du moins, Madame, le traité avec
milord pourroit être conclu, et je pourrois, en
attendant, négocier les préliminaires. — Fort
bien, répartit la belle, mais il me reste une petite
difficulté. J'ai fait une espèce de promesse. Si je
consultois mon goût, milord me plairoit infiniment mieux ; mais dans mon état, il est si difficile
de suivre ses penchans et si dangereux de man-

quer à certaines paroles ! Un étranger d'un rang
élevé et d'une fortune considérable m'a tant
priée, sollicitée, importunée, que j'ai été contrainte de lui donner quelque chose de plus que
de l'espoir. Nous avons même commencé à traiter ; si j'allois le renvoyer sans rime ni raison, il
pourroit faire du bruit. C'est un homme à redouter par sa nature. — Comment donc à redouter !
— Oui, c'est... — Quoi, c'est? — Un confédéré
de Bar[1]. — Oh ! Madame, ces gens-là ne sont pas
à craindre, à moins que vous n'ayez peur des
manifestes. Ils n'ont pas tenu devant les Russes,
il faudra bien qu'ils fassent place à l'Angleterre.
— Je connois tout le mérite et l'ascendant de la
Grande-Bretagne, répondit-elle. — Vous avez
bien raison, Madame, il faut vous y tenir. J'aimerois mieux, à votre place, un billet de banque
que vingt hypothèques sur tous les palatinats et
les starosties[2] de la République. — J'en connois
toute la valeur, m'a-t-elle dit, mais c'est bien
moins de pareilles considérations que mes sentimens qui pourroient me déterminer vis-à-vis de

---

[1] Les allusions qui suivent rappellent les événements dont
la Pologne fut le théâtre après l'avènement de Stanislas
Poniatowski. Les Polonais se soulevèrent et formèrent,
en 1768, la fameuse confédération de Bar (ville de Podolie),
signal de la guerre de l'indépendance. Ils furent définiti-
vement vaincus en 1772, et leur pays subit alors un premier
démembrement.

[2] Divisions administratives de la Pologne.

votre jeune maître. — Oh ! j'en suis persuadé, mais encore faut-il que les considérations y soient pour quelque chose. J'ose vous répondre qu'elles en valent la peine. — Vous êtes bien séduisant, m'a-t-elle répondu. Eh bien ! il faut voir ; mais les deux jours qui suivront celui-ci, sont voués irrévocablement à sir Walter. — Le troisième. dis-je, nous appartiendra donc. — Il le faudra bien, m'a-t-elle répliqué, rien ne résiste à la Grande-Bretagne. Je voudrois, milord, pouvoir vous rapporter le rire charmant qui a accompagné cette capitulation. Glorieux d'avoir mis en déroute la pospolite[1] et d'avoir subjugué la place à sa barbe, je viens remettre les clefs à vos pieds. — Si le commencement du récit de M. Provence nous avait réjouis, la fin ne nous parut ni moins divertissante, ni moins agréable. Nous tînmes conseil sur le champ, et un magnifique nœud de diamans, qu'il fut chargé de porter, servit à mettre le sceau à son ouvrage.

Deux jours d'impatience et d'attente, sans compter celui qu'il me restoit à achever, quel tourment ! Il falloit néanmoins en remplir le vide affreux. Je consultai encore sur cela le docteur. Nous en dissertions gravement, quand on m'annonça une visite que venoit me rendre le chevalier de **. Il causa une heure avec moi. Toute

---

[1] On appelait ainsi la levée en masse de la noblesse polonaise.

la dissipation à laquelle je continuois de me
livrer ne m'empécha point de goûter un entretien où je trouvai du bon esprit et de l'excellent
cœur. Il me proposa de m'ouvrir un accès chez
le comte de *****, son intime ami, et dans quelques-
unes des premières maisons de Paris. La circonstance étoit favorable pour moi ; en acceptant, je
ne dérangeois rien à mes plaisirs. Les deux jours
que la scrupuleuse fidélité de mademoiselle **** à
ses engagemens me laissoit, me permettoient de
profiter de ces offres, et quoique le médecin me
peignît par ses regards qu'il désapprouvoit mon
empressement, j'assurai le chevalier, que le soir
je le ferois demander à l'hôtel de *****, pour m'y
présenter.

· La visite du chevalier finie, l'esculape me dit
qu'il craignoit bien que je ne passasse mal mon
tems chez le comte, mais qu'enfin quelques
quarts d'heure ennuyeux étoient bientôt écou-
lés. Il me disoit cela d'un ton où la crainte et la
tristesse perçoient à travers l'indifférence, et
avec le regard d'un homme qui voyoit sa proie
prête à lui échapper. Il dîna ensuite avec moi.
En m'entretenant avec lui de la félicité qui m'attendoit après le troisième soleil révolu, j'attei-
gnis les six heures du soir. Nous nous séparâmes
alors, et je me rendis à l'hôtel *****, où je trouvai
le chevalier de **.

J'étois peu disposé à goûter l'excellente compagnie que j'y rencontrai. Elle ne devoit frapper ni mes yeux ni mes oreilles, parce que j'étois peu en état d'apprécier la différence entre le ton et les manières de ceux qui les composoient, et ce que j'avois vu d'absurdités et de sottises dans les cercles équivoques où je m'étois égaré jusqu'à ce jour. Des hommes à talens, des femmes estimables, c'étoit du neuf pour moi. Mais je n'étois pas fait pour y mettre la valeur réelle, leur entretien ne fit que me gêner. Je crois pourtant que mes lecteurs ne seront pas fâchés que j'en retrace une partie intéressante. Quoique tronquée par le défaut de ma mémoire, elle pourra former contraste à toutes les misères dont je les ai entretenus jusqu'à présent. J'en bâillois alors, mais je me la suis rappelée avec plaisir plus d'une fois, depuis que j'ai dépouillé la duperie et la frivolité.

Nommer le comte de *****, c'est en faire l'éloge. Ce jour-là, l'éloquent et ingénieux colonel B..., membre de notre sénat britannique, se trouvoit chez lui. Il fréquentoit par prédilection cet hôtel pendant son séjour à Paris. Il ignoroit, au contraire, jusqu'à l'existence des aventuriers à qui je m'étois livré. J'y trouvai encore le comte de C...w, ministre du cabinet de la csarine et le prince de C.... Ces hommes, illustres par les qualités personnelles plus encore que par leur rang, venoient y former un centre de lumières

qui tomboient en vain sur des yeux encore aussi
fermés que les miens. Le chevalier de **, mon
introducteur, et les trois amis que j'avois vus
chez lui, m'y parurent accueillis avec autant
d'amitié que de cette juste considération que le
mérite élevé accorde à celui qui l'est moins.

Le colonel B... n'est jamais longtems dans
un cercle aussi digne de lui, sans que l'entretien
ne roule sur la politique : en instruisant les
autres, il cherche toujours lui-même à acquérir
quelque lumière utile, et il ne pouvoit mieux
tomber. Nos colonies en étoient à leurs premiers
mouvemens contre la métropole [1]. La première
étincelle de cet incendie, que bien du sang
versé n'éteindra peut-être que d'une manière
fatale à l'Angleterre, venoit de se manifester.
On envisagea la suite de cet événement, et portant un regard sur les conséquences qu'il pouvoit
entraîner, on discutoit quel étoit l'intérêt de la
France et de l'Espagne si les sujets Américains
atteignoient jamais à l'indépendance. Le colonel B... disserta de ce ton d'orateur dont il avoit
contracté l'habitude dans la chambre basse. —

---

[1] Il s'agit ici de la guerre d'indépendance des États-Unis
contre l'Angleterre. Boston donna, en 1773, le premier
signal de la révolte. En 1775 eut lieu la bataille de Lexington,
où les Anglais furent mis en déroute complète.

Je n'ai pas cru qu'il me fût permis de supprimer la longue
et fastidieuse dissertation qui va suivre. Mais le lecteur a bien
le droit de passer sans transition à la huitième journée.

Qu'importe à l'Angleterre le parti que deux
puissances dépourvues de forces maritimes pourroient prendre dans la querelle qu'elle auroit
avec ses sujets d'Amérique? La vaste barrière
que l'Océan forme entre les deux hémisphères
doit l'assurer qu'en dépit de leurs tentatives,
elle maintiendra sous son joug ces peuples nombreux, plus soumis encore à sa domination par
leur besoin que par la crainte. Les mêmes vais-
seaux qui serviront à nettoyer et à assujettir les
côtes et par conséquent l'intérieur septentrional
du nouveau monde, effrayeront l'esprit remuant
de nos ennemis et les empêcheront ou les puni-
ront d'avoir osé entrer dans nos démêlés. — Je
rends justice à votre supériorité maritime effective, lui répliqua le comte de *****, mais il pourroit être fatal aux Anglois de pousser la confiance aussi loin que vous le dites là. Je conviens
que ni la France, ni l'Espagne même, n'ont une
marine formidable actuellement sur pied; mais
au moins avons-nous l'étoffe pour en faire une
un jour. — Un jour, répliqua le colonel, un
jour! Je parle de celui où nous vivons. — J'aurois cru, répartit le comte, la politique angloise
plus prévoyante. Dans mon système, qui s'étend
plus loin, la sécurité pourroit être trompeuse;
cela ne dépendra même chez nous, qui avons
le ciel, le sol, la mer et les hommes, que des
dispositions d'un seul de ceux-ci. Que Dieu nous
l'accorde seulement capable de bien voir, il

trouvera des gens assez pour exécuter. —
Monsieur le comte, répondit le colonel, c'est
sur la même supposition que je raisonne. Nous
ne ferions que peu de chose ou rien en Angle-
terrre, si, nous amusant à compter sur les
présens d'en haut, nous avions attendu ce seul
homme. Nous n'avons pas voulu croire au phénix, encore moins qu'il fût fait pour nous; nous
n'avons rien voulu donner au hasard, nous nous
appuyons sur notre constitution et notre flotte,
et nous nous en trouvons bien. Nous rions, en
vous voyant faire un autre calcul et vous con-
sumer en attendant. Nous subsistons par vos
méprises et nous en présumons notre prépondé-
rance, jusqu'à ce qu'il plaise au ciel de vous envoyer votre sauveur. — Le colonel élude une
question de fait en plaisantant, dit Bouillac.
Il nous traite, monsieur le comte, du même style
que le parti du Roi son maître. Quoi donc, monsieur B.., vous voulez supposer qu'à un homme
près on ne doit faire en France que des fautes !
Oh ! je ne suis pas, moi, de ce sentiment, poursuivit-il en riant ; nous en sommes las, et nous
avons formé la résolution d'être sages. Mais
comme le premier trait de la sagesse est de se
faire des amis, nous ne voulons pas vous troubler quand vous corrigez en Amérique des
enfans ingrats et réfractaires, au besoin nous
vous aiderions à les remettre dans le devoir ! —

Que dites-vous là? interrompit avec feu le colonel, nous n'avons garde de compter à ce point sur vos bons offices. — Il me semble du moins, dit Bouillac, que, si nous entendions nos intérêts, nous pourrions sans scrupule les porter jusque là.

L'assemblée écoutoit avec surprise l'inexplicable paradoxe de Bouillac. Le comte de ***** le taxoit de légèreté dans ses opinions et craignoit qu'il ne fût allé trop loin. Après avoir modestement prêté le flanc à toutes les objections qu'on lui faisoit de toutes parts : — Messieurs, dit-il, je crois avec le colonel B.. que la supériorité navale de la Grande-Bretagne met sous sa main les moyens de conquérir toutes les possessions qu'a la France au delà des mers, et au moins ceux de piller et de ravager à son gré l'empire, aussi dispersé et languissant qu'immense, des Espagnols. Je sens que l'intérêt pressant et direct de ces deux puissances est de prévenir l'événement ou de tâcher d'y parer. Vous savez tous aussi bien que moi combien elles s'écartent du chemin qu'il faudroit prendre pour cela; mais cet intérêt relatif à leur façon d'être réciproque n'est pas celui que je considère aujourd'hui. Il est, outre cela, un intérêt commun à toutes trois; il me semble que, faisant céder toutes leurs jalousies, il doit les réunir contre une quatrième qui surviendroit avec assez de forces actuelles ou fu-

tures pour les en exclure toutes un jour. Ce commentaire me parut faire impression sur les audi-
teurs, il produisit un trait de lumière. Le colo-·
nel B... fixa le jeune homme avec surprise. Le
comte de ***, qui s'en aperçut, prit la parole,
et d'un ton badin et satisfait, il dit : — Oh ! la
politique de Bouillac n'est pas comme celle des
autres. Diriez-vous que, vos disputes avec les
Américains à part, il prétend que si vous avez le
sens commun, et nous aussi, nous devons devenir alliés à pendre et à dépendre. Il prouve que
les choses ne vont si mal sur les deux rives
que sépare la Manche que parce que nous ne
voulons pas nous entendre. Nos intérêts sont
d'être unis ; il taxe nos jalousies, quoique ré-
duites en système, de chimères funestes et pi-
toyables.— La première question que M. Bouillac
vient de mettre en avant, répliqua B..., a un
aspect très séduisant. Je ne veux pas exami-
ner si le danger d'être contraint, en Amérique,
de faire place à la puissance qui pourroit s'y
développer doit être effectivement le signal de la
réunion. de l'Angleterre avec la France et l'Espagne. Il est certainement possible que cette
puissance s'y élève assez pour cela ; mais c'est
prévoir de bien loin, et mes regards aujourd'hui
ne se portent pas dans un avenir aussi reculé.
Quant aux choses qui sont plus près de nous et
sur lesquelles je suis intéressé à raisonner, j'au-·

rois de la peine à changer les idées que j'en ai
conçues. J'ai toujours regardé la rivalité et ce
. sentiment même, qui va jusqu'à la haine dans le
bas peuple en Angleterre, contre le nom françois, comme un des fondemens essentiels de
son existence, parce que c'est la source et le
motif de son énergie et le trait essentiel du caractère national. Je vais plus loin, l'état de l'Europe en dépend même, le sort de ses puissances
y est attaché, puisque cette antipathie en main-
tient la balance. Je ne prévois pas non plus qu'on
puisse vaincre une idée qui s'opposera toujours
à l'établissement d'une intelligence aussi peu
naturelle entre les deux peuples : c'est que tous
les avantages physiques de la Grande-Bretagne
s'anéantiroient et que le commerce du monde
passeroit sans difficulté du côté de la France, du
moment où nous lui donnerions le temps de respirer. Comment prévenir un inconvénient aussi
destructif pour nous, ou du moins que nous
sommes accoutumés à supposer tel et à croire
inévitable? Je ne puis même en entrevoir les
moyens. — Eh bien! dit le comte en se retournant vers Bouillac, vous entendez, que répondez-
vous à cela? — J'ai écouté avec plaisir, répondit
celui-ci, qui avoit gardé un profond silence et
eu l'air de soumettre ses idées à celles du colonel, mais je demande à M. B... qu'il daigne
me faire la grâce de m'entendre. Vous avez rai-

son, Monsieur, dit-il, en adressant la parole à ce
dernier, les deux parties de votre raisonnement
ont indubitablement un fondement dans les faits
actuels; mais la politique qui voudroit travailler
sérieusement au bonheur des deux nations ne
devroit pas avoir plus d'égard à ces faits, dont la
plupart leur sont étrangers, qu'aux conséquences
qu'ils entraînent. L'existence factice de l'Europe, telle qu'elle est établie par les traités qui
forment aujourd'hui le droit et règlent l'état
des nations, pourroit sans contredit recevoir des
atteintes par la réunion de l'Angleterre et de la
France; c'est-à-dire que les autres potentats, qui
gagnent tant à leurs divisions, parce qu'elles les
rendent à craindre ou les contraignent à leur
payer des subsides, ne manqueront pas d'y
perdre. En remontant à l'origine réelle de ces
divisions, on voit qu'elles n'ont point leur source
dans les motifs d'animosité qui subsistèrent
autrefois. Elles sont, au contraire, l'ouvrage de
ceux qui étoient intéressés à les fomenter et à en
faire une maxime aux deux nations. Après leur
établissement sur le trône, les princes de la Maison de Stuart ne furent pas les ennemis de la
France : au contraire, ils furent quelquefois ses
alliés et presque toujours neutres. Cette circonstance aidoit aux entreprises de Louis XIV;
l'Europe le sentit. Elle dut en conclure qu'il
falloit nécessairement lui opposer la Grande-

Bretagne. On conspira alors contre Jacques II.
On résolut de mettre à sa place un prince qui
, tournât ses forces contre la France. Moyennant
les trames qu'on parvint à ourdir contre la Maison royale, on vint à bout de le renverser du
trône et de mettre son gendre à sa place. Les
haines antiques furent réveillées, quoique leurs
objets eussent cessé d'exister, et depuis ce
tems-là elles ont repris des racines profondes,
mais funestes aux deux pays qui se sont fait plusieurs fois la guerre parce que cela convenoit
aux autres. Vous savez sûrement assez bien la
partie secrète de l'histoire pour ne pas ignorer
que les princes de l'Empire éperdus formèrent
à Berlin la conspiration qui amena cette seconde
révolution. Ainsi l'ambition de Louis XIV a été
l'occasion de toutes les méprises ruineuses qui
ont suivi. Mais aujourd'hui, cet esprit inquiet de
conquête et de vaine gloire a disparu de part et
d'autre; les deux gouvernemens devroient en-
visager combien ils sont dupes de s'écraser pour
la convenance d'autrui, au lieu de mettre leurs
peuples à portée de s'enrichir mutuellement,
comme il leur seroit facile de le faire. Je crois
pouvoir encore démontrer cette dernière asser-
tion, qui répond à la seconde partie de la vôtre,
par des détails que j'ai rassemblés. — Votre
façon de voir dans notre histoire, répliqua le
colonel, est certainement très véritable et très

sensée, mais il faudroit partir peut-être des préjugés qui existent et non des réalités que l'on
peut supposer. Je ne puis disconvenir que le
germe de votre système politique ne présente le
plus grand intérêt, et je désire que son développement et ses conséquences cadrent avec les
possibilités. Tout le cercle préta une attention
sérieuse. Bouillac continua à peu près ainsi. —
Les guerres des deux nations n'ont servi qu'à
multiplier leurs désastres. Les succès de l'Angleterre lui donnent lieu, si l'on veut, de s'applaudir. Elle s'est rendue maîtresse du commerce
que la France auroit pu partager avec elle, mais
n'y avoit-il donc que la partie qu'elle pouvoit lui
ravir qui fût dans le cas de flatter sa cupidité et
son ambition ? Je crois pouvoir démontrer que
ses profits n'équivaudront pas à ceux du commerce qu'elle pourroit faire avec la France, et
que plus celui de cette puissance seroit considérable en lui-même, plus celui qu'elles feroient
ensemble seroit considérable aussi. J'ai pris les
mesures et les termes de mes comparaisons dans
celui que la Hollande usurpe entre elles deux.
J'ai fait entrer encore en considération l'immense
trafic clandestin que l'industrie des particuliers
oppose à des ordonnances abusives que d'anciens préjugés ont dictées à des gouvernemens
qui s'égaroient d'après les haines populaires.
Mais il seroit superflu de s'étendre sur cette ma-

tière sans offrir en même temps le tableau dé-
taillé de ces abus. Il faudroit aussi leur mettre
en opposition celui des résultats probables de
maximes contraires. Je sais, Monsieur, continua-
t-il d'un ton moins sérieux, que comme membre de l'opposition, vous devez surcharger votre
caractère extérieur des plus fortes préventions
anti-gallicanes. C'est une étiquette indispensable ;
prudemment je devrois attendre la dissolution
du Parlement pour vous saisir dans un état d'im-
partialité qui vous rendît accessible à certaines
idées que vous n'admettriez peut-être pas actuellement. — Le colonel B... sourit à ce dernier
trait. Je vis que le jeune homme l'avoit absolument captivé ; l'entretien devint plus général et
prit un autre cours.

Le comte de C....w donna sur la Russie,
sa patrie, des détails intéressans. Ses idées
étoient grandes, simples, lumineuses. Il fournissoit amplement la preuve que la princesse dont
il est le sujet [1], ne place sa confiance qu'en de
grands hommes. A des détails sur la politique
succédèrent ceux de la guerre. Le comte
de C*****, le chevalier de ** parlèrent alors en
maîtres. Après quelques heures d'une conversation qui, malgré ma frivolité, m'avoit fait beaucoup de plaisir, ce dernier, accompagné de son

---

[1] L'impératrice Catherine II.

ami, me ramena chez moi. Le chévalier de ** me
félicita de mon attention à tout ce qui s'étoit dit
chez le comte de *****; il me conseilla avec amitié
de prendre son jeune ami pour guide, si je voulois connaître l'état des arts en France. Celui-ci
m'offrit ses services avec empressement. Les
impressions que j'avois reçues contre lui ne
pouvoient me dispenser d'accepter la proposition honnête qu'il me fit. Malgré le chagrin que
le docteur pouvoit ressentir d'une pareille liaison, il fut résolu qu'il viendroit me prendre le
lendemain matin de bonne heure.

HUITIÈME JOURNÉE

Tableaux, compositions d'un peintre célèbre.
— Moralités piquantes. — Comédie-Fran-
çoise. — Réflexions sur Shakespeare et
Molière.

De bon matin, Bouillac vint exciter ma pa-
resse; à dix heures nous sortimes. — C'est avec
bien du plaisir, milord, me dit-il, que je vois un
jeune Anglois de votre rang étudier, comme vous
le faites, les hommes et les arts. J'en aurai beaucoup à vous guider dans cette capitale. Le faste
et l'opulence de quelques particuliers ont mis
entre leurs mains beaucoup de chefs-d'œuvre;
il s'agit de pénétrer jusque dans leurs cabinets.
Heureusement j'en connois quelques-uns; mais
ne perdons point de tems, nous aurons bien des
courses à faire. Voyons aujourd'hui la peinture[1],
nous donnerons à la sculpture quelqu'autre matinée. Tandis que Bouillac me parloit ainsi, nous
détournions un coin de rue; le docteur débou-

[1] Je prie le lecteur de vouloir bien se reporter aux dernières lignes de la note précédente.

cha par celle où nous entrions. Je le vis pâlir
d'effroi et reculer d'horreur à la vue du compagnon que le chevalier de ** m'avoit donné. Ce
mouvement me retraça tout ce qu'il m'en avoit
dit. J'eus le regret le plus vif de n'avoir point
évité adroitement l'espèce de liaison que cette
journée alloit établir entre nous, et je formai la
résolution de la rompre adroitement au plus
tôt.

En trois heures de tems nous avions beaucoup vu. Nous fûmes alors à l'Académie royale
de peinture. Bouillac m'y fit observer la décadence de l'art par le style et la manière des
artistes existans. — Il n'y a, ajouta-il, qu'un
seul homme aujourd'hui qui ait conservé une
étincelle du vrai génie qui anima quelques-uns
de ses prédécesseurs. Le serpent de l'envie a
sifflé sur un de ses ouvrages; il l'avoit fait pour
figurer parmi les tableaux de réception que vous
voyez ici : l'amour-propre irrité de ce peintre
habile l'a fait renoncer sur le champ à l'associa-
tion de rivaux qu'il a cru incapables et indignes
de l'apprécier[1]. Il joint à de grands talens quelques-uns de ces défauts originaux dont ils sont
si souvent accompagnés; mais la supériorité de
son pinceau a charmé mes yeux, et je n'ai pu
refuser mon estime à la franchise et à l'honné-

---

[1] Voy. les biographies de Greuze.

teté de son âme; je fais peu d'attention aux écarts de son orgueil. C'est à la jalousie de ses concurrens à tâcher de tirer parti des foiblesses personnelles de l'ouvrier, tandis qu'elle pâlit devant ses ouvrages. Tous les genres connus de la peinture ont été épuisés. Il est peu de sujets de la fable ou de l'histoire qui n'aient été traités nombre de fois par les mains les plus habiles. Il en est de même du paysage. Greuze a voulu créer un genre. Personne avant lui n'avoit peint la morale pure et simple, son imagination a conçu qu'on pouvoit en tirer une espèce inconnue de tableaux. Ainsi il est devenu le premier peintre dramatique, c'est-à-dire celui qui peint la vie humaine. Bouillac me mena chez l'artiste dont il venait de me faire l'éloge. Nous le trouvâmes dans son atelier. Le premier tableau qu'il me fit voir excelloit également par le dessin, l'expression et le coloris. Il représentoit la scène la plus touchante. La beauté et la vertu exprimées sur la physionomie d'une femme dont le costume annonçoit la naissance, donnoient la première leçon d'humanité et de bienfaisance à un jeune enfant, qui paraissoit aussi d'un état où l'opulence et l'orgueil peuvent corrompre la sensibilité. L'action se passoit dans un galetas pauvre et sombre. On y voyoit sur un grabat un respectable vieillard, il paraissoit opposer à l'indigence un front calme et serein. Épuisé par les maux

qui en sont la suite, il recevoit sans rougir, avec
l'expression simple d'une noble reconnoissance,
les dons d'une charité pure et touchante. A côté
de lui, son épouse souffrante et âgée, avoit sur
son visage et dans tout l'élancement de son attitude l'émotion d'une gratitude plus vive et moins
réfléchie. Un fils, couvert de haillons étoit languis-
samment appuyé sur le chevet de la couche où
ces deux personnages offroient l'image de la misère la plus accablante et la moins méritée. Vis-
à-vis de ce groupe étoit la dame charitable qui
venoit apprendre à l'enfant à aider les malheureux. Sa figure étoit noble, son air touché et
attendri. L'enfant élevé dans l'opulence sembloit
reculer d'horreur à la vue de l'attirail hideux de
la pauvreté qui, pour la première fois, s'offroit à
ses regards. La bonne mère raffermissoit sa
répugnance; elle sembloit dire : « Ma fille, qu'a
fait ce vieillard pour ne pas naître au sein de
l'opulence comme nous? La nature en a fait
notre égal, et la vertu le met au-dessus ». Une
sœur hospitalière qu'on découvroit dans le fond du
tableau contrastoit heureusement avec toute cette
chaleur d'expression par l'air indifférent et froid
que l'habitude de voir sans cesse des calamités
donne souvent aux personnes que leur état isole
de la société. A des idées aussi heureuses et
aussi vraies, à l'expression frappante d'une com-
position si bien conçue, l'artiste avait joint toute

la magie et l'entente des détails de son art.
Bouillac lui prodigua les éloges les plus flat-
teurs. Son imagination ardente embrasa celle
du peintre, et l'enthousiasme du génie s'empa-
rant de lui : « Oui, Messieurs, s'écria-t-il, je
veux consacrer mes couleurs et mon pinceau à
rendre les hommes meilleurs, je crois ce genre
bien au-dessus de celui qui retrace quelque
attentat heureux d'une antiquité aussi vicieuse
que nous, consacré seulement par le nom de
quelque scélérat illustre. Je travaille un sujet
qui n'est que trop ordinaire. Je veux offrir à des
malheureuses, dont l'exemple mutuel ne pré-
vient pas les égaremens, la catastrophe qui les
attend toutes après quelques courtes illusions.
Voyez, milord, poursuivit-il en me conduisant
vers un chevalet qui portoit un tableau qu'il découvrit, voyez cette vieille artificieuse et effron-
tée, chercher à corrompre la jeunesse timide et
la simple innocence par l'appât de l'or et des
diamans. Cette horrible mégère arme des sens
faciles à surprendre, pour souffler dans une âme
naïve le poison de la débauche avec celui de la
vanité. Voyez la séduction s'applaudir du succès
de ses artifices sur le front de ce financier corrompu. J'ai désespéré longtems de pouvoir exprimer sur la physionomie de son indigne émissaire tous les caractères qu'il falloit y rassembler,
bassesse, avidité, bonté hypocrite, audace effré-

née : tout cela devoit y être. Je n'aurois pu
réussir si je n'avois trouvé un modèle. Cette tête
est d'après nature. A mesure que le peintre
étoit entré davantage dans le détail de sa com-
position, mes yeux s'étoient appliqués à saisir
tous les caractères de vérité qu'il vouloit me
faire trouver dans les personnages. Quelle fut
ma surprise quand ma mémoire me retraça les
traits de la maman *** dans la vieille entremetteuse. Je rougis. L'artiste l'observa, mais il se
trompoit sur la nature de ma rougeur. — Vous
êtes indigné, milord, me dit-il, c'est l'effet le
plus flatteur pour moi, c'est celui que je me
suis proposé en traçant l'âme hideuse de cette
créature sur son visage. Voyez, continua-t-il, la
craintive et chancelante victime de ses séduc-
tions ; le désir de ces objets d'un luxe si séduisant pour la jeunesse se peint dans ses yeux.
Cependant elle hésite, elle tremble, le piège
que l'on tend à sa vanité effarouche encore sa
pudeur ; mais elle écoute, milord, et par conséquent va faire le premier pas vers le désordre.
Voici, dans un second tableau, les suites ; d'abord
flatteuses, de son entrée dans la carrière du vice.
Il représente la jeune personne dépouillée de
cette touchante innocence qui l'embellissoit
dans le premier. Elle est environnée de faste et
d'opulence ; indolemment étendue sur le duvet
et la soie, elle oublie le travail et l'industrie qui

l'auroient fait subsister dans une médiocrité
honorable, et conduire à la couche d'un citoyen
honnête et laborieux comme elle. Au milieu de
toutes ces jouissances factices, elle perd cette
modération précieuse des désirs, la première
des richesses. Un angola [1] déchire à ses pieds le
précieux ornement que la profusion de ses adorateurs se hâte de remplacer, elle sourit à ce
sapajou qui jette par une fenêtre ouverte l'or
que l'amour lui prodigue. Double emblème de
la honteuse prédilection qu'une courtisane ingrate accorde souvent à un magot obscur, et de
la manière dont elle vérifie le proverbe : « Ce
qui vient par la flûte, etc. » Si la ressemblance
de la vieille *** m'avoit causé quelque émotion, l'allégorie du sapajou la redoubla, en me
rappelant le détestable M. Chiffon; et sûrement
il en transpira encore une impression sur mon
visage. — Milord, dit alors Bouillac, M. Greuze,
par les sermons pathétiques qu'il sait si bien déployer sur la toile, feroit chez vous une conversion, si vous en aviez besoin. Il doit être bien
flatté de la généreuse indignation qu'expriment
tous vos traits. L'observation de Bouillac me déconcerta jusqu'au fond de l'âme. Heureusement

---

[1] Un chat d'Angora. On trouve encore dans le *Dictionnaire de Trévoux*, édit. de 1771, cet article :

« ANCOLA. On appelle ainsi une espèce de chats qui vient
ordinairement d'Angola. »

le peintre nous conduisit vers deux autres
tableaux dans cet instant critique.

L'un offroit la courtisane à la troisième
période de sa carrière. Elle n'étoit plus brillante
d'or, ni environnée d'un luxe trompeur. Toutes
ses vaines magnificences s'étoient envolées avec
ses frêles appâts. La première ride qui étoit venue
faner sur son front la fleur de sa jeunesse avoit
donné le signal de l'ingratitude et de l'abandon
à des adorateurs inconstans et perfides : tous,
jusqu'à l'angola et au sapajou, avoient déserté.
L'humble beauté, dans un réduit modeste,
offroit, d'un ton humble et soumis, des faveurs
banales à un vieillard rogue et peu galant, qui
sembloit mépriser ce qu'il lui restoit d'attraits.

Dans le quatrième tableau, cette infortunée
expiroit de froid et de misère entre la honte et
les douleurs. La lueur pâle et foible d'une
lampe répandoit une triste lumière sur la
scène de ses souffrances. Le repentir, amer et
inutile étoit exprimé dans ses yeux éteints ; tout
son être succomboit sous le poids de la misère ;
sa précoce vieillesse, hâtée par les excès, alloit
être terminée par une mort douloureuse et gra-
duelle. Le peintre entra dans tous les détails
avec la même chaleur qu'auparavant. Bouillac
fit une morale à chacun de ses apologues. J'étois
là fort mal à mon aise. Enfin, nous sortîmes,
après que j'eus témoigné à l'artiste mon admira-

tion aussi bien que ma situation le permettoit.
Mon compagnon avoit tout l'air de deviner
toutes les crises qu'éprouvoit mon âme; il ne
m'en parloit pas cependant, mais continuoit à
réunir dans notre entretien des choses propres
à ébranler mon cœur et à ramener ou affermir
ma jeunesse.

Quoiqu'il ne m'eût rien dit de direct et qu'il
eût évité jusqu'à l'ombre d'une application, je
sentis un dépit extrême, je le regardois comme
un censeur amer et déplacé, j'eus soin de le lui
dérober : sans doute il tenoit aux préventions que
le docteur m'avoit inspirées contre son caractère.
Convaincu comme je l'étois que sa pratique étoit
bien éloignée de sa morale, je devois être peu
susceptible des impressions qu'elle m'auroit
faites sans cela. Enfin il changea de ton, et rede-
venant gai et amusant, il me rendit son entretien
fort supportable.

Le soir, Bouillac me proposa la Comédie-Fran-
çoise. — Milord, me dit-il, voilà le théâtre que
devroit fréquenter tout étranger ; c'est celui où
l'on parle la langue françoise dans sa plus grande
perfection, et où l'on offre le tableau des mœurs
nationales: Vous pourrez vous y former à l'une et
connoître les autres. Un motif de préférence
aussi sérieux pour le Théâtre-François, n'étoit
pas alors ce qui pouvoit déterminer mon choix.
Mais je ne sais quel ascendant cet homme pre-

noit sur moi. J'en avois la plus mauvaise opinion,
je ne pouvois le souffrir. Il falloit que le masque
de morale et de candeur dont le docteur m'avoit
persuadé qu'il se couvroit seulement, ressemblât
bien à la vérité, car il me dominoit dans certains
momens avec cet empire que l'estime réelle éta-
blit à la vertu. Je me laissai entraîner où il voulut. Je crois que, s'il m'avoit parlé d'aller voir
encore des tableaux de morale, il m'y auroit fait
aller, quoiqu'en sortant de chez son ami le
peintre, j'eusse bien juré en moi-même qu'il ne
m'y reprendroit plus.

Les François donnoient ce jour-là la tragédie
de Phèdre. Je n'aurois pas pu jouir des beautés
de cette pièce si mon guide ne m'y avoit préparé,
en m'en donnant une idée et en se hâtant à chaque scène de m'en retracer le détail. Par là, il me
mettoit en état de suivre le jeu sublime et pathétique d'une actrice fort âgée, mais dont le talent
me parut aussi vrai, et aussi décidé que celui de
notre célèbre Garrick.

Quand cette première pièce fut finie, Bouillac
m'entretint des différences essentielles de l'art
dramatique en France et en Angleterre [1]. Outre,
dit-il, que le caractère national pose des bornes
au génie dans la carrière du théâtre, la nature

---

[1] Cette dissertation, aussi bien que celle qui termine la
neuvième journée, emprunte quelque intérêt à la nationalité
de l'auteur et au temps où il écrivait.

vous a accordé un poète unique dans ce genre :
Shakespeare avoit une imagination juste et vraie,
qui dans son vol immense embrassoit tous les
âges et saisissoit les hommes de tous les lieux. Ses
tableaux offrent la largeur et la manière libre de
la nature elle-même. Il la suit toujours et ne
manque jamais de la saisir. Il en a toute la variété
et la fécondité. Quel avantage pour la scène angloise d'avoir eu cet homme extraordinaire pour
fondateur ! Il l'a débarrassée des entraves que
l'antiquité avoit consacrées, et a élargi ses lois
en faveur de ceux qui, après lui, entreront dans
la carrière avec le désespoir de jamais l'y attein-
dre. Vous lui devez, sans contredit, la supériorité réelle de vos tragédies sur celles que l'on a
faites en France. Les pièces de ce genre n'y sont
guère à mes yeux que des romans dialogués en
très beaux vers, mais dont l'action froide et uni-
forme glace et ennuie. La conduite, en général,
est toujours monotone et assimilée. Peut-être la
nation s'apercevra de ce défaut, si jamais un fan-
tôme qu'elle adore sous le nom de goût vient à
être dépouillé de son importance factice. Je serois
honteux, milord, de m'expliquer avec cette franchise en présence des connoisseurs du pays. Je
courrois risque de me voir traiter de barbare.
Cette nation-ci veut toujours imiter les Grecs,
elle le fait du moins par le mépris qu'elle a pour
tout ce qui ne vient pas de son cru littéraire et

s'écarte des règles où deux ou trois de ses beaux
esprits ont jugé à propos de circonscrire le génie
en commentant Aristote. Il est défendu, par
exemple, d'ouvrir ici la scène autrement que par
une plate et languissante narration. La loi rigou-
reuse qu'ils appellent des trois unités [1], néces-
site cette monotonie d'exposition qui paroîtroit
souvent ridicule si l'habitude n'empêchoit de
faire attention à leur absurdité. Un acteur en
instruit un autre, en rimes très sonores, de sa
généalogie, de sa naissance, de l'histoire de ses
parens ou de quantité d'autres choses qu'il doit
savoir mieux que lui. C'est ordinairement un confident qui, en faveur du spectateur, assomme de
ses répétitions fades et superflues, le héros de la
pièce, qui paroît prêt à bâiller en l'écoutant.
L'unité de lieu contraint ensuite l'auteur à faire
mouvoir ses personnages comme des marion-
nettes, en les faisant revenir sans cesse, d'une
manière bizarre et puérile, dans une galerie du
palais. Un songe funèbre, des reconnoissances,
des récits, voilà à peu près tout ce qu'il est permis
d'employer. Jamais d'action accessoire, point de
personnages secondaires, si utiles chez vous à la
marche et à la chaleur du drame : tout au plus
de plats et insipides confidens dont les rôles sont

---

[1] Unité de lieu, de temps et d'action. Cette règle, alors
appliquée dans toute sa rigueur, ne datait que du règne de
Louis XIII.

si mal faits qu'on ne trouve pour les remplir que
des acteurs subalternes, dont le jeu jette du burlesque sur la scène la plus vigoureuse et la plus
intéressante. Vous aurez sans doute bien de la
peine à consentir jamais à qualifier de chef-
d'œuvre la plus parfaite même de ces compositions. Évidemment, elle n'offrira qu'un ensemble
languissant et défectueux, où l'on sera tout au
plus dédommagé par la richesse et la beauté des
détails.

Il n'en est pas de même des comédies françoises, poursuivit Bouillac. Plaute et Térence,
aussi bien qu'Aristophane, revivent dans Molière,
ou plutôt il les a tous surpassés. Il est vrai que
les obstacles à vaincre n'étoient pas les mêmes
par rapport à lui que pour le poète tragique. On
échauffe la comédie avec des moyens accessoires
plus simples que la tragédie. L'impitoyable chimère du goût, qui rétrécit si fort le champ où
l'esprit peut s'exercer, a de moindres conséquences relatives à un genre moins élevé. Son
action, aussi bien que ses caractères pris dans le
cours de la vie ordinaire, peuvent être développés
par des accidens de même espèce. Molière étoit
donc plus à son aise à cet égard. Vous verrez
tout à l'heure la naïveté et la vérité de sa touche.
Ici, il me fit encore l'analyse des *Précieuses ridi-*
cules qu'on alloit jouer, et me mettant la pièce à
la main, il me conseilla de m'aider par la lecture

à suivre la déclamation. Vous verrez, continua-
t-il, que, sur ce théâtre, les acteurs aussi bien que
les auteurs réussissent mieux dans le genre comique; c'est la preuve constante et simple de la
supériorité qu'il a sur l'autre. La tragédie y étant
contrainte et peu naturelle, ceux qui la jouent
contractent inévitablement un ton forcé et plein
d'enflure. Insensiblement, ils s'écartent si fort de
celui de la nature que rarement ils peuvent bien
jouer l'un et l'autre genre. En Angleterre, au contraire, le ton vrai et la marche de la tragédie
n'anéantit point dans les acteurs le talent comique; c'est à cette différence, sans doute, que
Garrick et quelques autres doivent cette réunion
et cette égalité des deux talens que les causes
contraires font regarder à Paris comme incompa-
tibles ou prodigieuses. L'actrice que vous venez
de voir avait su les concilier, grâce sans doute à
cette énergie de son âme qui lui a fait abjurer
l'emphase de la Melpomène françoise; mais aussi,
il a fallu quelquefois qu'elle se soumît à paroître
ignoble et basse à des spectateurs gâtés par l'habitude de l'enflure, dans ces mouvemens où nos
Anglois l'auroient trouvé sublime, et qu'elle se
contentât de forcer par intervalles l'admiration
ou plutôt la sensibilité du parterre, par ces
accens de la nature inconnus à toutes les autres.
Cette femme étoit faite pour surpasser Garrick
si elle avoit connu Shakespeare, mais ni elle ni la

nation ne le connoîtront de longtems. Ce ne
seroit pas assez que la langue françoise acquît
une énergie qu'elle n'a pas. Si le caractère national, qui préside aux langues comme à toute autre
chose, ne change, les chefs-d'œuvre immortels
de ce génie unique seront toujours perdus pour
eux.

J'avois lu avec étude quelque chose du théâtre
françois, et j'avois l'habitude du nôtre, c'étoit
assez pour sentir la justesse des observations du
chevalier. D'ailleurs, mes sensations vinrent à
l'appui de sa manière de les comparer. Racine
m'avait foiblement ému, Molière me fit rire. A
travers tout cela, je trouvai que les comédiens
françois formoient le spectacle le plus intéressant
de cette capitale. J'en sortis fort égayé par le
comte de Jodelet et le marquis de Mascarille ; et,
malgré les insinuations du cher médecin, j'étois
en train de m'accomoder de Bouillac et d'éprouver par moi-même si l'on m'en imposoit sur son
compte ; mais le premier intervint assez à propos
pour prolonger l'illusion. Il parut au moment
où l'autre me quitta : il étoit temps, car j'étois
ébranlé.

— Eh ! bien, milord, dit le docteur, votre
complaisance et vos égards pour le chevalier de **
vous coûtent bien de l'ennui, il vous a fallu
essuyer toute la pédanterie de son oracle. S'il
n'étoit qu'un pédant encore, ce seroit un peu de

dégoût à digérer; mais il est méchant, ajouta-t-il,
avec inquiétude. Il m'en veut surtout, je ne sais.
pourquoi; il n'aura pas perdu l'occasion de me
peindre. — Je vous proteste, lui répliquai-je,
qu'il n'a pas soufflé un mot qui doive vous alarmer. Il étoit trop occupé et m'occupoit trop aussi
pour avoir le tems de se livrer à l'animosité dont
vous l'accusez. Je n'aimerai jamais cet homme-là,
mon cher docteur, parce que vous m'avez averti
d'une perversité de caractère d'autant plus haïssable chez lui qu'elle est plus masquée. Mais je ne
puis m'empêcher de regretter que tant de belles
qualités soient perdues. — Je crois, milord, que
vous comptez sur ma sincérité : j'ai senti combien
il en étoit plus dangereux, et ce fut le motif de
mon empressement à vous prévenir. J'assurai
le docteur que je m'en garantirois soigneusement.
— Ne trouvez-vous pas, ajouta-t-il, qu'il a quelque chose de négatif, qu'il y a dans tout ce qu'il
fait une chaleur, une énergie qui rendroient bientôt sa société insupportable. — Mais non, lui dis-
je, assez naturellement. — Il se sera donc bien
contrefait ! Au reste, vous ne tarderez pas à faire
cette découverte si vous vous exposez à le revoir.
Puissiez-vous n'en pas faire de plus fatale à vos
dépens. Excusez mon zèle, je ne m'expliquerois
assurément pas de même avec tout autre. J'assurai le cher docteur, que je m'en rapportois si
fort à lui que, d'après la connoissance qu'il vou-

lbit bien m'en donner, je me renfermerois à jamais, avec l'autre, dans les simples égards que
je devois à celui qui avoit voulu me procurer
cette liaison: Il fut satisfait de cette assurance. Il
remonta ensuite l'entretien sur le ton accoutumé,
et la belle **** nous fit bientôt perdre de vue
Bouillac.

Nous avions insensiblement repris toute notre
vivacité et notre gaieté en traitant ce sujet intéressant. Le docteur travailla jusqu'à deux heures
du matin à effacer, en exaltant mon imagination
et mes sens, les impressions qu'il soupçonnoit la
journée d'avoir pu faire chez moi. Il avoit bien
de l'avantage, le mal y faisoit des traces profondes, et le bien m'effleuroit tout au plus: En
m'examinant alors, je ne concevois plus comment
Bouillac ne m'avoit pas fait bâiller pendant les
douze heures que j'avois passées avec lui. Je me
promis bien de m'en dédommager, en rendant
la journée suivante aussi agréable qu'il me seroit
possible. Le docteur promit aussi de m'aider et
me souhaita le bonsoir.

NEUVIÈME JOURNÉE

NOUVELLE CONNOISSANCE QUI ME COÛTE QUELQUE
CHOSE. — COURSE DE CHEVAUX. — RENCONTRE
FORTUITE D'UN PERSONNAGE SINGULIER.

Le docteur se rendit à mon lever. Ce fut lui
qui ouvrit mes rideaux. L'échappée du jour
précédent étoit un motif pour redoubler d'assiduité. — Allons, me dit-il, debout; tandis que
vous prolongez votre sommeil bien avant dans la
matinée, la moitié de Paris est déjà rassemblée
dans la plaine des Sablons[1]. Dans une heure il
y sera tout entier, il y est attiré par un spectacle
nouveau pour lui. Un de ceux qui partageront
les honneurs ou les risques de cette journée doit

---

[1]. Vaste espace situé aujourd'hui à droite de l'avenue de
Neuilly, entre les Ternes, Villiers et le pont de Neuilly. La
plaine des Sablons est très bien indiquée sur le plan des environs de Paris dressé par Delagrive. C'est là que chaque année,
au mois de mai, le roi passait en revue les régiments des
gardes française et suisse. Le *Journal* de Mme Cradock
(1783-1786) est curieux à consulter sur ce point. Comme on
va le voir, c'est aussi sur la plaine des Sablons qu'eurent lieu
les premières courses de chevaux.

bientôt être à votre porté. Il m'a demandé,
milord, à vous être présenté. J'ignorois également quelle intéressante nouveauté pouvoit faire
courir tous les habitans de la capitale à la plaine
des Sablons, et quel homme demandoit à me
voir. Le docteur m'apprit qu'on alloit y donner
pour la première fois une course de chevaux [1] et
que les paris étoient ouverts. Alors on annonça
quelqu'un qui demandoit à me parler. — Qui
est-ce, dit-il? — C'est lui, répondit mon valet de
chambre, ce monsieur qui loge de l'autre côté.
Il fut le recevoir et revint avec lui. — Milord,
dit-il, voici un de vos plus aimables compatriotes. Il a bien du regret d'avoir occupé depuis
plusieurs jours la même maison que vous sans
avoir lié connoissance. Monsieur Fiklè... A ce
nom toutes mes idées se réveillèrent. Trois
choses concouroient à le rendre fameux, la pro-
digalité et l'ostentation la plus ridicule, la fré-

---

[1] « Nous les avons copiées des Anglois. C'est la bête qui
remporte le prix. On fait jeûner le jockey qui doit conduire,
afin qu'il pèse moins. Les paris s'ouvrent, et il se perd beaucoup d'argent:» Mercier, *Tableau de Paris*, t. V, p. 224.
Les détails que donne ici Rutlidge sur les premières courses
sérieuses qui aient eu lieu en France sont très précieux à
recueillir. Mme de Genlis écrivait vers 1815 : « Les courses
de chevaux que l'on essaya de mettre à la mode peu de temps
avant la Révolution, n'ont pas pris en France... Nous devons
aux Anglois de nous avoir appris à changer les gazons, les
pelouses émaillées de fleurs en tapis de jeux. » *Dictionnaire
des étiquettes*, t. I, p. 107.

nésie la plus déterminée pour le jeu, et cette
espèce de célébrité que peut tirer un étourdi de
cinq ou six duels éclatans, équivoques preuves
du courage dont les trois quarts des hommes
méconnoissent assez les caractères pour appeler
souvent ainsi l'emportement sanguinaire de la vengeance ou la férocité insensible. Fikle... vouloit
donner un nouveau relief au rôle qu'il jouoit à
Paris, en faisant paroli à toutes les extravagances
momentanées dont l'épidémie venoit de saisir
quelques petits seigneurs. Maquignon habile et
gros parieur, c'étoit la manie du jour : aussi y
surpassa-t-il tout le monde, car il tenoit deux
mille guinées contre le D. D. B. P.

— Comment milord ira-t-il voir la course, me
dit-il? — J'irai en carrosse, dis-je. — En carrosse!
Fi donc, milord, repartit l'obligeant docteur.
L'étiquette est d'être aujourd'hui à cheval; il ne
convient pas qu'un homme comme vous se
montre autrement dans la plaine. J'ai pourvu à
cela. M. Fikle... a bien voulu me promettre un des
chasseurs qu'il a dans son écurie. Ici M. Fikle...
approuva l'offre du docteur d'un signe, et me fit
une inclination profonde. Je le remerciai; mais,
jetant alors un regard sur le docteur, je m'aperçus
qu'il était botté, éperonné comme un de nos
Jacqys[1]. — Votre prévoyance, mon cher docteur,

[1] Dans les mémoires dits de Bachaumont, ce mot est écrit
jacqueis. Voy. le 14 septembre 1776. Au mot *jockey*, le dic-

me flatte infiniment, et la politesse de M. Fikle...
excite toute ma reconnoissance. Mais je ne puis
me résoudre à vous priver peut-être vous-même
d'un plaisir que vous aviez intention de prendre.
— Point du tout, milord, tout est prévu d'avance,
repartit-il avec un air de satisfaction, j'aurai
l'honneur de vous accompagner, et deux de vos
gens, à cheval, pourront encore vous suivre. —
En vérité, dis-je, il faut convenir que le docteur
est un homme essentiel, on n'est pas plus aimable
ni plus obligeant que lui. Je fus bientôt prêt.
Notre cavalcade se rendit au lieu de la course,
où en effet une foule incroyable nous avoit de-
vancés. La jeune princesse qui est assise aujour-
d'hui sur le trône de France [1] et qui partage
l'amour des peuples avec le Roi son époux, hono-
roit ces jeux nouveaux de son auguste présence.
L'espoir et l'admiration voloient au devant d'elle,
et j'excepte cette journée de celle dont j'ai fait la
relation, quelques autres disgrâces qu'elle m'ait
fait essuyer. J'ai vu la bienfaisance et la beauté
couronnées d'avance par le vœu public, je réserve une pierre blanche pour ce jour-là.

M. Fikle... m'avoit dit en route que, si je voulois

tionnaire français de Laveaux, publié en 1820, donne la définition suivante : « Mot nouveau tiré de l'anglais. Jeune
homme faisant l'office de postillon ou même de valet de pied.»
(T. I, p. 1076.)

[1] Marie-Antoinette avait épousé Louis XVI le 16 mai 1770,
et celui-ci était devenu roi le 10 mai 1774.

prendre quelque part dans son pari, il m'offroit
sans façon l'intérêt qu'il me plairoit d'y avoir.
J'ai toujours été prévenu contre ces sortes de
gageures. Chacune des parties se fonde sur la
confiance qu'elle a aux coursiers qui doivent
entrer en lice; l'on croit être sûr de ses connoissances, et quoiqu'on soit prévenu du fait, on ne
fait pas assez attention à la fidélité de l'homme,
qui est bien plus sujette à caution que la vitesse
du cheval. Les trois quarts du tems on est à la
merci de l'humeur mercenaire du palefrenier qui
le monte. J'aurois plus de confiance au hasard
des dés ou à la chance des cartes. Je n'ai jamais
joué que par vanité : si je l'avois fait par avarice,
j'aurois adopté ce calcul. Je refusai l'offre de
M. Fikle... Le docteur, en habile homme, fit jouer
un autre ressort. — Milord, dit-il, vous ne pouvez pas vous dispenser de vous intéresser pour
quelque chose dans cette affaire. Les François
ont pris ce jeu de nous, et ils se flattent de nous
y surpasser bientôt. Il est consacré dans votre
patrie par le goût et l'émulation des particuliers,
il l'est encore par les encouragemens d'un gouvernement attentif. Il faut soutenir cette cause.
J'ose vous répondre de l'honneur de cette journée
et de l'avantage réel que vous offre M. Fikle... en
vous associant à lui. Je ne suis guère en état de
courir de gros risques, mais j'ai hasardé beaucoup pour moi sous son bon plaisir. Je regarde

ceci comme une affaire de patriotisme. Toutes
.nos supériorités me tiennent à cœur, jusqu'à
celle de nos chevaux. Je ris beaucoup de la chaleur et du zèle du docteur. — S'il faut, poursuivit-
il, un exemple pour vous encourager, je vous
dirai qu'une jolie femme a témoigné pour une
aussi bonne cause plus d'ardeur que vous. —
.Quelle est donc, dis-je, cette patriote femelle?
— Précisément celle que son bon esprit a accoutumée à déférer la couronne de myrthe aux
anglois. Je ris encore de meilleur cœur; et, dans
l'accès de gaieté que le médecin venoit de m'inspirer, j'adoptai un quart de l'énorme pari de
M. Fikle... M'abandonnant à la confiance que
m'inspiroit sa sagacité hippologique, si l'on veut
me passer le terme, je m'imaginois voir le
célèbre cheval Pompée revenir avec la palme
olympique, et empocher déjà mes cinq cens
louis d'or.

En nous entretenant ainsi, nous parcourions
fastueusement, entre deux haies de carrosses et
le peuple qui bordoit les deux côtés, la carrière
que les coursiers rivaux devoient parcourir. Vingt
petits maitres métamorphosés en postillons anglois, suivant le costume du jour, s'empressèrent
à me communiquer leur espérance ou leur appréhension. Mon pari étoit considérable, et à leurs
yeux il me donna une grande importance. Me
dérobant à leur foule, je m'en sentis plus de con-

fiance à approcher du carrosse superbe où brilloit la ****. En entendant le docteur lui rendre
compte du petit hasard que je courois à son
exemple, j'avois un air de suffisance et de fatuité
égal à celui de mon associé.

Une huée générale s'éleva tout d'un coup. Je
cherchois ce qui pouvoit l'avoir excitée. C'étoit
un parodiste insolent. Aux caracoles de deux
mille cavaliers qui piaffoient orgueilleusement
dans cette arène, il opposoit les ruades d'une
très petite bourrique qu'il tracassoit de toutes ses
forces. Se penchant en avant et étendant ses bras
en forme d'ailes, il singeoit tous les brillans
écuyers dont il étoit entouré, en hurlant, *place!*
de tout son larynx. Cette idée, en même tems
bouffonne et morale, me parut déconcerter les
piaffeurs. L'écuyer à la bourrique faisoit ouvrir
les rangs devant lui, et l'âne brilla aux dépens
des chevaux.

Bientôt les deux coursiers qui devoient se dis-
puter la victoire furent tirés de leurs étuis et
exposés aux regards de la multitude. Hector et
l'invincible Achille, sous les murs de la célèbre
Pergame, n'excitèrent ni plus de crainte ni plus
d'espérance. Grecs et Dardaniens encourageoient
les champions et invoquoient les dieux. Je consi-
dérai le héros quadrupède dont ma chance dépen-
doit. J'en augurai foiblement, en comparaison de
l'autre; et j'avois la douleur d'entendre peu à peu

tous les suffrages se rassembler d'avance, et
prognostiquer la victoire à son concurrent.
Fickle...lui-même n'avoit plus la même assurance.
En contemplant le leste et vigoureux coursier
qu'on nous opposoit, son air pensif, son regard
baissé annonçoient qu'il songeoit déjà au vide
que quinze cens louis alloient laisser dans ses
finances. Toute considérable qu'étoit cette perte,
elle l'alarmoit peut-être moins encore que celle
de sa réputation de connoisseur. Comme il est
pétri de vanité, il lui restoit un moyen cependant
de se consoler : le bruit et l'éclat d'une extravagance aussi fastueuse. Pour moi, qui suis moins
vain que lui, j'avois alors une dose assez forte
de cette foiblesse pour regretter assez peu mon
enjeu par la même cause.

Il fallut faire bonne contenance ; malgré nos
appréhensions, nous y réussîmes. Les deux coursiers s'élancèrent. Pendant le premier tour, l'espoir nous revint un peu, au second il s'ébranla
de nouveau ; avant la moitié du troisième notre
sort étoit décidé : le pégase suranné qui portoit
notre fortune, essoufflé et rendu, n'avoit plus ni
jambes ni haleine. La vanité soutint Fickle...,
comme je l'ai dit, contre un si grand désastre. Je
retournai chez moi, pour solder sur le champ ma
part, avec le docteur, qui blâma mon peu d'industrie de ne m'être pas sauvé comme lui, en m'en-
gageant dans un pari contraire au premier.

Je devois dîner chez G..., mon banquier.
Paris ne s'occupoit que du grand événement des
courses, on raisonnoit diversement de leur intro-
duction en France. Ce jour-là j'entendis traiter
la chose par deux hommes dont le contraste me
parut extraordinaire. L'un était le célèbre L***[1].
Cet homme, dont l'éloquence frappe l'oreille
comme une vaine et bruyante fanfare, s'est tellement accoutumé aux mots qu'il les a substitués
aux choses. Une nation frivole dévore ses écrits
superficiels. Enhardi par ses succès, il déraisonne
tous les mois sur toutes les matières. Son esprit,
volant de paradoxes en paradoxes, s'exerce
depuis le cèdre jusqu'à l'hysope ; il déraisonna
brillamment des monarchies et des républiques,
et fit une cascade jusqu'à nos combats de coqs
et à nos courses équestres.

Comme j'écoutois avec étonnement cet homme
plus singulier encore que célèbre, quelqu'un qui
étoit auprès de moi me dit tout bas : Milord
vous paroissez surpris d'entendre pétiller ce feu
d'artifice. On les aime dans ce pays-ci. Ce fameux L*** n'est pas plus solide quand il parle
philosophie que quand il disserte sur les chevaux. Résolu d'être singulier en tout, autant
quelques-uns de ses compatriotes sont anglo-
manes, autant il affecte de préventions contre

---

[1] C'est très probablement de Laharpe qu'il est ici question.

vous. Il décide du même ton de votre constitution, de votre politique, de vos arts, de vos amu-
semens et de vos manies : il ne connoît pas plus
les uns que les autres. Il parle ridiculement de
ce qui est sérieux, et sérieusement de ce qui est
ridicule. Quand, dans la comédie, le marquis de
Polainville s'est épuisé en pétarades et en fusées
pour réveiller l'immobile et inébranlable Jacques
Rosbif : « Vous êtes vraiment un fort joli bouffon, lui dit celui-ci, en se levant froidement. »
La parodie de cette scène arrive à cet inépuisable, mais très peu raisonnable dissertateur,
toutes les fois que l'auditeur ou le lecteur a le
sens commun. Écoutons-le, il va lâcher quelques
absurdités qu'il fera imprimer ensuite.

Effectivement L*** dit à peu près ce qui suit :
« Quelle différence des jeux Grecs aux courses
angloises. Imitons les Grecs, messieurs, et laissons là les Anglois. Quelle absurdité d'avoir
recours à des postillons de ce pays, de s'assujettir
à la formalité de peser les équipages, à l'obligation d'ajouter un poids à ceux qui sont plus
légers et d'imiter en tout les simagrées de ce
scrupule anglican. » — Monsieur, répartit un
gros homme armé d'un fouet et en bottes, les
Grecs dont vous parlez là entendoient mieux la
poésie et l'éloquence que les chevaux. Pourquoi
ne pas prendre le bien où on le trouve? Au collège, j'ai lu Virgile, mais il m'a été fort inutile

pour mes haras du Limousin. Vous parlez comme
un ange, mais moi je me connois en chevaux.
— Comment, monsieur, nous soumettre à l'étiquette de Londres plutôt qu'à celui d'Olympie,
repartit le bel esprit! Non, non. Feuilletons le
Père Montfaucon, travestissons-nous sous un
masque de la Phocide, ayons des automédons
et non pas des jacquys. — Pour le coup, je ne
vous entends pas, répondit le gros homme. J'ai
trop oublié ce que l'on m'enseignoit au collège
pour sentir bien le mérite de cette doctrine.
Mais, *automédons* à part, ainsi que tous les grands
mots qui sonnent à l'oreille, il me paroît assez
juste de peser les masses dont il faut charger
deux animaux qu'on suppose de force égale, pour
leur faire parcourir des espaces égaux d'une
manière qui le soit aussi. Si un automédon ne
faisoit pas cette attention aussi bien qu'un jacquys,
tant pis pour lui, monsieur, c'étoit un sot, tout
Grec qu'il étoit, et il devoit perdre la gageure.
— Comment, monsieur! d'après le principe de
cette prétendue égalité, il faudroit donc peser
aussi les épées et les habits, mesurer les bras,
calculer la prestesse des poignets et la vivacité
des yeux! il faudroit mettre des menottes au
meilleur escrimeur et des lunettes noires à
celui qui seroit défiguré par une myopie! Jamais
l'inconséquence n'a été plus loin que dans
l'usage de la balance, si follement appliqué par

les Anglois aux préliminaires des causes équestres.
— Monsieur, monsieur, si ce second cas étoit un
pari aussi bien que le premier, les parieurs ne
feroient pas mal de prendre les précautions que
vous dites, quoique vous les surchargiez un peu.
Il n'y a point assez de rapport entre ces choses
et leurs motifs pour les mettre en parallèle. Si
je consens que mon cheval soit chargé à l'égalité
du vôtre, c'est parier implicitement qu'il est
aussi fort que lui. Les Anglois ne font pas autre
chose. C'est faciliter l'assortiment des coursiers
rivaux. On n'a prétendu que cela. — Mais, monsieur, quand je produis le mien dans la lice,
j'entends que le mien jouisse de tous ses avantages naturels. — Et moi, monsieur, qui ne con-
fonds point les avantages naturels avec le désa-
vantage accessoire d'un poids plus fort à porter,
je considère avant tout les avantages naturels
de l'animal dont je vous oppose la vitesse. Si
ceux du vôtre sont plus grands, je ne parie pas
contre vous. Si le mien, avec des avantages
naturels égaux, est plus chargé, je considère que
cette différence les affoiblit, et je retire encore
mon enjeu. Je ne sais si les Grecs faisoient
comme cela; sinon, ils devoient souvent perdre
leur argent mal à propos. — Et que pensez-
vous, monsieur, de ce régime extravagant que la
philosophie de la Tamise a prescrit pour les
combattans de Newmarket, qui a pour objet de

leur ôter leurs forces sous prétexte d'accroître leur légèreté? — Je pense, monsieur, que cette philosophie va droit au fait. La légèreté est l'objet, par conséquent le régime qui la procure est le bon. — Comment, monsieur! est-ce par les macérations, par l'usage habituel des liqueurs fortes, que nous nous disposons à un exercice violent? Les chevaux arabes, les plus nobles, les plus robustes, les plus légers de tous les chevaux de la terre, ne sont pas préparés à l'angloise, et ils font quarante lieues par jour sans débrider. Les écuyers de ce pays-là seroient fort étonnés d'apprendre qu'en Europe on ne peut donner de l'haleine aux chevaux qu'en les crevant de ratafia, et de voir que dans la carrière où le prix doit être donné à la force et à la rapidité, on n'expose que des squelettes. — Pour vous détromper du ratafia, il faudroit, monsieur, vous donner la peine de voir! vous rencontreriez un régime différent de celui que vous vous figurez. Si vous aviez vu ces chevaux arabes dans l'état où ils sont quand ils portent leurs cavaliers à une distance de quarante lieues dans un jour, vous les auriez trouvés un peu squelettes aussi. Cette force et cette rapidité, qui doivent être louées, ne tiennent pas plus à la rondeur et à l'embonpoint que le bon sens à l'enflure des périodes et la vérité au sémillant de la parodie. L*** multiplia ses suppositions, n'écouta point le maquignon plus expert en pareille matière que tout le barreau et les auteurs ensemble. Peu de jours après, il imprima toutes les sottises qu'il avoit débitées[1].

Le lecteur me pardonnera d'avoir rempli le vide de cette journée en lui rapportant ce singulier entretien. Comme le danger du faux esprit est un de ceux qu'il faut indiquer à la jeunesse, je ne m'écarte point de mon but, en dépouillant de leur clinquant les L***.

---

[1] Cette dissertation, aussi bien que celle qui termine la huitième journée, emprunte quelque intérêt à la nationalité de l'auteur et au temps où il écrivait.

DIXIÈME JOURNÉE

IL NE FAUT JAMAIS COMPTER SANS SON HOTE

L'heureux jour luisoit enfin. Mon amoureuse impatience avoit fait deux siècles de ceux qui venoient de le précéder. L'adorable docteur fut alerte. — Victoire! me dit-il en entrant. Enfin sir Walter est emballé. A l'instant où je vous parle, il roule rapidement vers Calais. L'heure fortunée approche, la couronne de myrte est déjà prête, l'autel et la victime vous attendent. Tel fut son texte. Le lecteur a pris jusqu'ici assez de connoissance de son caractère pour se douter du commentaire qu'il y ajouta. Je passerai rapidement sur quelques événemens peu intéressans de cette journée. Je ne peindrai pas une impatience qu'on doit bien me supposer, pour en venir rapidement au moment où l'heure du berger fut cruellement remise, et où mon empressement fut arrêté au passage par un de ces tours de la profession, qui, pour être ordinaires, n'en imposent pas moins tous les jours.

L'Académie Royale de musique venoit de finir
son tintamarre : je ramenai mademoiselle ****
chez elle. Champagne, son cocher, m'avoit fait
voler en triomphateur, à la clarté de deux flam-
beaux que portoient les heiduques[1] qui étoient
derrière le carrosse, depuis l'Opéra jusqu'aux
environs de la rue Montmartre. Mille adorateurs
jaloux et interdits envioient mon sort, et m'a-
voient vu ramener ma conquête ; ma vanité
s'étoit repue et mon amour espéroit être bientôt satisfait. En entrant chez mademoiselle ****,
j'y trouvai cette agréable et touchante solitude
qui annonce une victoire préméditée sur une
amante prévoyante. Mes rivaux avoient disparu,
tout sembloit conspirer pour mon triomphe ; la
cousine vraisemblablement étoit occupée de son
côté à faire aussi triompher quelqu'un. Nous
soupâmes tête à tête : il n'étoit pas possible que
mon impatience s'accommodât longtems du plaisir de la table, aussi je hâtai le moment qui nous
en vit sortir. Par malheur pour moi, j'avois
commis une faute impardonnable : occupé, les
jours précédens, de mes seuls désirs, j'avois
oublié à quelle condition la belle disposoit en
ma faveur d'une semaine de sa belle vie. L'actif
et prévoyant Provence avoit probablement eu ses

---

[1] On nommait heiduques des valets costumés à la hongroise,
avec de courtes bottes, un haut bonnet orné de panaches et
un grand sabre.

distractions aussi, car il n'avoit pas montré plus de
prévoyance que moi. Quand même la violence
de mon ardeur m'eût permis la réflexion, j'aurois
cru, surtout après l'envoi préliminaire du nœud
de diamans, ma parole équivalente à une
recette effective. Comment se figurer que l'a-
mour, ce dieu aimable et flatteur, puisse n'être
au fond qu'un corsaire qui ne traite d'aucune
rançon qu'espèces sonnantes? J'avois beau faire,
je ne pouvois inspirer une étincelle de mon feu
à ma déesse; morne et glacée, elle me repoussoit
presque. Quelques soupirs lui échappoient, mais
ce n'étoient ni ceux de la tendresse, ni ceux de la
volupté. J'étois consterné et confus. D'un ton
timide, je me hasardai à lui demander quelles
causes subites et imprévues pouvoient lui enlever
cette charmante gaieté qu'elle avoit encore à
l'Opéra. — Rien, me dit-elle. J'essayois de ré
chauffer son âme par l'ardeur des transports les
plus passionnés. Froide et immobile, elle les
souffrit, mais n'en partagea aucun. Chaque moment redoubloit mon embarras et mes regrets.
Je priois, pressois, conjurois, rien ne pouvoit
dissiper le nuage qui étoit entre moi et la félicité suprême dont je cherchois le pronostic dans
ses yeux. — Milord, me dit la belle en me
fixant avec tristesse, vous ne m'aimez pas ;
pourquoi feindre des transports que votre cœur
n'éprouve point? J'eus recours aux sermens

les plus forts. — A quoi servent, dit-elle, ces as-
surances frivoles ? Tous les jours on nous les
prodigue, et en même tems on se promet de
saisir la première occasion de violer ces folles
protestations. Ah ! milord, vous êtes bien aimable,
mais le chevalier Walter m'aimoit avec une véritable tendresse. Malgré les impressions que votre
vue a faites sur moi, je ne puis me défendre de la
réflexion qui me porte à le regretter. Si vous
saviez avec quelle candeur et quelle simplicité il
agissoit! Quoique arrivé depuis peu de jours à
Paris, je vous trouve un peu françois, je redoute
cette disposition-là. — Comment donc, lui dis-je,
un peu françois? — Oui, ivre de vos perfections.
Comme eux, vous croyez peut-être que votre
possession seule paye une femme du foible qu'elle
a pour vous. Votre figure est charmante, et vous
pourriez vous en flatter avec plus de justice que
beaucoup de ces messieurs ; mais l'expérience
m'a appris à préférer les procédés réels et solides
de vos compatriotes à tous les charmes de la
nature et de l'art. Je ne comprenois pas assez la
demoiselle ****; aussi je m'épuisois en discours
inutiles, et ne saisissois pas le point essentiel.
L'humeur d'être si mal comprise déconcerta tout
à fait la belle; elle prit un prétexte pour sortir, et me laissant avec Sophie qui venoit d'entrer, elle se remit probablement sur celle-ci du
soin d'instruire ma jeunesse et ma simplicité.

La femme de chambre favorite m'éclaircit,
sans beaucoup de façons, des réticences et des
scrupules auxquels je n'entendois rien. — Voulez-
vous que je vous parle franchement, milord, me
dit-elle? Mademoiselle est une fille prévoyante et
solide, l'expérience lui a inspiré l'esprit de précaution. On sait ici comment vous en avez agi
avec mademoiselle *** : nous pouvons, sans nous
flatter, porter nos prétentions aussi haut qu'elle ;
il va de notre honneur de les soutenir. Ma maîtresse n'a point de mère pour stipuler ses intérêts; pour moi je prévois que vos conventions
n'auront pas été remplies. Comme ma maîtresse
est de parole, elle a de furieux scrupules toutes
les fois qu'on lui en manque. — Mais, répliquai-
je avec promptitude, j'ai attendu le moment du
départ de sir Walter, et Provence... — Ah!
milord, Provence a oublié le principal. Il avoit
parlé à madame du second voyage qui auroit levé
toute difficulté. Ces mots furent pour moi un
trait de lumière, il m'éclaira sur le scrupule de
mademoiselle ****. J'avois encore le remède dans
mon portefeuille : en l'y allant chercher, je fus
effrayé de voir combien il avoit perdu de son
poids et de sa substance. Quoique mon caractère
n'ait jamais été accessible à aucun motif d'intérêt, je crois que, si je n'avois point aperçu
le titre de mes trésors d'Espagne sur lequel
j'avois hypothéqué l'indemnité de toutes mes

folles largesses, je l'aurois refermé sans avoir
le courage d'en tirer l'antidote aux fluctuations
de ma nouvelle maîtresse. On sait qu'il devoit
être de mille louis d'or. Mes finances étoient si
basses, qu'en deux ou trois ordonnances de cette
force, j'aurois été au bout de toutes les recettes
qui font éclore l'amour des Armides des foyers.

La soubrette sans perdre tems, courut réparer
mon oubli : la maîtresse reparut presque aussitôt.
Quelle métamorphose ! Son front étoit serein et
radieux, son regard tendre, sa complaisance
excessive. Néanmoins mon bonheur fut remis au
lendemain : ma divinité attendrie m'allégua avec
regret des raisons faites pour être respectées.
Forcé de céder à sa délicatesse, je sentis attiser
mes désirs, mais il fallut céder.

ONZIÈME JOURNÉE

Nouvelle sottise, dont on verra les conséquences. — Qu'il en coute pour apprendre les
belles manières. — Espérance trompée.

La privation irritoit mes feux : j'avois touché
de si près au bonheur que j'avois cru saisir dès
le premier instant de notre téte-à-téte ! Mais il
m'étoit échappé comme l'eau des lèvres de
Tantale. Je passai une nuit impatiente, et la tête
me tournoit si fort à l'instant de mon réveil que,
pour remporter une victoire prompte et infaillible, je me déterminai à un surcroit de libéralités auxquelles la belle ne pourroit jamais
résister. A l'instant même j'envoyai chercher un
bijoutier. Un de mes valets de louage, qui devi-
noit probablement la destination de l'emplette
que j'allois faire, offrit de m'amener M. Crochu,
celui de mademoiselle ***. J'y consentis. Au
bout de quelques minutes, il arriva chez moi et
m'étala une douzaine d'écrins éblouisssans.

J'étois en suspens pour le choix, le docteur
survint à propos pour me décider. — Milord,

me dit le marchand, j'ai bien quelque chose
d'occasion; c'est du beau et vous aurez cela à
grand compte. Il tira alors de sa poche un collier
que nous admirâmes. Il y mit le modeste prix de
douze mille livres. En vérité, poursuivit-il, c'est
pour rien. Mon ami le médecin affecta d'exa-
miner ce bijou avec l'attention scrupuleuse d'un
connoisseur. Il disserta sur chaque chaton. Il
faut convenir, dit-il, que cela n'est pas cher.
Cinq cents louis à tirer de mon portefeuille,
cela commençoit à m'embarrasser; je ne pouvois
cependant résister au désir de me signaler dans
cette grande occasion. Je tirai le docteur de côté
pour lui communiquer mon embarras. — Bon,
bon! me répondit-il fort haut, c'est une bagatelle. Il ne faut pas, milord, que cela vous arrête;
M. Crochu est de mes amis; d'ailleurs, il est
homme d'accommodement. Si le bijou vous convient, il se contentera de votre billet. — Comment,
milord! reprit le bijoutier honnête et poli, tout
mon fonds est à vos ordres. Si ces diamans vous
font plaisir, je n'en aurai pas moins à prendre les
arrangemens que vous jugerez à propos. Tant
d'honnêteté et de confiance m'interdisoient jusqu'au moindre soupçon sur M. Crochu; et, sans
penser seulement qu'un si galant homme fût
capable de me surfaire, je le priai de porter lui-
même les diamans à mademoiselle ****. — Il
faudra seulement, milord, que vous ayez la bonté

de me faire un petit mot de reconnoissance. Il
traça aussitôt un billet de la valeur, et je le
signai.

L'or aida Jupiter à tromper la vigilance de
Danaüs et à vaincre les rigueurs de sa fille : sous
la forme de ce métal tout-puissant, il pénétra
jusques dans la tour d'airain où elle étoit enfer-
mée. Les diamans n'opèrent pas de moindres
miraclés. Accablée de mes présens, la belle ****
fit voir à son tour la plus vive impatience de couronner des efforts aussi judicieux pour lui plaire.
M. Crochu s'acquitta en homme éloquent de ses
remercimens, et m'assura que ma visite étoit
attendue avec impatience. J'y volai en frac. —
Que vous êtes galant! me dit la princesse, en me
voyant entrer. Non, en vérité, milord, on n'y
sauroit tenir. Je répondis, elle répliqua. Le lecteur se hâte d'avance de deviner l'issue de cette
scène, mais il se trompe. L'adroite femelle jouoit
bien son rôle et n'en étoit pas à son coup d'essai.
Elle fut interrompue à point nommé. Elle se
hâta de me dire: un aussi beau jour doit être
terminé par une fête ; ce soir je vous attends, je
veux vous couronner en présence de tous vos
rivaux. Il faut nous séparer, on vient. Mon
enchanteresse me reconduisit jusqu'à l'antichambre, où j'achevai de m'enivrer en baisant
sa belle main et en puisant dans ses regards le
trait le plus vif de l'amour et de la folie.

Je m'habillai. Je fus diner avec le docteur chez le baron de ***, celui dont les vastes conceptions m'avoient donné occasion de faire la bonne affaire qui m'enhardissoit à vider mon portefeuille. De là, je fus m'étaler à l'Opéra, d'où, plus léger et plus brillant que Zéphire, je volai auprès de Flore qui m'attendoit pour me couronner. Il étoit près de dix heures quand j'entrai chez mademoiselle ****. Quelle cohue! quel fracas! quarante carrosses barroient la porte. Les cochers fumoient sous la voûte d'entrée, une foule de laquais se pressoient dans les antichambres; cinquante petits maitres élégans et autant de nymphes adorables folâtroient dans les appartemens. Les yeux de tant d'heureux mortels se tournèrent sur un seul. Les hommes, par leurs regards jaloux, sembloient envier son bonheur, et les femmes en attendre un coup d'œil. Ce mortel fortuné, c'étoit moi : cela valoit, en vérité, plus que je n'en pouvois donner. O mon portefeuille! que n'étiez-vous encore plein? Je vous aurois bien vite livré en échange d'un moment aussi flatteur.

Le bal commença. On me le fit ouvrir avec la maîtresse du logis. Des éloges perfides retentissoient à mes oreilles. C'est, disoit-on, l'Amour qui danse avec la plus belle des trois Grâces. Qu'on se figure cinquante jeunes François persiflant sur ce ton-là un pauvre hère, roide et con-

traint, que la magnificence de son accoutrement
rend encore plus ridicule, et dont la vanité stupide prend tout cela pour argent comptant.
J'étois choyé, entouré, caressé... Hommes, femmes, tout le monde s'en méloit à l'envi. A minuit
un ambigu superbe fut servi. La danse reprit
ensuite. Tandis qu'une partie des convives prenoit ce plaisir, une autre s'égaroit dans des
appartemens ouverts exprès et éclairés précisément au point qui convenoit aux scènes diverses
qui pouvoient s'y passer. D'un autre côté, on
ouvrit un jeu considérable. Deux marquis et un
chevalier de Malte me provoquèrent à y tenter
fortune; ils étoient si engageans et si adroits que
je ne pus résister. Le sort, jaloux sans doute des
faveurs que m'alloit prodiguer l'amour, avoit
résolu de faire évanouir ma félicité ou au moins
d'en tempérer l'excès par les rigueurs les plus
cruelles. Les dieux de l'enfer sans doute conspi-
rèrent avec lui à m'égarer. J'étois livré à un
délire plus violent encore que celui que l'ivresse
avoit pu excuser chez le major Saggs : en moins
de deux heures le portefeuille infortuné avoit
complètement fait le saut, et il n'y restoit plus
que les espérances de l'Espagne [1]. Amour! Amour!
tu n'es donc pas le plus puissant des dieux?
J'éprouvai alors une rage que toutes les douceurs

---

[1] L'action sur les mines espagnoles.

étoient incapables de calmer. En vain tes myrtes s'offroient à mes regards, mes sens glacés étoient insensibles à tes plus charmantes espérances. Ce qui étoit plus fatal encore, c'est que l'énormité de ma perte commençoit à transpirer. Déjà, les yeux qui s'étoient réunis pour me contempler se détournoient avec indifférence. Les moins inhu-mains se bornoient à me plaindre tranquillement ; ma perfide maîtresse, occupée à recueillir les profits d'une bouillote, sembloit ignorer mon malheur ou s'en embarrassoit peu. Je réfléchis sur un changement aussi rapide. Sombre et pen-sif d'abord, bientôt la crainte de devenir furieux me fit hâter ma sortie d'un lieu où j'avois vu en entrant l'Olympe, mais qui ne m'offroit plus que l'enfer et toutes ses horreurs. Je passai par des antichambres inondées par l'ivresse dégoûtante de valets endormis, et fus me précipiter dans mon carrosse. J'ordonnai brusquement à mon cocher interdit de me mener à l'hôtel.

Provence n'avait eu garde de m'attendre. Il se leva pour me mettre au lit. — Mon Dieu ! milord, s'écria-t-il, je vous croyois dans les bras de la plus belle femme de Paris. Je vous revois pâle, défait, l'œil égaré et farouche. — M. Pro-vence, lui dis-je d'une voix sombre, vos compa-triotes sont de grands escrocs. — Milord, il y a de malhonnêtes gens partout. — J'ai le malheur de n'en point rencontrer d'autres. — C'est que

les gens de bien se font chercher, et que ceux
qui ne le sont pas viennent au devant de nous.
Ce trait de morale me surprit dans la bouche de
l'agent de mes plaisirs : je ne savois pas que les
vices des subalternes tiennent à leur dépendance,
et qu'ils sont ordinairement ce que nous sommes
nous-mêmes. — Il faut, milord, ajouta-t-il,
prendre un peu de repos; si demain vous daignez
me détailler le malheur qui vous aigrit, j'en
chercherai le remède. Je le regardai de travers,
ses réflexions me parurent impertinentes et
déplacées. Je, me couchai dans un silence morne
et stupide. Quand mes rideaux furent fermés, les
regrets et l'inquiétude vinrent m'assaillir. Mon
imagination chercha des ressources pour le présent. Les mines ne m'offroient qu'un dédomma-
gement éloigné. Enfin je m'efforçois de me rassurer sur l'espoir des bons offices du cher docteur.
Cette illusion m'aida à donner encore un soupir
à ****. Je revenois sur mon premier emportement,
et je taxai ma sortie de foiblesse. Après d'aussi
bonnes réflexions, je cherchai le sommeil. Il
fuyoit, et ce ne fut qu'au moment où le jour alloit
paroître qu'il daigna me fermer les yeux.

DOUZIÈME JOURNÉE

PRUDENCE DU DOCTEUR. — RETRAITE A LAQUELLE
J'AUROIS DU M'ATTENDRE

Le sang-froid du réveil m'offrit, dans toute
son horreur, la vérité de tout ce qui s'étoit
passé : ces hommes charmans, ces femmes sé-
duisantes ne furent plus à mes yeux que d'impu-
dens filous et d'indignes courtisanes. En vain
je m'efforçois de leur rendre le vernis qui
m'avoit d'abord séduit, mon cruel désastre maî-
trisant ma pensée, l'illusion fuyoit loin de moi,
je voyois toute leur turpitude et toute ma sottise.

Je mandai le docteur. Il n'avoit point été de
la fête, je rejetai mon malheur sur son absence,
j'attendois ses conseils et ses consolations. Il
vint. — Ah! mon cher ami, lui dis-je, je suis
perdu! Mon portefeuille... — Quoi! dit-il? — Il
est vide. — Ici il perdit la parole, son visage se
glaça et ses yeux se collèrent sur le parquet.
Comme il gardoit un profond silence : Je ne sais,
ajoutai-je, où donner de la tête. — Milord, me
dit-il, cela est bien malheureux. — Eh bien!

mon cher docteur, j'ai besoin de vos conseils et
de votre assistance. — Vous m'interdisez tout à
fait. — Mais G***, votre banquier... — Je suis
bien au désespoir que les crédits que vous venez
d'épuiser si malheureusement n'aient pas été
sur ***. Nous fûmes interrompus par une lettre
qu'on m'apporta. J'y lus en anglois ce qui suit.

« Mon affliction est extrême, milord. J'ai eu
bien du regret que vous vous soyez éclipsé brusquement hier de chez moi. Tout considéré cependant, cela n'est pas si malheureux : vous auriez
été témoin d'un affront que je viens de recevoir,
et votre présence n'auroit servi qu'à le rendre
plus sensible. Ah ! milord, que ce pays-ci est
encore éloigné de la liberté qu'on a dans le
vôtre ! Imaginez-vous qu'à mon lever on m'a fait
une querelle de mon bal et du jeu que j'ai souffert chez moi. Permettez que je vous dise que
votre imprudence m'a en partie attiré cet éclat.
Vous êtes sur la liste de ceux qu'on suppose avoir
à se plaindre, vous savez cependant qu'on n'y a
contraint personne. Concevez-vous, milord,
quelle horreur pour une femme comme moi,
d'être *réprimandée*. Je vous en conjure, ne
venez pas aujourd'hui, etc. »

J'ai en grande partie oublié cette belle épitre,
je viens d'en donner au moins l'esprit et le pré-
cis. J'aurois honte de transmettre la réponse
que j'y fis. Je dirai seulement qu'elle étoit ana-

logue à ma crédulité et à la facilité malheureuse
qui m'avoit entraîné, pour ne rien dire de plus,
de foiblesse en foiblesse.

Je l'envoyai par un de mes gens. Il trouva la
dame délogée. En sortant du bal, elle étoit montée dans le carrosse du marquis de ***, après le
congé que je venois de recevoir. Un portier
maladroit et peu stylé, encore plein des fumées
du vin avalé la veille, fit cet aveu à mon messager, et celui-ci me rapporta la chose sans dégui-
sement.

Ruiné au jeu, trahi ou plutôt joué pour la
seconde fois par l'amour, que l'on juge de ma
colère ! Il ne me restoit plus la moindre illusion
pour me distraire, et le bandeau qui auroit dû
tomber de mes yeux en étoit arraché.

Le docteur, avec qui l'on a vu mon entretien
interrompu par la lettre que je viens de rapporter, s'étoit éclipsé assez lestement de chez moi
pendant que j'avois fait la réponse. Je le demandai, on m'apprit qu'il étoit sorti de l'hôtel. J'envoyai chez lui, l'on me fit dire qu'il n'y étoit pas.
O mon portefeuille épuisé ! comme vous chan-
giez les êtres ! Livré à moi-même, je passai le
reste du jour dans les plus cruelles perplexités,
et je m'épuisai en vains projets pour vaincre les
calamités que le destin offroit à mes yeux.

TREIZIÈME JOURNÉE

SURCROIT INATTENDU DE MALHEURS. — DISGRACE
AMÈRE. — CONSOLATION. — RENCONTRE SINGU-
LIÈRE.

Après tous les malheurs que je venois d'éprou
ver pendant douze jours de séjour dans cette
capitale, je ne devois point m'attendre que le
sort m'eût réservé pour le treizième des disgrâces plus accablantes encore mille fois. Il
n'avoit encore fait que préluder. Après avoir
réuni tout ce qui pouvoit secrètement humilier
ma vanité et punir mon imprudence, il me préparoit de honteuses douleurs et le plus flétris-
sant de tous les affronts. J'avois passé la nuit,
agité par une fâcheuse insomnie. Vers le matin,
j'éprouvai des souffrances aiguës: elles étoient
locales. Je ne pus me méprendre à leur cause,
et je m'en aperçus avec effroi. Voyageur jeune
et imprudent, sans doute vous m'entendez. Pour
peu qu'on fasse de connoissances à l'Opéra, surtout si vos liaisons y ont été formées par gens
dont l'état ne demande que plaies et bosses,

vous n'avez guère pu échapper à de semblables accidens. Mon sang, mis en fermentation par cette triste découverte, s'aigrissoit encore par les réflexions dont elle m'accabla. Je versois des larmes de confusion et de rage et me rappelois avec horreur l'exécrable ***. J'étois ainsi plongé dans l'abîme que creusoient sous mes pas le repentir, la honte et le désespoir, quand on m'annonça M. Crochu, cet honnête marchand qui m'avoit fait crédit pour le collier que j'avois envoyé à la perfide ****.

. Milord, me dit-il d'un ton bénin, je viens recevoir le montant du billet que vous m'avez fait. Je fus étonné d'un empressement aussi peu attendu. — Comment ! lui dis-je d'une voix interdite, et pâlissant comme un coupable. Le bijoutier observa ce mouvement. — Oui, milord, poursuivit-il roidissant un peu le ton. Je viens d'apprendre que vous retournez en Angleterre. Je suis persuadé que vous n'avez pu avoir l'intention de partir sans me satisfaire : je suis venu. — Moi, partir ! il n'y a point d'apparence. — Oui, milord, j'en ai été informé hier au soir de bonne part. J'ai même cru qu'il étoit prudent, tant on a ajouté de circonstances à la manière dont votre projet m'a été annoncé, de me pourvoir à tout événement. Mais avec un homme comme vous, j'aurois des reproches à me faire, si je n'en agissois pas bien. La sentence que j'ai obtenue ne sera qu'une précaution de formalité, parce que je suis sûr qu'il est fort éloigné de votre pensée de me faire aucun tort. Votre départ clandestin est une chimère qui appartient à l'imagination de ceux qui sont venus m'en donner avis. Il est très possible que vous ayez vos raisons pour précipiter votre retour chez vous, sans avoir l'intention d'emporter le bien d'un pauvre marchand. A chaque mot que proféroit mon inquiet et précautionné créancier, je tombois de mon haut. L'indignation que devoit m'inspirer un procédé aussi offensant succéda à la surprise. Les circonstances étoient bien assez impérieuses pour me forcer à mettre un frein à ma colère. Excité par tous les maux et les affronts qui pleuvoient sur moi à la fois, j'oubliois que l'homme qui doit a mis en gage sa liberté envers celui dont il s'est rendu le débiteur. Lâchant la bride à tout mon dépit, je maltraitai imprudemment celui au pouvoir de qui je m'étois livré. Il répondit à mes vaines injures par des menaces qu'il ne tarda point d'effectuer. Le bouillant Provence, non moins irrité que moi, le fit sortir avec violence de mon appartement.

Dans la lutte que le colère M. Crochu avoit eue en sortant, il étoit échappé un billet de sa poche. Un de mes gens l'avoit ramassé et le remit sur le champ entre mes mains : je l'ouvris.

Quels caractères frappèrent soudain mes yeux !
Je me hâtai de lire. « Les obligations que je
vous ai, monsieur, et l'intelligence qui doit
régner entre nous me forcent à vous dire qu'hier
au soir *le petit sot* s'est ruiné chez moi, il est
sorti furieux et égaré. Infailliblement il reprendra la route de son pays, sans dire gare. Ce n'est
pas assez que j'en sois débarrassée, il faut encore
que vous soyez satisfait. Le trou que fit à la lune
son compatriote, il y a deux mois, doit vous servir de leçon ; prenez vos précautions à tems.
Pour moi, je sors de la ville avec le petit marquis ; à notre retour, nous arrangerons nos
petites affaires. Brûlez ceci. »

L'épouvante et l'horreur firent tomber le
papier de ma main. Les Furies de l'enfer elles-
mêmes n'auroient point égalé les transports de
mon courroux. Il étoit si violent que j'étois près
d'y succomber. J'envoyai chercher le docteur ;
on vint me redire qu'il étoit aussi allé à la campagne, qu'il y passeroit trois jours auprès d'un
malade. Un malade ! m'écriai-je, c'est le seul,
c'est le premier depuis mon séjour à Paris : je
perce ce mystère d'iniquité. Le scélérat partage
avec les autres ! Je n'eus point la force d'en dire
davantage ; l'effroi de tant de perfidies me plongea pour deux heures entières dans une crise
qu'il seroit difficile d'exprimer. Rendu à moi-
même, je tombois dans d'autres perplexités. Mon

imagination me peignoit tous les suppôts de la justice surprise par la cohue des scélérats qui m'avoient entraîné dans cet abime.

Il n'y avoit pas un instant à perdre, et il étoit tems d'agir. J'envoyai chercher l'implacable créancier, et lui fis dire qu'il pouvoit venir recevoir son paiement. Mon émissaire le trouva peu disposé à revenir chez moi. Enfin, l'espoir de toucher du comptant le fit revenir sur ses pas.

— Je sais, monsieur, lui dis-je en le voyant, que les scélérats qui m'ont dépouillé peuvent seuls vous inspirer les alarmes qui vous portent à me déshonorer ; mais n'importe, il faut les dissiper. J'ai un effet d'une valeur considérable, je vais le remettre entre vos mains pour vous servir de gage jusqu'au moment où je me serai acquitté.

— Milord, me répondit-il, malgré les traitemens dont j'ai à me plaindre et le besoin pressant que j'ai d'argent, je serois encore charmé de vous être utile, et je me prêterai à tout ce qui sera raisonnable. — Eh bien ! monsieur, lui répliquai-je, si dans un mois vous n'êtes pas satisfait, l'effet est à vous. — Oh ! milord, je ne demande que mon dû avec les intérêts, comme de raison. Loin de moi toutes ces âmes dures et sans conscience qui se font nantir de gages triples et quadruples, et au quart d'heure de l'échéance sonné les confisquent à leur profit. Je tirai alors de mon portefeuille la précieuse

action sur les mines. Tenez, monsieur, lui dis-
je, voilà votre caution. Après l'avoir parcourue
des yeux. — Est-ce là, me dit-il froidement, tout
ce que vous avez à me donner? — Comment
tout? Cet effet me coûte trois mille louis d'or, et
vous ne l'auriez pas pour cinq mille sur la place.
Il sourit avec pitié. — J'en ai, milord, de
pareils à vous vendre à quinze cents livres, et
dans huit jours on sera fort heureux de s'en
débarrasser pour rien. Adieu, milord, je vous
baise les mains, mon tems m'est précieux. Si
votre argent est prêt, envoyez-le chez moi avant
une heure sonnée. Il sortit. Je restai interdit, plus
furieux encore qu'auparavant ; mon désespoir
me rendoit stupide et m'ôtoit la faculté de penser.
Effrayé de l'inutilité d'un aussi grand sacrifice,
j'attendois mon malheur en silence et avec une
insensibilité féroce.

Il y avoit peu de minutes que l'heure fatale
avoit frappé, quand on vint m'arrêter, de par le
Roi. La foudre tombée à mes pieds n'auroit pas
fait un effet plus terrible. A la vue des recors
qui m'environnoient, je rugis comme un lion.
J'écumois, et les larmes inondèrent mon visage.
Il fallut marcher. Je fus mené au For-l'Évêque [1]
avec Provence. Arrivé dans ce séjour dont l'horreur étoit si nouvelle pour moi, je sentis une

---

[1] Voy. ci-dessus, p. 118.

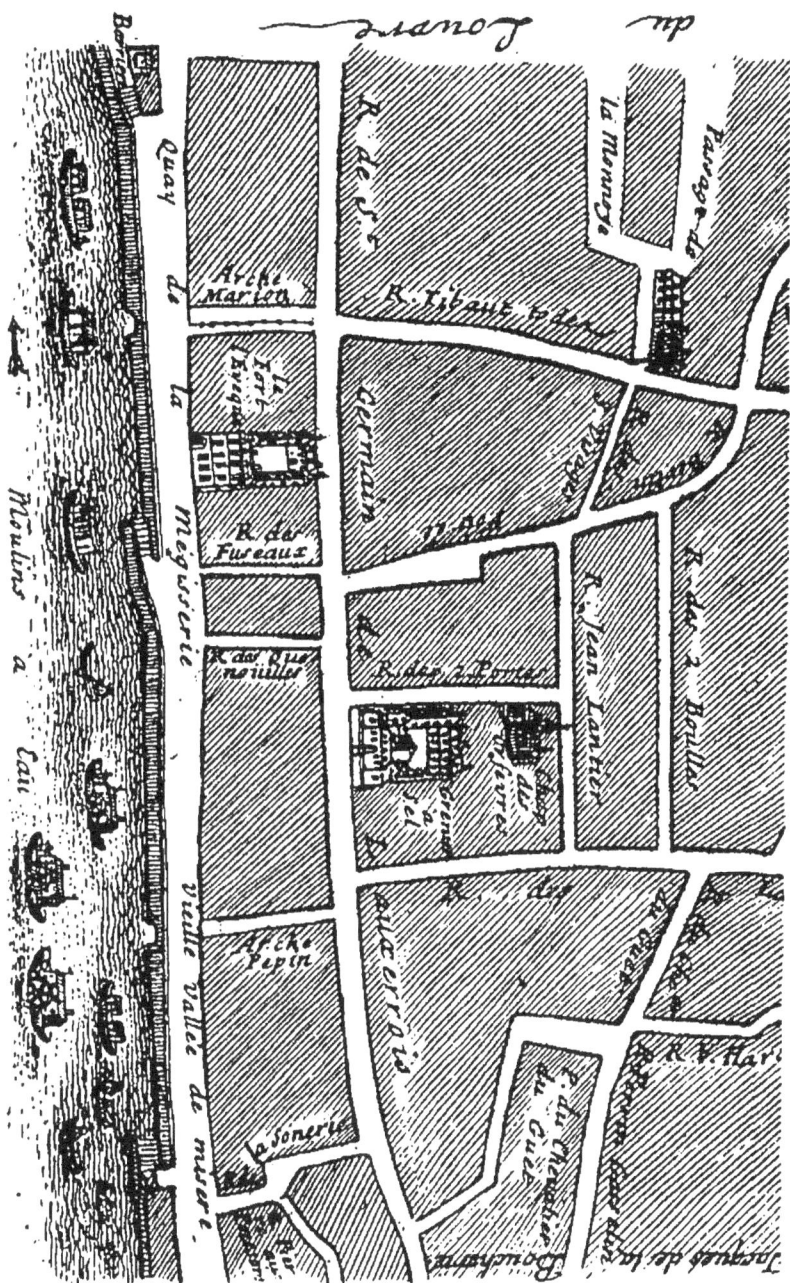

SITUATION DU FOR-L'ÉVÊQUE, d'après le plan de Lacaille (1715).

sueur froide s'étendre sur tous mes membres.
La vue des monstres qui se présentoient à mes
regards, le bruit de vingt guichets que l'on ouvrit successivement avec fracas me causoient
d'horribles tressaillemens. Entre deux haies de
prisonniers que la curiosité amenoit sur mes
pas, je traversai plusieurs parties de cette
effrayante demeure. Parvenu à un réduit sombre
qu'on m'annonça m'être destiné, je me jetai, ou
plutôt je tombai sans force et presque sans sentiment sur le grabat dépouillé qu'il offrit à mes
regards. J'y sanglotai jusqu'au soir, sans avoir la
force de répondre aux consolations que le désolé
Provence employoit pour relever un peu mon
courage. J'avois refusé toute nourriture. J'étois
si abattu que, si les douleurs cuisantes qui ven-
geoient les mœurs et la pudeur outragées ne
m'avoient de tems en tems rappelé au sentiment pénible de mon odieuse existence, mon
anéantissement auroit été semblable à celui de
la mort.

Vers les six heures du soir, l'horrible bruit
des clefs interrompit encore le silence qui règne
sous les voûtes lugubres de cet affreux séjour.
On ouvrit ma porte. Quelle honte et quelle confusion! c'étoient le chevalier de ** et Bouillac. A
leur aspect, je me détournai avec précipitation,
et de mes mains, je tâchois de cacher mon
visage, où les pleurs couloient avec une double

violence ; mon âme déchirée étoit prête à
m'abandonner. — D'où vient cette désolation ?
me dit tendrement le chevalier de ** ; nous sommes vos amis, nous venons ici seulement pour
vous servir. Le bruit de l'affront que vous avez
essuyé est parvenu jusqu'à nous, nous n'avons
pas balancé un moment ; faites-nous la grâce,
milord, d'accepter nos bons offices en échange
de la confiance que nous vous demandons. J'ai
amené Bouillac avec moi, parce que je suis sûr
que son bon cœur emploiera pour vous son acti-
vité accoutumée. Je relevai alors sur eux mes
tristes regards. Un mouvement d'attendrissement et de reconnaissance me fit saisir la main du
chevalier de ** ; mais la honte venant m'assaillir
aussitôt, je retombai dans ma première posture.
— Courage, mon cher ami, me dit celui-ci, on
peut être jeune et avoir fait quelques folies,
mais il faut souffrir que nos amis nous en tirent.
Expliquez-vous franchement, nous ne pouvons
rien faire sans cela. Soulagé par ces paroles, je
retrouvai la force de leur exposer, en sanglotant,
les causes et les circonstances de ma détresse.
— Il n'y a pas là, milord, de quoi se désoler,
reprit Bouillac. Nous remettrons à un autre
tems les réflexions que tout ceci pourroit faire
naître. Il s'agit de vous retirer de cette triste
demeure, il faut instruire votre banquier de vos
besoins. L'épuisement précipité des crédits que

vous aviez sur lui, peut être réparé par la confiance qu'il pourra nous accorder : je suis forcé
de remettre votre sortie à demain matin. Il faut
du moins vous procurer, pour ce soir, tout le
soulagement et toutes les douceurs qu'il est possible de rassembler à la hâte dans un lieu
comme celui-ci. Prenez courage, je sors pour
travailler à y abréger votre séjour. Il me laissa
avec Bouillac, dont l'amitié tendre et indulgente
acheva de calmer mon désespoir et, par des
réflexions plus calmes, me prépara à réparer des
fautes dont je rougissois bien sincèrement. Le
concierge ne tarda point à me faire passer dans
une chambre plus décente et plus commode.
Après m'avoir fait prendre quelques légers ali-
mens, le chevalier de **, baigné des larmes que
me faisoit répandre la reconnoissance, me quitta
les yeux humides.

Je commençois à respirer un peu. Semblable
à un malheureux qu'on vient de tirer d'un fleuve
profond et qu'on rappelle par degrés à la vie en
le débarrassant du fluide qui le suffoquoit, mon
âme commençoit à surmonter mes douleurs. Je
m'assoupissois de fatigue, malgré les souffrances
aiguës qui affligeoient mon corps. Après que le
calme fut revenu dans mon esprit, je me serois
livré au sommeil, si Provence ne m'eût annoncé
la visite de deux prisonniers qui demandoient
avec empressement à me voir. C'étoit milord M...

et M. P... Il eut à peine le temps de me dire
leurs noms : sans attendre ma réponse, ils en-
trèrent presqu'aussitôt que lui. — Eh bien !
mon cher compatriote, me dit milord M..., par
quelle aventure malheureuse vous trouvez-vous
donc dans notre compagnie? Quant à moi, je suis
le doyen de la maison. En vérité, j'y suis devenu
philosophe comme Sénèque : pour un sage, le
bonheur est partout. Je vis content comme un
roi, et narguant les fripons qui m'y ont fait
mettre, je suis résolu d'y passer plutôt un siècle
que de lâcher une obole. Pour le pauvre P...,
son stoïcisme n'est point encore d'une trempe à
se faire un Olympe de ce Caucase maudit. Il s'y
lamente de tems en tems ; mais lorsqu'il fait
l'enfant, avec de bon vin, du punch et quelques
nymphes jolies qui viennent nous aider à philo-
sopher, je le remets dans le bon train, et il
apprend à braver le malheur. J'écoutois avec
surprise un discours qui devoit me paraître aussi
extraordinaire dans la bouche de celui qui parloit. Sans me donner le temps de répondre. —
Ce jour, reprit-il, est un jour de fête pour nous ;
il faudra, s'il vous plaît, vous égayer. La tristesse n'a jamais tenu devant moi ; vous seriez le
premier à qui mes conseils et mon exemple
n'auroient pu parvenir à inspirer tout à la fois
l'immobilité d'âme d'Épictète et la gaieté de
Démocrite. Venez, mon cher milord, je vais

vous faire voir quelques philosophes de mon
école : il y a ici nombreuse et bonne compagnie,
et beaucoup de gens plus honnêtes que ceux qui
les y retiennent.

Je voulus m'excuser, mais il n'y eut pas
moyen. Je me laissai donc entraîner dans l'appartement de milord M... J'y trouvai un très bon
souper et l'élite des citoyens du For-l'Évêque.
Je ne pouvois faire qu'une triste figure à ce banquet ; on fit de vains efforts pour me tirer de ma
taciturnité. Il règne un usage parmi nous, dit
milord M... à la fin du repas, c'est que tout
nouveau venu nous fasse une confession candide
des causes qui nous procurent le plaisir de le
voir. Pour l'encourager, chacun à la ronde lui
fait l'histoire véridique de ses disgrâces ; c'est
par ce premier aveu que nous nous connaissons
les uns les autres. Ainsi, mon cher milord,
préparez-vous à faire le vôtre, voici le mien.
Des filles, du vin, du jeu, des fripons, des
filous en rabat et en plumet, surtout un médecin
que nos compatriotes citent souvent en pareille
matière, enfin mes propres sottises : voilà ce qui
a coopéré à me claquemurer ici ; mais les gens
malintentionnés qui m'y ont fait fourrer y per-
dront leur latin. Grâce à ma philosophie, je me
trouve bien, et j'espère leur faire perdre patience.
A toi la balle, mon ami P..., raconte-nous ton
cas sans rougir et sans biaiser.

Mon histoire, milord, roule à peu près sur les
mêmes points que ceux que vous venez d'entendre. Des mobiles tout pareils m'ont poussé
dans cette geôle, mais le grand médecin a eu
une part plus directe à mes aventures. Je ne
pourrai guère vous compter les choses *ab ovo* sans
mettre son nom presqu'en titre. Vous saurez donc
qu'il y avoit huit jours que j'étois arrivé à Paris
quand je fis la malheureuse connoissance du
docteur. J'étois un peu stimulé par le démon de la
chair, et celui de la vanité me souffloit, en outre,
la fureur de faire parler de moi. Le serviable
médecin sut me déterrer une innocente, prétendue, qui étoit encore sous l'aile de la plus *chère*
de toutes les *mamans*. J'achetai et je payai en
milord des prémices que l'on vendoit peut-être
pour la centième fois. Je ne tardai point à découvrir l'imposture. Indigné d'avoir été joué, j'ai
voulu rétracter certains engagemens que j'avois
faits à la mère supposée. Mais la prévoyante et
fine mouche, versée dans la pratique et connois-
sant le style notarial, leur avoit donné un tour et
une forme auxquels il n'y avoit rien à répondre
qu'à payer. Je n'ai pas voulu le faire. On m'a
amené dans ce lieu de réflexions, où je me débats
à l'aide d'un procureur retors. Mon procès est
simple. Par les mémoires sur la vie de la petite
J..., que je suis parvenu à recueillir dans plus
d'un b...el, je prouve n'avoir point reçu valeur :

donc mes engagemens sont nuls. Je vais plus
loin, *est error persorum :* l'honnête madame J...
avoit promis de me livrer sa fille, et sa fille neuve
et chaste comme Diane. Or elle ne m'a livré que
celle d'une blanchissseuse du Gros-Caillou qu'elle
avoit été prendre près des boulevards, dans un
endroit où la virginité n'habita jamais. Vous sentez bien, milord, que ma cause est excellente,
mais je n'en suis pas moins coffré ici par l'in-
tervention de cinq ou six fripiers, que cette bonne
dame a fait agir. Sans milord M..., je m'y serois
livré au plus fou de tous les désespoirs. Peut-être
aurois-je fait la sottise de jeter à la tête de mes
persécuteurs un argent que je compte leur faire
acheter, en les faisant passer par toutes les éta-
mines de la police. Du reste, nous menons ici,
comme vous voyez, joyeuse vie. A votre santé,
milord, soyez-y le bienvenu.

Tous les convives me régalèrent d'un récit à
peu près semblable. Enfin mon tour arriva:
Milord M..., dis-je, et M. P... ont impliqué la
Faculté dans leur disgrâce. C'est aux instigations
du même homme que je dois la honte et le dé-
plaisir d'avoir fait à moi seul plus de sottises en
dix ou douze jours, et d'avoir été plus dupé dans
ce court espace, qu'ils ne l'ont été pendant des
années. Je commençai à leur détailler ce qui
m'étoit arrivé pendant mon séjour. Quand j'eus
fini : Consolez-vous, me dit P..., vous n'êtes pas

le seul homme qu'il ait fait donner dans le pot au noir, et vous ne serez pas le dernier probablement. Remerciez même Dieu que les choses aient tourné ainsi. Il a causé vos maux, cela est fâcheux, mais ce seroit bien pis s'il entreprenoit de les guérir.

On vouloit m'engager à passer le reste de cette nuit à table, et j'eus bien de la peine à obtenir de milord M... la permission d'aller prendre un peu de repos, pour me disposer à pouvoir le lendemain conclure mes affaires. — Comment, conclure! dit-il, vous nous quitterez donc bien vite? — Milord, lui repartis-je, j'ai peu de philosophie et je jouis d'une fortune considérable. J'aime mieux sacrifier mon argent et garder une force d'âme dont je suis contraint d'être économe pour une meilleure occasion. D'ailleurs, l'air de ce lieu, quelque agréable que votre société puisse le rendre, ne conviendroit pas à un malade. — Adieu donc, mon cher, dit-il, guérissez-vous, recommencez ensuite et revenez ici le plus tôt que vous pourrez; il y a à parier que vous m'y retrouverez pour vous recevoir.

Je me retirai harassé et accablé de mes douleurs. Je ne pus jouir que d'un repos interrompu tour à tour par les souffrances aiguës que causoit la contagion dont j'étois atteint et par les sursauts pénibles qui terminoient les songes lugubres dont les lieux et les circonstances remplissoient mon cerveau.

QUATORZIÈME JOURNÉE

CONVERSION QUI SUIT LA MIENNE. — CE QUE C'ÉTOIT
QUE MON PROVENÇAL. — MA SORTIE DE LA PRISON.
— MES RÉSOLUTIONS.

A travers l'étranglement que forment les toits
serrés qui environnent le For-l'Évêque, l'aurore, plus tardive là que dans tout le reste de
Paris, fit briller le premier rayon du jour entre
les barreaux qui fermoient ma lucarne. Plus
paresseuse que moi, elle me trouva éveillé. J'étois
occupé depuis une heure à repasser en moi-
même les artifices grossiers dont j'avois été dupe
et à en rougir. Mais le dépit et la colère étoient
évanouis, je ne me faisois plus que cette espèce de
pitié si voisine d'un changement sincère et véritable. Dans ces premiers momens du retour de
ma raison, je m'adressai au ciel et je le remerciai
même de ces douleurs; fruits tristes et honteux
d'une coupable et trompeuse volupté.

Je considérois surtout la bassesse souple et
rampante du vil et méprisable mortel qui m'a-
voit mené dans les sentiers obliques et semés de

fleurs par lesquels j'avois été moi-même au-devant du vice et du déshonneur.

Provence ronfloit paisiblement sur un lit qu'on lui avoit dressé dans mon réduit ; mes observations tombèrent naturellement sur lui. J'eus la justice de ne voir dans ce domestique que le ministre indifférent et subordonné de mes volontés, qu'elles tendissent au bien ou au désordre. Triste effet de la servitude, me disais-je, qui nous rend vils, sans que nous soyons peut-être corrompus ! Je faisois le parallèle raisonné de son obéissance lâche et passive aux astuces systématiques d'un homme dont un état libre et honorable auroit dû élever l'âme au-dessus de la fange où l'esclavage est forcé de ramper. En les voyant l'un et l'autre un caducée à la main[1], je ne pouvois pardonner au dernier, et une indulgence qui me paroissoit raisonnable me disposoit à excuser l'autre.

Je résolus néanmoins d'éveiller mon ingénieux valet de chambre. Comme il avoit été le complice de mes folies, je voulus signaler par sa conversion le commencement de la mienne. Je l'appelai. — Monsieur Provence, lui dis-je, après ce qui vient de se passer, je devrois vous donner congé. Par le message habile mais méprisable que vous avez fait pour moi, vous avez

---

[1] Le caducée était à la fois l'attribut des médecins, des domestiques et des voleurs.

contribué à m'entraîner dans le précipice. C'en
seroit assez pour que je me défisse de vous. Je
veux cependant bien oublier la manière dont
vous avez aidé à égarer ma jeunesse, parce que
j'ose me flatter que vous prendrez le ton sage et
honorable que je suis déterminé moi-même
à prendre avec ceux qui m'approcheront. —
Milord, dans l'état où de malheureuses circonstances m'ont placé, j'ai cru devoir à vos
ordres la plus parfaite soumission. Faites-moi
cependant la grâce d'être persuadé que je
n'en ai pas eu moins de regret à vous voir donner avec autant de fureur dans les travers où
l'on vous entraînoit. Mais il ne m'appartenoit
pas de vous donner des avis, dans un moment
surtout où vous les auriez probablement mal
reçus. Je conviens avec repentir que j'ai fait
comme le chien qui portoit à son cou le dîner de
son maître. Ne pouvant le sauver de l'avidité de
ceux qui sont survenus, j'en prenois ma part. Je
crois cependant que vous êtes assez juste pour
distinguer entre un pauvre domestique qui s'ac-
quitte de la commission qu'on lui donne, et le
mortel dangereux et effronté qui dresse le piège
et fait naître l'occasion. — Mons Provence, vous
êtes pardonné, à condition d'avoir désormais
autant d'honnêteté que de rhétorique. — Ah !
milord, soyez persuadé que j'aurai bien du
plaisir à n'exécuter jamais d'ordres de votre part

que ceux qui vous feront honneur. Je n'ai pas
gagné à courir le monde. Ma position surtout
m'a dégradé, mais mes premiers principes et ma
première éducation reparoissent quelquefois. —
Comment, dis-je, votre éducation ? — Oui, mon
éducation ; elle fut très bonne, et il n'a tenu qu'à
moi d'en profiter. Si le récit des aventures d'un
pauvre diable comme moi méritoit de vous être
fait, vous verriez, milord, que je me suis égaré
dans des routes semblables à celles où vous avez
manqué de vous perdre ; que même je pouvois
avoir des raisons directes pour déplorer l'excès
de la dernière erreur où vous alliez tomber
malheureusement. Dans le cours de mes aventures, une fatale expérience m'avoit prévenu
combien il étoit dangereux pour un serviteur de
faire des remontrances à son maître ; une main
vengeresse a écrit sur mon dos cette leçon : ne
dis jamais aux grands que ce qu'ils veulent bien
entendre. Je témoignai quelque curiosité d'écouter son histoire, parce que je voulus savoir quel
incident pouvoit y avoir du rapport avec le cours
lamentable d'aventures que je venois d'éprouver. Il commença à peu près ainsi.

...Je suis né à Riez, de parens honnêtes. Mon
père étoit assesseur, ma mère étoit la fille d'un
bourgeois fort aisé de Marseille ; je suis fils
unique, n'ayant qu'une sœur, aujourd'hui bien
établie à Fréjus. Je pouvois espérer, à la mort

de mes parens, un héritage d'environ vingt
mille écus. Si mon humeur vagabonde m'avoit
permis de mettre à profit cette petite fortune, je
serois aujourd'hui un citoyen honorable et aisé,
et j'aurois pu, pour le moins, m'asseoir sur les
fleurs de lys dans quelque présidial[1]. Mais des
sens intempérans et un esprit libertin, en me
faisant sortir des bornes du devoir, ont fait évanouir cette perspective. Je faisois mes études au
collège de Marseille, et dans toutes les tragédies
que l'on fait jouer aux écoliers, j'avois brillé. Ces
petits succès m'avoient inspiré la manie du
théâtre. Un jour, je m'échappai de la pension
pour aller furtivement à la comédie. Je fus
enchanté de tout ce que j'y vis. Entr'autres
choses, je fus vivement touché par la figure et
le jeu d'une jeune actrice, dont les yeux avoient
bien une autre éloquence que celle de mon pro-
fesseur. Avant la fin de la pièce, je me sentis
tout à la fois embrasé d'amour pour mademoiselle Victoire et entraîné par le démon dramatique. Dès ce moment, je résolus de faire faux
bond à mon collège, et je guettai le moment
favorable pour exécuter mon projet. J'appris par
quelques externes, qui fréquentoient le spectacle
aux risques des étrivières, que la troupe devoit

---

[1] Les présidiaux, tribunaux institués par Henri II, jugeaient
en première instance. Leurs arrêts étaient sans appel quand
la somme en litige n'excédait pas deux cent cinquante livres.

partir de Marseille pour aller jouer à Aix. Dès que je sus qu'elle étoit en route, je m'échappai et je fus la rejoindre. Ma figure eut le bonheur de plaire au directeur. Elle ne revint pas moins à mademoiselle Victoire qui avoit beaucoup de crédit sur son esprit, avec une très grande influence sur tout le reste de la bande, à qui ses attraits et ses talens étoient fort utiles. Je fus agréé. Je ne vous ennuierai pas, milord, du détail de ma vie comique. Pendant deux ans, j'ai foulé les tréteaux des provinces, en me livrant à toutes les débauches qui signalent, d'ordinaire, les histrions errans.

Ennuyé d'errer ainsi, je me proposai de venir chercher fortune à Paris, n'osant pas retourner chez mes parens, aux yeux de qui ma qualité de comédien avoit rendu mon échappée impardonnable. Sur la scène, où plusieurs fois j'avois affronté les sifflets, j'avois acquis une hardiesse et une intrépidité dans les manières que l'on n'attrappe nulle part ailleurs. Bientôt j'eus grand nombre de connoissances de café ; je lis, entre autres, celle d'un petit prêtre Italien bossu, qui enseignoit sa langue et vendoit des antiques. Cet homme connoissoit les ressources de la capitale et les travestissemens qui y sont les plus favorables à l'industrie. Il me conseilla de me faire abbé et de chercher un préceptorat. — Vous êtes joli garçon, me dit-il, vous ne pourrez manquer

de plaire sous cet habit à quelque femme raisonnable; elle vous donnera son héritier à
instruire et pourra sans conséquence s'accommo-
der de vous. Il se chargea de me trouver une
place de ce genre. Vous ne sauriez croire, ajouta-
t-il, les ressources que le petit collet[1] nous met
à la main. Avec lui on entre partout. C'est à cette
facilité qu'il m'a donnée que je dois le plaisir
de vous servir en cette occasion; malheureusement forcé à vivre d'intrigues, il faut adopter le
costume qui nous fait réussir le plus vite et sous
lequel on est le mieux à couvert.

Quatre jours après cet entretien, mon Italien
vint me trouver. — J'ai votre affaire, me dit-il.
Sur ma recommandation, vous entrerez chez
madame *** : c'est la femme d'un conseiller. Ce
couple n'a qu'un fils unique, qui sera votre
élève. Monsieur *** est un sexagénaire qui ido-
lâtre son fils et laisse faire sa femme. Vous aurez
très peu affaire à lui. Le désir d'avoir un héritier
lui a fait épouser madame *** il y a environ dix
ans; elle n'en avoit alors elle-même que vingt.
Content d'avoir postérité, rien ne pourroit le
choquer de la part de sa femme qu'un éclat

---

[1] « Il existe une catégorie d'abbés qui ne sont ni ne veulent
appartenir à l'Église; ils ne portent l'habit noir et le petit
collet que par économie et par vanité. Le petit collet suffit
pour se faire donner tout au long le titre de Monsieur l'Abbé. »
La vie de Paris sous la Régence, p. 76.

indiscret, et puisque la besogne du ménage sur-
passe ses forces, il consent qu'elle charge quelqu'autre de s'en acquitter. Sa moitié n'use de
cette permission qu'avec réserve et dignité. A
trente ans, cette femme éprouve toute l'ardeur
d'un tempérament emporté. Un précepteur de
votre âge et de votre figure, et sous cet habit
emblème de la discrétion, ne pourra manquer
de lui agréer. Venez me joindre à cinq heures
à la place Royale, et vous serez présenté sur le
champ.

Je fus exact au rendez-vous, et le soir même,
je fus introduit chez le conseiller. Madame me
considéra depuis les pieds jusqu'à la tête; après
quelques légères questions, je fus accepté. Je ne
tardai pas à m'installer dans cette maison, et à
m'apercevoir que les soins qu'il s'agissoit de
donner à l'éducation de mon élève formoient la
partie la moins laborieuse de mon emploi. La
maman était fraîche et ragoûtante. Si j'avois été
assez raisonnable pour m'en tenir aux occupations
domestiques qu'elle me fournissoit, j'aurois
vécu longtemps heureux dans cette famille,
j'aurois pu y attendre paisiblement la succession
de mes parens irrités de mon équipée de Marseille ; mais mon humeur libertine vint détruire
ma félicité.

Nous demeurions au Marais. Une blanchis-
seuse du faubourg Saint-Antoine servoit la mai-

son. Elle n'y venoit jamais sans être accompagnée d'une petite fille *brousée* [1], d'environ quatorze ans. A travers le peu de soin que cet
enfant prenoit de ses appâts, mon œil friand et
connoisseur démêla une physionomie charmante
et certain regard amoureux, auquel, dans les
dispositions où j'étois alors, on ne résiste guère.
Il y avoit quelque tems que je cherchois noise
à cette poulette, et notre connoissance étoit fort
avancée. Un jour qu'elle étoit dans ma chambre
et qu'elle m'aidoit à salir une paire de draps
qu'elle étoit venue y chercher, la patronne du
logis entra brusquement. Elle regarda mon
action comme un vol domestique, et probablement regretta plus ce que je lui dérobois par
cette infidélité que tout autre larcin que j'aurois
pu lui faire.

Grâce au tempérament amoureux de la dame,
je fis cependant ma paix dès le soir même, en la
dédommageant avec usure; mais la petite blan-
chisseuse ne revint plus au logis. L'amour est
bien malfaisant et bien obstiné : plus une chose
nous est interdite, plus il nous en inspire le
désir. La petite fille étoit cramponnée dans mon
cœur, je ne m'occupois que des moyens de la

[1] Ce mot, qui est en italiques dans le texte, a été omis par
Littré. Le dictionnaire de Godefroy le traduit par « passé,
sali, souillé. » Dans le patois du Hainaut, il s'applique aux
gens de mauvaise réputation et a le sens de « taré. »

revoir et de m'assurer sa possession. Mes honoraires comme précepteur étoient fort honnêtes ;
sous un autre aspect, ma patronne pourvoyoit
amplement à tous mes besoins. J'avois même
des revenans bons et considérables. On ne
laissoit échapper aucune occasion de me faire
quelques présens. Nouvelle année, anniversaires
de toute espèce, j'attrapois toujours quelque
chose. Avec tant de ressources, je conçus le projet de mettre Thérèse en chambre, et bientôt
je l'exécutai.

Pendant un mois entier, je savourois paisiblement les douceurs de cette liaison clandestine.
Madame la conseillère devoit s'apercevoir du
vide qui en résultoit nécessairement dans ses
plaisirs. Je lui en dérobois la cause par des in-
dispositions feintes. Loin de rien soupçonner, la
bonne dame mettoit ses soins les plus délicats et
les plus attentifs à réparer promptement le déla-
brement d'une santé aussi intéressante. La fortune
résolut enfin de traverser ma félicité. Je n'avois
pu loger Thérèse que dans une maison assez
facile, et sur laquelle, par conséquent, la police
avoit l'œil ouvert. Je m'y rendois tous les jours
vers le soir, sous divers prétextes que l'indulgence et la crédulité de mon amoureuse conseillère l'empêchoient d'approfondir. C'est une cap-
ture pour cette police incivile qu'un petit collet.
Aussi vint-elle me surprendre entre les bras de

ma nymphe. Je résistai, cela fit scène, et pour
m'en payer, l'on m'envoya à B**[1]. Alarmée sans
doute de ne point me voir reparoître, la mère de
mon élève prit des informations; il n'étoit pas
difficile de trouver le fil d'une aventure comme
la mienne. Les circonstances scandaleuses de
cette seconde infidélité parurent impardon-
nables : on ne voulut ni me protéger ni me
revoir.

Après quinze jours de correction à B**, j'obtins ma liberté. Je me rendis chez le petit abbé
italien, j'en reçus la plus sévère et la plus judicieuse réprimande. Il étoit chargé de me remettre tout ce qui m'appartenoit, avec quelques
louis d'or que l'indignation de la dame n'empê-
cha point sa reconnoissance d'ajouter au solde
léger de mes honoraires.

Cette cruelle disgrâce n'avoit point éteint
mon amour insensé. Mon premier soin fut de
me mettre sur la trace de ma chère Thérèse. Je
fut longtems sans pouvoir la retrouver. On lui
avoit aussi fait faire une retraite. Mais comme
elle étoit jeune et jolie, un des administrateurs
en eut pitié : moyennant le tribut usité qu'elle
paya au saint homme, sa captivité fut courte et
bientôt elle réfugia ses appâts chez une femme

---

[1] Sans doute à Bicêtre, alors maison de force et de correction.

obligeante, accoutumée à recueillir les pauvres abandonnées.

Thérèse étoit si fraîche et si piquante, en dépit du petit malheur qu'elle venoit d'essuyer, que madame G*** ¹ résolut de la refaire et d'en tirer bon parti. Sa virginité renouvelée par le merveilleux secret que possédoit la matrone, elle ne fut pas embarrassée pour trouver un chaland crédule et bon payeur. Cette fleur fut offerte au marquis D***. Enchanté de sa bonne fortune, il éleva bientôt sa conquête au ràng fas· tueux des premières Laïs de Paris.

Un jour que j'étois allé promener mes cha- grins au boulevard, j'aperçus dans un superbe carrosse un minois dont les traits causèrent à mes regards une surprise qui suspendit tous mes sens. C'étoient ceux de Thérèse. Je résolus de l'aborder à tout prix, et profitant de mon exté- rieur mince et délabré, je m'approchai de la portière, le chapeau à la main, dans la posture humble et suppliante d'un malheureux : « Ma belle princesse, lui dis-je, ayez pitié d'un pauvre jeune homme sans ouvrage, qui n'a pas le sou pour regagner son pays. » Mlle **** (car l'humble Thérèse avoit disparu) laissa tomber fastueuse- ment et d'un sang-froid incroyable une pièce de

---

¹ Cette initiale désigne une célèbre entremetteuse de l'époque.

monnoie dans mon chapeau. Ensuite, détour-
nant la tête, elle reprit, sans se troubler, l'entretien qu'elle avoit commencé avec quelques petits
maitres qui s'empressoient à la portière opposée.
Ici j'interrompis avec surprise le récit de mon
valet de chambre. — Comment, cette malheureuse vous étoit déjà connue quand je vous ai
envoyé chez elle? — Oui, milord, mais je
n'avois garde de lui rappeler mon ancienne
bonne fortune. J'osois encore moins vous en
parler, par une raison que vous allez entendre.

Je ne savois pas alors que quelque obscurs
que soient l'origine et les commencemens d'une
courtisane, le torrent de leurs prospérités en
amène si rapidement l'oubli, que, du jour au
lendemain, elles n'ont aucun souvenir du passé,
et tout d'un coup deviennent aussi insolentes
que Thérèse. J'ignorois encore l'inutilité et le
danger qu'il y avoit à vouloir détromper un petit-
maître de la gloriole d'avoir commencé ces créatures. Je l'appris à mes dépens.

Le désir de me venger d'un aussi insultant
mépris dévoroit mon cœur; je résolus de le
satisfaire. J'épuisai mon imagination à trouver
les moyens de m'introduire chez la ****. En me
faufilant avec la livrée du marquis, j'appris qu'il
avoit besoin d'un coureur [1]. J'étois leste et bien

---

[1] « On voyoit deux hommes lestement vêtus devancer deux

fait, je résolus d'aller lui offrir mes services. Je
fus reçu. J'attendois avec impatience le moment
où mon maître pourroit me charger de quelques
commissions pour ma perfide; j'eus cette satisfaction dès le jour même de mon entrée. Plus
rapide qu'une flèche, je volai aux lieux où j'es-
pérois faire rougir une ingrate. Pauvre sot que
j'étois! je ne savois pas qu'il étoit plus facile de
faire remonter un fleuve vers sa source, que de
déconcerter une catin. J'en fus pour un vain
éclat, dont elle s'est moquée. Inutilement, je
voulus persuader au marquis quelle étoit sa
maîtresse. Je fus traité de coquin et d'imposteur,
et après une grêle de coups de bâton, je fus renvoyé, sur sa plainte, au donjon infernal où
mes folles amours m'avoient déjà fait transférer.

J'y passai trois mois entiers. Pendant cette
longue retraite, j'eus tout le temps de faire de
sérieuses réflexions sur ma vie passée. Je me
peignois le sort tranquille et satisfaisant dont ma

coursiers fougueux et courir dans les rues de Paris en souliers
plats et en bas blancs qu'ils ne salissoient point tout en courant sur le bord des ruisseaux. ». S. MERCIER, *Tableau de
Paris*, t. V, p. 26.
 Très souvent, les coureurs étaient accompagnés d'énormes
chiens danois. Voy. Mme DE GENLIS, *Dictionnaire des éti-
que tes*, t. 1, p. 106.
 Dans son second voyage à Paris, Rutlidge raconte comment
Jean-Jacques Rousseau fut renversé par un chien coureur,
qui précédait une berline attelée de six chevaux. Édit. de 1777,
t. II, p 237.

bonne conduite m'auroit fait jouir dans la maison paternelle. Je le mettois en parallèle avec le train de vie misérable et humiliant d'un baladin errant sans feu ni lieu, avec le rôle vil et faux d'un complaisant en petit collet. Je me peignois les crises fâcheuses que ces deux personnages m'avoient attirées. Je résolus de faire, à quelque prix que ce fût, ma paix avec l'assesseur mon père, et, comme l'enfant prodigue, de regagner Riez un bourdon à la main.

Dès le moment même où je recouvrai ma liberté, j'exécutai un projet aussi louable. Je me mis en route, ignorant encore les dangers qui attendent un jeune homme sur un grand chemin. Je n'avois d'autre ressource pour gagner le pays que la bienfaisance des humains charitables que je rencontrerois. A quelque distance de Lyon, j'accostai d'un gros homme qui voyageoit à pied comme moi. Son humeur me parut franche et grivoise, je lui fis mes confidences. Rien n'étoit si obligeant que lui. Il prit pitié d'un pauvre enfant de famille, et m'offrit à me défrayer tant que nous serions ensemble. Au point de séparation, me dit-il, sur la simple reconnoissance que vous m'en ferez pour que vos parens puissent m'en tenir compte, je vous fournirai de quoi vous rendre chez vous. J'étois enchanté du bon cœur de cet honnête homme, et je remerciai le ciel d'une si heureuse rencontre. Arrivé à la couchée, mon compagnon fit servir ce qu'il y avoit de mieux dans le cabaret. Il me fit aussi boire largement. J'étois un peu étonné de la magnificence du pèlerin; mais ma jeunesse prévenant toute réflexion, je me livrai à tout ce qu'il voulut. Avant de nous séparer, il me prêta généreusement dix écus, dont je lui signai une obligation qu'il dressa lui-même comme il voulut, car je n'y regardai point.

Quelle fut ma surprise, le lendemain matin, de me voir éveillé par un sergent au régiment de ***, qui me signifia que j'étois engagé, et qu'il falloit partir pour rejoindre à Calais. Je reconnus alors combien j'avois été dupé par le perfide qui m'avoit tant cajolé la veille. Il ne fut pas possible de m'en défendre. Il fallut marcher. J'ai porté pendant trois ans le mousquet. Au bout de ce terme, milord, ayant eu le bonheur de sauver sir Charles d'un danger qui menaçoit sa vie, ce généreux seigneur acheta mon congé. Je passai avec lui en Angleterre, et sur ma bonne conduite, il m'avoit placé auprès de vous. Je vous demande pardon. Je me suis laissé entraîner dans le chemin que je vous voyois prendre, mais il ne m'appartenoit pas de vous faire des remontrances. J'ai déjà eu l'honneur de vous le dire, dans le délire où vous étiez, vous auriez pu recevoir mes avis tout aussi mal que le marquis, encore plus détrompé que vous des catins, des

joueurs, des médecins surtout. La résolution de
vous servir en honnête homme ne me coûtera
rien, et j'espère des bons témoignages que vous
aurez à donner de moi, ainsi que votre oncle sir
Charles, ma réconciliation avec de pauvres parens à qui j'ai donné tant de chagrin.

La conclusion du narré du pauvre Provence
m'attendrit infiniment. Comment, disais-je en
moi-même, un homme qui a été comédien, petit
collet grivois et esclave a pu conserver dans
son cœur le germe précieux du bien, pendant
que cet autre mortel, indépendant et classé dans
un ordre qui doit viser à l'estime par l'utilité et
le savoir, fait volontairement le choix du vice !
La perversité naîtroit-elle donc avec nous ? Tous
les jours on voit des exemples révoltans qui
feroient pencher vers cette opinion si l'on s'arrê-
toit à une partie des êtres qu'on rencontre.

Il étoit dix heures du matin quand Bouillac se
rendit à la prison. Il m'apprit que mon banquier
feroit face à toutes les dettes que j'avois contrac-
tées, que même on étoit occupé à empêcher que
je ne fusse la dupe du complot formé entre
Crochu et la ****. On soupçonne bien, poursuivit-il, quelqu'autre d'y avoir trempé ; mais au
reste, c'est le moindre mal qu'ils ont pu vous
faire. Bouillac s'y prit alors de la manière la
plus délicate pour me parler de l'altération de
ma santé, mais il eut beau faire, je ne pus jamais

me déterminer à lui faire un aveu sur cet article.
Après avoir dressé l'état de mes dettes et de mes
besoins, et pris un arrangement définitif avec
M. G***, Bouillac et ce dernier me ramenèrent
dans mon appartement, à l'hôtel du P. R.[1].

Je pris une résolution bien étrange. Honteux
de ma conduite, honteux du mal dont je souffrois,
j'ordonnai à Provence de tout disposer pour
reprendre le lendemain la route de Calais. —
Milord, me dit-il, y pensez-vous ? — Oui, lui
répondis-je, j'y pense très fort. L'air de ce pays
est empoisonné, je n'ai ni assez de raison, ni
assez de force pour éviter la contagion. — Mais
au moins, milord, il faudroit vous donner le
temps de... — Non, interrompis-je brusquement, je n'ai rien à faire ici, rien ne peut m'y
retenir. J'ai, au contraire, en Angleterre à
recouvrer l'estime de sir Charles. Par l'aveu de
mes extravagances inexcusables, je pourrai le
convaincre de mon repentir. La santé ni la vie
ne me sont rien. Je veux absolument partir, et
je jure de ne remettre le pied à Paris que lorsque
quelques années de plus m'auront mis en état
de voir et d'agir en homme. — Je vois bien,
milord, qu'il faut obéir. Et sur le champ, il mit
la main à l'ouvrage.

[1] Voyez ci-dessus, p. 18.

QUINZIÈME JOURNÉE

SAGES RÉFLEXIONS SUR UNE LOI DÉFECTUEUSE. — ADIEU ET DÉPART

Provence avoit exécuté mes ordres, mes malles étoient faites et placées sur mon carrosse quand mon ami Bouillac arriva chez moi. Il avoit aperçu tous ces préparatifs en traversant la cour. — Que veut donc dire ceci, milord, dit-il, vous partez donc? Faut-il que vos véritables amis souffrent de la juste indignation que vous inspirent sans doute les hommes équivoques que vous avez rencontrés? Soyez assez équitable, du moins, pour vous donner le tems d'en connoître quelques autres, j'ose vous répondre que vous les estimerez. Je répondis à Bouillac, en lui exposant le détail de quelques raisons qui me faisoient désirer de faire moi même à sir Charles la relation des fautes que je venois de commettre. Je me donnai bien de garde de lui faire confidence d'un obstacle physique à mon départ, dont il auroit pu tirer parti pour me le faire différer.

Je n'alléguai que des motifs moraux. Bouillac les confirma par des réflexions. — Convenez, milord, me dit-il, que c'est un abus criant que celui de livrer de bonne heure à sa propre conduite une jeunesse ardente et susceptible de toutes les impulsions qu'on voudra lui donner. Je me suis souvent étonné qu'il fût aussi commun chez une nation aussi sage que la vôtre. C'est un abus bien plus grand encore, que d'exciter et d'armer son imprudence et de mettre à sa portée les moyens de faire des folies éclatantes, en devançant l'âge de majorité. C'est entre vingt-un et vingt-cinq ans que tant de jeunes Anglois, trop tôt maîtres de leur fortune, viennent perdre leur santé et dévorer leur patrimoine en France d'une manière presque toujours aussi ridicule que scandaleuse.

En reculant cette époque jusqu'à la vingt-cinquième année, combien d'extravagances ne préviendroit-on pas de leur part? A ce période de la vie, la différence d'un lustre apporte bien du changement dans une tête. Si l'on faisoit un calcul de ceux dont cette facilité prématurée de disposer de sa fortune et de ses actions a causé la ruine, on verroit que c'est sur elle seule qu'il faut rejeter les malheurs de presque tous. Vous brillerez sans doute un jour, milord, dans le sénat britannique ; j'espère que vous signalerez votre patriotisme en proposant un acte aussi

utile que celui qui mettroit la barrière de quelques années de maturité de plus entre la jeunesse et la folie. J'étois moi-même une preuve
vivante de la vérité des idées de Bouillac, et
trop convaincu au fond de mon cœur pour ne
pas raisonner comme lui d'après ma propre
expérience. — On pourroit, poursuivit-il, me
savoir mauvais gré en France de vous faire de
pareilles réflexions : une partie des citoyens
industrieux de la capitale a fondé son existence
sur le délire des Anglois. Plus d'un économiste
en a formé un capital dans la circulation, et
vingt fois j'ai entendu dire qu'une fille de l'Opéra
produisoit autant par les prodigalités où elle
entraînoit vos jeunes seigneurs qu'une manufac-
ture entière par son exportation. Cette façon
d'attirer l'or britannique en France n'entrera
jamais dans mes principes. Je vous l'avoue,
milord, j'aimerois mieux détruire le droit d'aubaine[1]. Vos vieillards ne craindroient plus de
mourir ici, ils viendroient prolonger leurs jours,
en respirant l'air pur de nos provinces. Je crois,
n'en déplaise à nos calculateurs des ruelles, que
l'on gagneroit plus à vous faire vivre longtems
qu'à vous ruiner vite. J'espère cependant qu'avec
un aussi bon esprit que le vôtre, vous n'aurez pas

---

[1] Le droit d'aubaine attribuait au roi la succession des
étrangers morts en France.

besoin d'attendre l'âge avancé pour vous rendre
aux amis que vous laissez ici.

Bouillac me dit ensuite qu'il étoit convenable
que j'allasse prendre les ordres du comte de **
et de son ami le chevalier de ***. Je l'y suivis
avec empressement. M'ayant ensuite ramené
chez moi, il ne me quitta qu'au moment où je
montai en voiture, et nous nous séparâmes fort
attendris.

J'avois Provence à mon côté ; nous roulâmes
jusqu'à Saint-Denys, sans que j'eusse proféré
une syllabe. Il me sembloit néanmoins respirer
plus à mon aise à mesure que je m'éloignois du
séjour funeste de Paris. L'amertume de la honte
et du repentir se convertissoit par degrés en un
sentiment plus tranquille, en proportion de la
distance que je laissois entre moi et le théâtre
de mes erreurs. En dépit des atteintes d'un mal
qui à chaque instant me faisoit rougir sur sa
cause, le calme s'introduisoit dans mon âme, et
du moment où les clochers de cette dangereuse
cité se perdirent dans le vague de l'air, je fus
presque rendu à ma première tranquillité. Il faisoit un beau soir. Tout le long de la route je
comparois les groupes innocens et joyeux des
moissonneurs que j'apercevois dans la campagne
à la valetaille oisive et fastueuse, et même à la
bigarrure corrompue de tout étage dont Paris
est empoisonné. Utiles et respectables citoyens,

disais-je en moi-même, quoi! c'est donc l'honnêteté, le travail et la vertu qui sèment et qui
cultivent, et le vice paresseux et insolent
recueille et jouit! Quoi qu'il en soit, je préfére-
rois mille fois vos maux et vos cabanes à ses plaisirs trompeurs et à ses palais fastueux ! Ici, du
moins, l'on ne rencontre point de docteurs, on
n'est pas joué par une *** ; il n'y a ni Chiffon ni
Crochu, et on n'en emporta jamais les souvenirs
cuisants d'une....

Pendant que je m'abandonnois à ces réflexions, je volois déjà vers Amiens. La nuit n'interrompit point ma course, et je gagnai Calais
sans arrêter. Je n'eus de véritable repos, c'est-à-
dire exempt de troubles et de nuages, que quand
je fus arrivé à Douvres.

Le lecteur vient de voir la chaîne et le tissu
de mes foiblesses et de mes extravagances pendant quinze jours de séjour à Paris. Quelque
accumulées qu'aient été mes folies pendant ce
court espace, il doit se rappeler, à chaque trait,
celles que mes compatriotes ne rougissent pas
d'y faire tous les jours. Il en trouvera même plus
d'un qui, dans la carrière des ridicules et des
vices, me laisse bien loin derrière lui. Puissent-
ils tous réparer un jour leurs fautes par leur
repentir. Si je m'aperçois qu'ils goûtent la leçon
qu'ils peuvent trouver dans l'aveu que je viens

de leur faire, je la complèterai bientôt par le récit de mon second voyage à Paris [1]. Je leur ferai voir, par le contraste de tous les égaremens que je viens de tracer avec le plaisir pur de s'améliorer et de s'instruire auprès des talens et des vertus, que le bien est aussi délicieux et aussi profitable que le vice est odieux et ridicule.

[1] C'est ce qu'il fit dès l'année suivante.

LE TRAIN
DE PARIS,
OU
LES BOURGEOIS
DU TEMS.
COMÉDIE

en cinq Actes & en Profe,

PAR

MONSIEUR LE CHEVALIER

RUTLIDGE.

A YVERDON,

Chez la Société litt. & typ.

M. DCC. LXXVII.

LE TRAIN DE PARIS

OU

LES BOURGEOIS DU TEMS

COMÉDIE EN CINQ ACTES ET EN PROSE

ACTEURS

M. GIRARD, *riche bourgeois anobli.*

M. BERTOLIN, *négociant hollandois.*

M. FRANCIN, *bourgeois.*

MENNEVILLE, *fils de Girard.*

RENAUD, *jeune homme, commis de M. Bertolin.*

LE VICOMTE.

UN MARQUIS.

UN CONSEILLER.

UN ABBÉ.

M. D'OFFREVILLE, *financier.*

MADAME LELEU, *fille de M. Girard, mariée à un homme de robe.*

MARIANNE, *fille de M. Bertolin.*

M. RAFFLE, *usurier.*

M. RAMASSON, *faiseur d'affaires.*

M. SERREMAILLE, *faiseur d'affaires.*

LE BARON DE TRICHEMBACK.

LA FLEUR, *valet de Menneville.*

ROSETTE, *suivante de Madame Leleu.*

CHAMPAGNE, *cocher de Menneville.*

CLAUDIN, *domestique de M. Girard.*

DES LAQUAIS.

La scène est à Paris, chez M. Girard.

ACTE PREMIER

SCÈNE PREMIÈRE

Menneville, La Fleur.

MENNEVILLE, *à demi déshabillé, sortant de sa chambre*

Eh bien, mons La Fleur, où en sommes-nous ?

LA FLEUR, *sur un fauteuil, à moitié endormi.*

Ma foi, monsieur, j'en étais à mon premier somme.

MENNEVILLE.

A ton premier somme, coquin, à l'heure qu'il est !

LA FLEUR.

A l'heure qu'il est ! Il n'y a pas quinze minutes que nous sommes rentrés, et je n'ai pas eu le temps de fermer l'œil.

MENNEVILLE.

Fermer l'œil, malheureux ! tandis que j'ai l'œil ouvert, moi, et que l'inquiétude et l'impatience me dévorent !

LA FLEUR.

L'inquiétude passe, mais l'impatience ! Et pourquoi donc, s'il vous plaît ?

MENNEVILLE.

Ton infernal M. Raffle, cent fois plus lent, encore qu'il n'est cher, fait plus attendre ses services qu'il ne les fait payer.

LA FLEUR.

Mais songez donc, monsieur, qu'il ne fait pas encore jour. Je ne connais pas M. Raffle, mais, foi de La Fleur, M. Gifflart est un homme vrai. D'après son récit, le seigneur Raffle est un mortel que le chant du coq n'a jamais trouvé endormi quand il s'agit de gagner de l'argent. Son habitude est de se coucher avec les poules pour économiser sur le luminaire, et de se lever avant l'aurore pour ne point user ses draps.

MENNEVILLE, *rêveur*.

Tu crois donc qu'il m'apportera cet argent ?

LA FLEUR.

Oh ! très sûrement, monsieur.

MENNEVILLE.

Il serait honteux pour moi d'en manquer dans une circonstance comme celle où je me trouve.

LA FLEUR.

Il est trop bon juif pour manquer lui-même une aussi bonne occasion.

MENNEVILLE.

Il tarde pourtant bien.

LA FLEUR.

Mon cher maître, vous mesurez le temps à votre impatience. On ne place pas aussi promptement son argent que vous vous défaites du vôtre. Le mal vient vite et s'en va lentement; le bien, c'est-à-dire l'argent, vient au contraire lentement et s'en va très vite.

MENNEVILLE.

Ce pendard m'assomme avec ses moralités.

LA FLEUR.

Moralités !

MENNEVILLE, *avec colère.*

Trouve-moi de l'argent, maraud, et tais-toi ! Viens m'avertir quand ce maître arabe[1] paraîtra.

LA FLEUR.

Fort bien, monsieur.

SCÈNE II

LA FLEUR, *seul.*

Il faut pourtant convenir que je sers là un fort joli garçon ! Vraiment, qui pourrait, sous son titre de marquis, sous ses belles manières et ses tons à la mode, s'apercevoir de sa roture ?

[1] « Ce mot signifie dur, inexorable, sans pitié, usurier, avare, un homme sans miséricorde, charité, ni compassion. » LE ROUX, *Dictionnaire comique*, édit. de 1750, p. 26. — « Cette expression a été apportée de la Terre sainte, où les pélerins étaient cruellement traités par les Arabes. » *Dictionnaire de Trévoux*, édit. de 1771, t. I, p. 449.

Sémillant, vif, étourdi, libertin, endetté comme
un jeune seigneur, que lui manque-t-il pour
figurer avec les plus qualifiés? Fort bien ! mon
cher patron, voilà ce qui s'appelle se décrasser.
C'est sortir de la bourgeoisie, et s'introduire
dans la noblesse par la grande porte. Pauvre
enfant ! La nuit passée lui a coûté gros... Il se
retire assommé de fatigue et léger d'espèces...
Allons, allons, pères opulens, il faut bien que
messieurs vos fils fassent des sottises, car notre
tour, à nous autres, pauvres diables, n'arriverait
jamais. Pendant qu'il prendra un peu de repos,
tâchons de ronfler un peu dans ce cabinet. Si
monsieur Isaac Raffle arrive, on m'appellera. Le
vieux portier a le mot du guet.

SCÈNE III

M. BERTOLIN, RENAUD.

M. BERTOLIN.

N'as-tu pas entendu quelqu'un, Renaud?

RENAUD.

Ah ! monsieur, vous pouvez compter que tout
le monde dort encore dans cette maison.

M. BERTOLIN.

— Eh bien, Renaud !

RENAUD.

Eh bien, monsieur Bertolin !

M. BERTOLIN.

Dis-moi, mon ami, que penses-tu de nos hôtes ?

RENAUD.

.Tout cela, monsieur, n'a point lieu de me surprendre ; je connaissais le train de la ville pour y être venu souvent faire vos affaires. Je vous l'ai décrit bien souvent dans nos entretiens.

M. BERTOLIN.

Je te soupçonnais, ma foi, de surcharger le tableau.

RENAUD.

Ah ! monsieur, vous êtes à peine arrivé. Vous en verrez bien d'autres.

M. BERTOLIN.

Bien d'autres ! Mais, mon ami, feu mon père était de Paris, et quoique transplanté en Hollande, il nous a fait le cœur français. Peut-il y avoir si loin du cœur aux manières d'une nation ? Car il n'y a pas le sens commun, à tout ce que je vois ici. D'ailleurs, il nous a bien transmis quelque chose des mœurs qu'il en avait apportées.

RENAUD.

Les mœurs d'alors et les mœurs d'à présent ne se ressemblent guère. Elles avaient peut-être moins changé depuis Charlemagne jusqu'à l'époque où feu M. Bertolin fut s'établir en Hollande, que depuis cette époque jusqu'à ce jour.

M. BERTOLIN.

Je n'en puis pas revenir. Hier au soir, j'arrive par le coche [1]. Comme il n'y a qu'un pas du bureau à ce logis, j'y viens escorté de mon bagage. J'entre, la valetaille, qui me regarde par-dessus l'épaule, me rit presque au nez.

RENAUD.

Tout homme qui arrive ici par le coche y jette un triste coton [2].

M. BERTOLIN.

Ma foi, le coche est une voiture très bonne et très sûre, et fort économique.

RENAUD.

Économique !... Vertu hollandaise, monsieur, et qu'un bourgeois ne connaît plus à Paris.

M. BERTOLIN.

Eh bien, soit, je puis avoir violé l'étiquette.

---

[1] Le coche de terre était une longue voiture montée sur quatre roues; il remplissait le même office que les diligences qui lui succédèrent. On appelait coche d'eau un grand bateau couvert, qui transportait les personnes et les marchandises.

[2] « On dit proverbialement : *cela jette un beau coton*, pour faire entendre qu'une chose mal entreprise produira mauvais effet, et qu'elle sera désavantageuse à ceux qui l'ont commencée. Cette façon de parler, quoiqu'elle ait passé de la ville jusqu'à la cour, est basse et ridicule. — On dit *jeter un vilain coton* pour dire ne rien faire qui vaille, en parlant d'un homme dont les affaires sont minées. » *Dictionnaire de Trévoux*, t. II, p. 948.

Mais n'aurais-je pas dû m'attendre, qu'après m'avoir reconnu, la famille de M. Girard se serait si peu empressée autour de moi, et qu'à l'arrivée d'un ancien ami...

RENAUD.

Ah! monsieur, leur temps est passé. Un ancien ami est un être si rare aujourd'hui qu'on a oublié le cérémonial de sa bienvenue.

M. BERTOLIN.

Mais au moins, un parent!

RENAUD.

Triste qualité dans ce siècle! On s'est débarrassé de cette chaîne.

M. BERTOLIN.

D'un beau-père!

RENAUD.

Titre insignificatif, si ce n'est en deux occasions, le jour où la dot se compte et celui où la succession se recueille.

M. BERTOLIN.

Mais voilà de fort vilains usages! La simple politesse aurait, du moins, exigé...

RENAUD.

La simple politesse! Ah! c'était encore bon pour autrefois. Elle exigeait bien alors tout ce que vous voulez dire, mais celle d'aujourd'hui exige tout le contraire.

M. BERTOLIN.

Comment! la politesse d'aujourd'hui exigerait

qu'à l'arrivée d'un hôte... d'un hôte quelconque
enfin, chacun tirant de son côté fasse un désert
de la maison où il est attendu !

RENAUD.

Oui, monsieur.

M. BERTOLIN.

Ah ! cela est bon. Une bégueule, qui est la
fille de celui qui me reçoit, et dont le frère prétend devenir mon gendre, me recevra avec un
visage à la glace, se donnant des airs sur une
chaise à bras. Après y avoir bâillé pendant une
heure, sans seulement m'avoir lâché trois mots,
elle se relèvera pour demander d'un ton précieux (*imitant le ton de voix d'une femme*), a-t-on
mis mes chevaux ? Et puis, partant lestement,
sous prétexte d'une grande affaire, je l'aurai entendu de mes oreilles dire sous mes fenêtres à
son cocher à moustaches : aux Italiens ! Et tu
voudrais que je digère cela ?

RENAUD.

Oui, monsieur.

M. BERTOLIN.

Tu me ferais donner au diable ! Et puis ce
grand efflanqué de gendre du logis, à perruque
traînante, à l'air recueilli, qui ne parle que par
monosyllabes et semble marcher par ressorts !
A son air de dignité et à la gravité avec laquelle
il a laissé ouvrir les deux battans pour entrer,
j'ai cru qu'il allait nous donner audience. En-

suite, il m'a sentencieusement baragouiné de la doctrine. Puis, boire de l'eau avec moi qui m'enivrais à sa santé pour le mettre en train! Cependant, mon robin haussait les épaules à chaque rasade que je buvais, au lieu de me faire raison. Et c'est là de la politesse?

RENAUD.

Oui, monsieur.

M. BERTOLIN.

Voilà bien le meilleur! Un étourdi que mon amitié pour son père me fait qualifier d'avance de gendre et à qui j'amène ma fille, avec une tonne d'or pour dot, ne se trouve pas seulement au logis le jour où j'arrive. Et il est allé... Voyez la belle affaire... faire un petit souper! Un petit souper, morbleu! Et vous appelez cela de la politesse?

RENAUD.

Oui, monsieur.

M. BERTOLIN.

J'enrage à vous entendre parler ainsi.

RENAUD.

Oui, monsieur, de la politesse, et de la politesse la mieux entendue.

M. BERTOLIN.

Comment, ventrebleu!

RENAUD.

Un moment, monsieur, s'il vous plaît. Un moment, examinons les choses.

M. BERTOLIN.

Que j'examine ? Je verrai que le cousin Girard est une poule mouillée et non pas un père de famille. Quoi ! avoir sué, travaillé, tracassé toute sa vie pour fournir aux extravagances et aux tons supérieurs de deux enfans sans cervelle !

RENAUD.

Vous arrivez de Hollande, monsieur, vous arrivez de Hollande. A Paris, les enfans d'un homme qui a fait fortune ne sauraient avoir trop d'ambition.

M. BERTOLIN.

De l'ambition ! Des bourgeois !

RENAUD.

Des bourgeois ! Corrigez, s'il vous plait, vos façons de parler ; M. Girard est anobli.

M. BERTOLIN.

Tant pis, morbleu, tant pis, c'est une sottise qu'il a faite.

RENAUD.

Et monsieur son fils, par conséquent est noble, est...

M. BERTOLIN.

Un impertinent, morbleu !

RENAUD.

Toutes les manières de ce jeune homme annoncent un seigneur. Sa politesse...

M. BERTOLIN.

Encore une fois, ta maudite politesse!

RENAUD.

Eh,. sans contredit! Cette aisance qui nous empêche de nous gêner pour les autres, pour qu'à leur tour, ils ne se contraignent point avec nous, cette....

M. BERTOLIN.

Cette grossièreté!

RENAUD.

Comment! le jour où le beau-père débarque, s'en aller à ses affaires ou à ses plaisirs, comme si rien n'était, le tout pour le laisser maître de la maison; se tenir à l'écart pour ne point l'incommoder, il y a à cela une aisance, un raffinement! Oh! monsieur, on a banni les façons du commerce de la vie.

M. BERTOLIN.

Je m'en aperçois.

RENAUD.

Chacun a sa tâche, il faut qu'il la remplisse à son aise. Il devrait même vous laisser tout le loisir de consommer les arrangemens, et ne se présenter que pour signer le contrat.

M. BERTOLIN.

Je t'entends, Renaud, ne vas-tu pas me dire encore que, crainte de gêner sa femme, il ne devrait... Ventrebleu, tu me ferais lâcher quelque sottise.

RENAUD.

Précisément.

M. BERTOLIN.

Si je ne formais point, en dépit de ce début, de plus heureux présages que toi, j'aurais bientôt pris mon parti. Mais les Girard sont de bonne race ; leur mère était une Bertolin, et j'espère que la folie, qui me paraît avoir fait ici bien du ravage, ne les a pas tout à fait gagnés... Mais j'entends quelqu'un.

SCÈNE IV

LES MÊMES, LA FLEUR.

M. BERTOLIN, *voyant entrer La Fleur avec une livrée très riche.*

Oh ! oh ! pour un valet de Paris, voici un homme qui se lève de bon matin !

RENAUD.

Ou peut-être qui se couche très tard.

LA FLEUR, *qui pendant cette scène doit bâiller comme un homme qui a besoin de sommeil.*

Il faut que ce soit là mon homme. Serviteur, bonjour, monsieur ; bonjour ou bonsoir, car pour moi le soir arrive quand l'aurore paraît pour les autres.

M. BERTOLIN.

Que veut dire le ton familier que prend ce maraud ?

LA FLEUR.

Maraud ! Je ne m'appelle point maraud, afin
que vous le sachiez. Je me nomme La Fleur,
tout comme vous vous appelez Raffle. (*Il bâille.*)

M. BERTOLIN, *à part à Renaud.*

Parbleu, voilà un grand faquin !

LA FLEUR, *à part.*

Faquin ! mais c'est un phénomène que ceci :
un prêteur sur gage colère et emporté ! Je connais tous ceux de la ville, excepté ce juif-ci ; je
les ai toujours trouvés doux comme des agneaux,
au moins jusqu'à ce qu'ils eussent sentence
contre le monde.

M. BERTOLIN, *haut.*

Que voulez-vous donc dire ?

LA FLEUR.

Ce que je veux dire ? Qu'il sera bien temps de
nous maltraiter quand il sera question de vous
rendre votre argent.

RENAUD, *bas à M. Bertolin.*

Monsieur, tâchez de l'écouter avec calme et
patience, il va faire quelque quiproquo qui nous
conduira à quelque découverte. Je crois que je
devine sur quoi porte sa méprise ; cette livrée-
là...

M. BERTOLIN.

Elle ne peut être de ce logis, je n'y ai vu que
des habits gris.

RENAUD.

Modérez-vous, monsieur. Il y a quelque parti à tirer de ceci, ou je me trompe. Les enfans sont quelquefois plus pompeux que les pères.

M. BERTOLIN.

Bon, bon, il faut que ce drôle-là soit ivre, et sans doute il se sera trompé de porte. Dis-moi, mon ami, sais-tu bien où tu es?

LA FLEUR.

Voyez donc que ce monsieur est bon! Où je suis!

M. BERTOLIN.

Oui.

LA FLEUR.

Belle demande! Chez M. Girard, dont je sers le fils!... Allez, bon homme, allez, point de mystère avec moi; je suis au fait. On m'a même mis en sentinelle ici pour vous introduire quand monsieur sonnera.

M. BERTOLIN.

Oh! Je n'y puis plus tenir.

RENAUD, *bas à M. Bertolin.*

Tâchez, monsieur, de vous contenir un moment.

M. BERTOLIN, *haut et d'un ton plus calme.*

Eh bien, mon ami, dites-moi encore, savez-vous bien à qui vous parlez?

LA FLEUR, *avec politesse et d'un ton flatteur.*

Non, pas tout à fait, mais je le devine. Tous

les gens de qualité, comme mon maître et moi,
ronflent actuellement; vous vous appelez monsieur Raffle. Notre ami commun, M. Gifflart,
vous a envoyé ici ce matin.

M. BERTOLIN.

Ah! je suis monsieur Raffle?

LA FLEUR.

Si vous n'êtes pas cet homme précieux de qui
nous attendons notre salut, à la noble simplicité
de votre extérieur et à l'économie de votre
parure, il faut que vous soyez son confrère ou
son substitut.

M. BERTOLIN, bas à Renaud.

Effectivement, vous avez raison. Je sens... Il
faut voir un peu ce que tout ceci deviendra.
(Haut.) Eh bien, monsieur de La Fleur, vous
devinez juste, je suis M. Raffle. Je n'ai pas
voulu me découvrir d'abord ; vous sentez bien
qu'il faut de la prudence.

LA FLEUR.

Oh ! oh !

M. BARTOLIN.

Eh bien, de quoi est-il question?

LA FLEUR, lui frappant sur l'épaule.

D'une excellente affaire, monsieur Raffle,
d'une excellente affaire.

M. BERTOLIN.

C'est comme cela qu'il me les faut.

LA FLEUR, *montrant Renaud.*

Ce monsieur?

M. BERTOLIN.

Vous pouvez parler, c'est mon commis.

LA FLEUR.

Mon maître, sur la recommandation de M. Gifflart et sur votre bonne renommée, monsieur
Raffle, vous a donné la préférence sur bien des
braves gens de votre état. Tenez, il fait bon avec
nous, les usuriers nous galopent. Ça, vous savez
de quoi il s'agit?

M. BERTOLIN.

Oui, oui, M. Gifflart m'a bien dit quelque
chose, mais je voudrais savoir précisément de
vous... la...

LA FLEUR.

Précisément?

M. BERTOLIN.

Oui.

LA FLEUR.

Oh! vous avez raison, monsieur Raffle. C'est
précisément deux mille louis qu'il nous faut, ou
nous sommes déshonorés.

M. BERTOLIN.

Déshonorés!

LA FLEUR.

Oui, le diable m'emporte!

M. BERTOLIN.

Deux mille louis!

LA FLEUR.

Tout autant. Ça parlons en conscience une
fois dans la vie : cela sera-t-il cher ?

M. BERTOLIN, *bas à Renaud.*

Oh ! oh ! je commence à me mettre au fait.
(*Haut.*) Mais, cela dépendra des sûretés.

LA FLEUR.

Des sûretés ! jugez-en. Primo, nous avons un
vieux bonhomme de père plus riche que Crésus.
Secondo, nous allons épouser...

M. BERTOLIN.

Vous allez épouser...?

LA FLEUR.

Oui, une tonne d'or, qui arrive tout exprès de
la Hollande.

M. BERTOLIN.

Quant à la première de vos sûretés, elle est
dans un grand éloignement : le bonhomme a bon
pied, bon œil, il peut aller longtems. Pour la
tonne d'or, vous ne la tenez pas encore.

LA FLEUR.

Oh ! c'est tout comme. Le beau-père, qui est
sans doute quelque ours d'Hollandais, est attendu
d'heure en heure, aujourd'hui, demain, peut-
être même est-il déjà ici. Car nous sommes
sortis hier de bonne heure, et il était attendu.

M. BERTOLIN.

Il était attendu hier, et vous êtes sortis ! Mais
vous auriez pu être informés...

LA FLEUR.

Informés ! Oh, ma foi, il n'y a pas deux heures
que nous sommes de retour au logis. Tout y était
mort, excepté un vieux portier que nous sommes
venus à bout d'accoutumer à nous ouvrir en dor-
mant. Ne vous scandalisez pas, monsieur Raffle,
c'est avec nous autres gens qui rentrons tard,
que vous, qui sortez matin, faites vos affaires.

M. BERTOLIN, *bas à Renaud*.

Parbleu, voilà un bien mauvais garnement !
Si l'on juge du maître par le valet... Mais voyons,
voyons... (*Haut*). Et quel peut être, s'il vous
plaît, l'emploi si pressé que votre maître veut
faire d'une aussi grosse somme ?

LA FLEUR.

L'emploi ! La question est admirable ! L'emploi ! Avez-vous peur que nous allions sur vos
brisées ? Croyez-vous que nous ayons dessein de
la mettre à intérêts ? Monsieur Raffle, monsieur
Raffle, point de jalousie de métier !

M. BERTOLIN.

Mais encore, je serais charmé de savoir...

LA FLEUR.

Que de curiosité !

M. BERTOLIN.

Satisfaites-la, et vous aurez votre argent.

LA FLEUR.

Oh ! ça n'est pas cher. Eh bien, nous avons
une petite maison à meubler, et..., et...

M. BERTOLIN.

Et... quoi?

LA FLEUR.

Et... vous m'entendez bien.

M. BERTOLIN.

Non, d'honneur!

LA FLEUR.

Et quelqu'un à y loger.

M. BERTOLIN.

Ah! oui, oui, une concierge à y mettre.

LA FLEUR.

Justement! Et, comme je vous l'ai déjà dit, des dettes d'honneur à acquitter.

M. BERTOLIN.

Des dettes d'honneur!

LA FLEUR.

Oh, tout à fait d'honneur! Beau jeu, avec des gens de qualité qui nous empruntent quand ils perdent et qui nous gagnent quand nous empruntons. Aussi, ils nous aiment à la folie, ils nous embrassent au théâtre, ils nous tutoient dans les petits soupers, ils boivent notre vin, se servent de nos marchands, et nous font quelquefois l'honneur de crever nos chevaux et de battre nos gens. Ah, monsieur Raffle, il y a toujours quelque chose à gagner à voir la bonne compagnie.

M. BERTOLIN, *bas à Renaud:*

Le drôle est de bon sens, il se moque de son maître.

RENAUD.

Cette graine-là, instruite par l'exemple d'autrui, profite et s'élève, pour faire des sottises à son tour.

SCÈNE V

LES MÊMES, LE PORTIER.

LE PORTIER, *de loin à La Fleur*.

St! st! st! Monsieur La Fleur.

LA FLEUR.

Eh bien, François?

LE PORTIER.

Il est là, faut-il qu'il entre?

LA FLEUR.

Qui?

LE PORTIER.

Je ne sais pas son nom, c'est un petit homme noireau, barbu, trapu, qui n'est pas encore venu, mais qui s'annonce de la part de M. Gifflart.

LA FLEUR.

De la part de M. Gifflart! C'est être bien prévoyant. Il aura senti que ce vieux roquentin-là nous lanternerait, et il nous envoie du renfort. Fais entrer, mon ami, plus il y a de marchands, plus la foire est bonne. Il y a concurrence ici, tenons-nous ferme. (*Le portier sort.*)

SCÈNE VI

LES MÊMES, M. RAFFLE.

M. RAFFLE.

Je suis le petit serviteur de toute la compagnie. (*S'adressant à M. Bertolin.*) N'est-ce pas vous, monsieur, qui êtes l'homme d'affaires de monsieur le marquis ?

M. BERTOLIN, *avec surprise.*

Monsieur le marquis !

M. RAFFLE, *à Renaud.*

Est-ce vous, monsieur ?

RENAUD.

Je n'ai point cet honneur.

M. RAFFLE, *à La Fleur.*

Il faut donc que ce soit vous, monsieur ?

LA FLEUR, *d'un ton d'importance.*

Oui, monsieur.

M. RAFFLE.

Ah, monsieur, je suis bien votre petit serviteur.

LA FLEUR.

Et aussi le vôtre, monsieur.

M. RAFFLE.

M. Gifflart, monsieur, m'a fait part, monsieur, d'un petit besoin que monsieur le marquis pouvait avoir de mon petit ministère, monsieur.

LA FLEUR, *à part.*

Que de révérences ! Oh, il faudra payer tout cela. (*Haut.*) M. Gifflart, monsieur, est bien bon, monsieur, bien prévoyant, monsieur ; il aura sans doute prévu que M. Raffle n'était pas notre homme.

M. RAFFLE.

Excusez-moi, monsieur ; je suis monsieur...

LA FLEUR, *avec une révérence.*

Le très bien venu, monsieur.

M. RAFFLE, *de même.*

Monsieur...

LA FLEUR, *de même.*

Monsieur...

M. RAFFLE.

Raffle...

LA FLEUR.

C'est un juif...

M. RAFFLE.

Mais...

LA FLEUR.

Un arabe...

M. RAFFLE.

Apprenez...

LA FLEUR.

Un vilain, un ladre, qui insulte les gens, même avant de les avoir écorchés.

M. RAFFLE.

En vérité, je suis surpris...

LA FLEUR.

Et que mon maître, en vrai seigneur qu'il est,
devrait faire expirer sous le bâton.

M. RAFFLE.

Sous le bâton ! Je ne suis pas venu...

LA FLEUR.

Curieux, questionneur, impertinent.

M. RAFFLE.

Ce serait fort mal fait que...

LA FLEUR.

Vous sentez bien cela, nous injurier, nous
mettre sur la sellette !

M. RAFFLE.

Mais, monsieur, je suis un honnête homme.

LA FLEUR.

A la bonne heure.

M. RAFFLE.

Point curieux.

LA FLEUR.

C'est bien fait à vous.

M. RAFFLE.

Ne me mêlant jamais que de mon petit trafic.

LA FLEUR.

Ah, scélérat de Raffle !

M. RAFFLE.

Qu'est-ce que cela veut dire ?

M. BERTOLIN.

Pourquoi maltraiter un homme qui ne vous

doit rien? Si vous ne voulez pas de l'argent des gens, contentez-vous de les renvoyer.

LA FLEUR, *à part.*

Il commence à filer doux, il a peur que le poisson ne lui échappe. (*Haut.*) Non, non, monsieur Raffle, nous ne voulons pas de vos espèces. Cent pour cent étaient bons à gagner, mais nous en trouverons d'autres, monsieur Raffle, nous en trouverons d'autres.

M. RAFFLE.

En ce cas, je n'ai plus que faire ici, moi. Il faut que l'ami Gifflart ait rêvé, ou que ces gens-ci soient devenus fous. (*Il sort.*)

SCÈNE VII

LES MÊMES, EXCEPTÉ RAFFLE.

(*M. Bertolin et Renaud, voyant Raffle parti, se mettent à rire.*)

M. BERTOLIN.

Parbleu, le quiproquo est plaisant! Adieu, monsieur La Fleur, digne émissaire de votre noble maître... A notre première entrevue, je vous compterai les espèces. (*Ils sortent.*)

SCÈNE VIII

LA FLEUR, *seul.*

Que diable cela veut-il donc dire! Les voilà

tous partis !... Chiens d'usuriers ! Tous ces
oiseaux de mauvais augure font bande. Quel
esprit de corps ! Que le monde irait bien si les
honnêtes gens avaient entre eux autant d'union
que les larrons et les corsaires !

SCÈNE IX

LA FLEUR, CLAUDIN.

CLAUDIN, *arrivant avec l'équipage et les ustensiles
d'un frotteur.*

Eh ! bonjour, monsieur de La Fleur, comme
vous voilà matinal aujourd'hui ! Que faites-vous
donc là ? Vous n'avez pas l'air content.

LA FLEUR.

Je médite, mon enfant, sur le chemin que
peuvent avoir pris deux vautours qui viennent
de se lever de cette place.

CLAUDIN.

Il en vient donc encore, de ces sangsues ?
Notre jeune bourgeois donne toujours dans les
affaires.

LA FLEUR.

Vraiment il chasse de race. Du train dont il
travaille, il ne paraîtra même bientôt plus rien à
tout ce que monsieur son père a fait.

CLAUDIN.

Heureusement qu'il vient de nous arriver quelqu'un qui pourra bien mettre une fin à tout ça.

LA FLEUR.

Comment! Claudin, mon ami, ils sont arrivés ?

CLAUDIN.

Oui vraiment, hier, le soir, à la brune.

LA FLEUR.

Débarqués ici, dans cette maison ?

CLAUDIN.

Oi,u tout droit.

LA FLEUR.

Bonne affaire, morbleu, excellente affaire ! Nous allons payer nos dettes et nous remettre en fonds. Et dis-moi, Claudin, quelle espèce de gens est-ce ?

CLAUDIN.

Pour parler d'abord du père, ça m'a l'air d'un brave homme, tout rond.

LA FLEUR.

Un peu bête, n'est-ce pas ?

CLAUDIN.

Oh que nenni ! Ça ne fait pas grand fracas, mais m'est avis qu'il raisonne bien.

LA FLEUR.

Tant pis, parbleu, tant pis... Et la fille ?

CLAUDIN.

Oh ! pour cela, elle est belle tout à fait.

LA FLEUR.

Belle tout à fait !... Un air gauche et maussade, je parie ?

CLAUDIN.

Point, point. Cela ne vous dégoise point comme Mme Leleu, la fille de notre bourgeois. Ça n'a pas tant d'affiquets, mais ça vous a une tournure à la franquette et puis un air si doux...

LA FLEUR.

On la dégourdira... Six mois de Paris... Mais d'ailleurs qu'importe? il est question de la dot, de la dot.

CLAUDIN.

Oh, ça est vrai, monsieur de La Fleur, il n'y a que ça qui fasse.

LA FLEUR.

J'ai manqué les deux Raffle, mais cette bonne aubaine aidera mon maître à prendre patience.

CLAUDIN.

A la bonne heure, monsieur de La Fleur, moi, je vais achever mon ouvrage. (A part.) Je ne sais, mais ce M. de La Fleur m'a l'air d'un mauvais conseiller.

FIN DU PREMIER ACTE.

ACTE II

SCÈNE PREMIÈRE

M. BERTOLIN, RENAUD.

M. BERTOLIN.

Ma foi, mon ami, tout ce que je vois passe la plaisanterie ; je me crois obligé, en honneur, d'ouvrir les yeux à mon parent sur ce que j'ai bien vu clairement de la conduite de ce cher fils dont il m'a tant fait l'éloge. Je ne puis soupçonner M. Girard d'être faux, j'en suis donc réduit à le croire bien faible. Va, mon ami Renaud, va voir s'il est levé, car j'ignore de ce maudit pays jusqu'aux heures de veiller et de dormir. Va, mon ami. (*Renaud sort.*) Je crois que ma fille se forme déjà aux usages. Oh ! les femmes se plient bien plus vite au régime de Paris que les hommes. Ma fille ! ma fille vigilante et ménagère ! Corbleu, Renaud a bien raison, je suis Hollandais... mais je me trompe, la voici, cette pauvre enfant.

SCÈNE II

M. BERTOLIN, MARIANNE.

M. BERTOLIN.

Eh bien, Marianne, vous voilà enfin levée. J'ai toujours eu jusqu'à ce jour le plaisir de vous embrasser de meilleure heure.

MARIANNE, *l'embrassant.*

Il n'est pas moins vrai, mon père, que jamais je n'ai moins joui des douceurs du sommeil. Indépendamment des pensées qui peuvent l'interrompre...

M. BERTOLIN.

Des pensées, des pensées, ma chère amie?

MARIANNE.

Oui, je me tourmente en réfléchissant sur tout ce que je vois depuis notre arrivée. Cette Mme Leleu est une terrible femme, je n'en puis pas revenir.

M. BERTOLIN, *à part.*

Quoi, la fille aussi! (*Haut.*) Qu'a-t-elle donc fait qui te surprenne si fort?

MARIANNE.

Je crois qu'elle serait encore au tapis vert si la compagnie n'avait été un peu moins déraisonnable et moins opiniâtre qu'elle.

M. BERTOLIN.

Comment donc, la compagnie?

MARIANNE.

Comment ? Après que M. Girard vous eut
fait éclairer dans votre appartement, tout le
monde a jasé longtems. On a parlé de vers, de
chansons et de je ne sais quelle comédie où l'on
voulait me faire jouer. Et puis on est monté
chez Mme Leleu. Comme le grand salon est
attenant à la chambre de M. Girard, on ne voulait pas interrompre son repos, car il se lève de
bonne heure, lui, et a toujours quelque chose à
faire le matin...

M. BERTOLIN, *à part.*

Oui, les sottises que ses enfans ont faites la
veille à réparer ! (*Haut.*) Eh bien, ma fille ?

MARIANNE.

On a demandé des cartes, on a joué, et puis...

M. BERTOLIN.

On a joué... dans l'appartement de Mme
Leleu ! Et à quel jeu, ma fille ?

MARIANNE.

On appelait cela le vingt-un.

M. BERTOLIN.

Le vingt-un !... Et Mme Leleu ?

MARIANNE.

Oh, Mme Leleu a plus perdu en une heur
qu'il ne faudrait à un bon ménage d'Amsterdam
pour subsister pendant toute une année !

M. BERTOLIN.

Quelle sottise ! ou plutôt quelle frénésie !

MARIANNE.

Oh que c'est bien dit, frénésie! car Mme Leleu s'est mise dans une telle colère qu'elle ne
se possédait pas. Aussi ses pauvres femmes de
chambre en ont pâti.

M. BERTOLIN.

Et toi, ma pauvre enfant, dis-moi, quelle
figure faisais-tu là ?

MARIANNE.

Moi! Ah, mon Dieu! Si Mme Leleu n'avait
pas fait tant de bruit, j'aurais dormi tout debout.

M. BERTOLIN.

Tu aurais mal fait, ma fille, il faut savoir se
gêner un peu.

MARIANNE.

Aussi ai-je bien fait mon possible, et Mme Leleu a eu la bonté de m'excuser. Au petit point
du jour, elle a eu encore celle de m'envoyer
coucher, en disant : « La pauvre petite a besoin
de repos, bonsoir mademoiselle. » Et puis elle a
ajouté en regardant la compagnie : « Patience,
patience, quand elle aura un mari, elle saura
veiller et jouer comme une autre. » Comme je
gagnais la porte, accablée de sommeil, je l'ai
entendue ajouter en haussant les épaules et en
riant : « La pauvre enfant est bien de son pays ! »

M. BERTOLIN, *à part.*

Bravo ! joli train de vie ! Bel exemple pour
une mère de famille à venir !

MARIANNE.

Hier, après avoir quitté Mme Leleu, on m'a dit qu'il ne faisait jour chez elle qu'entre midi et une heure, tout au plus. Je n'ai pas pu...

M. BERTOLIN.

Allez, allez, ma chère fille, puisse le jour commencer toujours pour vous quand la nuit cesse ! Laissez-moi un moment, j'attends M. Girard, il faut que j'aie un entretien avec lui.

MARIANNE, *avec timidité.*

Mon père... M. Renaud ?...

M. BERTOLIN, *avec bonté.*

Eh bien, ma fille, M. Renaud ?

MARIANNE.

Mon père... Je voulais seulement savoir s'il vous avait rendu ses devoirs aujourd'hui.

M. BERTOLIN.

Oui, mon enfant, oui... (*Elle sort.*) Oh ! parbleu, mon pauvre ami Girard, j'en ai de belles à vous apprendre !

SCÈNE III

M. BERTOLIN, M. GIRARD.

M. GIRARD.

Eh bonjour, mon ami ; vous sentez-vous encore du voyage ? Comment avez-vous passé la nuit ?

M. BERTOLIN.

J'en ai employé une bonne partie à dormir, et l'autre à faire des réflexions.

M. GIRARD.

Comment, des réflexions !

M. BERTOLIN.

Eh oui, des réflexions ! Croyez-vous qu'on en perde l'habitude en changeant de climat ? Ah ça, parlons franchement, comment trouvez-vous ma Marianne?

M. GIRARD.

Mais on ne peut pas mieux ! Charmante en vérité ! La figure du monde la plus aimable et le naturel le plus doux !

M. BERTOLIN.

J'ignore si je me flatte sur son compte, mais j'ai toujours cru qu'elle n'avait pas tant mauvaise grâce pour une Hollandaise ; et pour son âme, je la crois bien placée. Mais, à vous parler confidemment, je ne crois pas qu'elle convienne à monsieur le marquis.

M. GIRARD.

Eh ! de quel marquis parlez-vous donc ?

M. BERTOLIN.

Eh ! mais on m'a dit qu'il était votre fils.

M. GIRARD.

Mon fils, marquis ! Voilà le premier mot que j'en sais.

M. BERTOLIN.

Ma foi, je n'en sais pas beaucoup plus que
vous, mais je l'ai entendu qualifier ainsi par un
honnète homme avec qui il est en courant d'affaires, un certain monsieur Raffle.

M. GIRARD.

Je ne connais pas cela.

M. BERTOLIN.

Oh, je le crois bien ! Et ce galant homme trai-
tait avec sa livrée.

M. GIRARD.

Soyez de bonne foi, mon cher Hollandais, je
gage que ce sera cette livrée qui vous aura
déplu.

M. BERTOLIN.

Mais, à dire le vrai, je ne sais pas trop pourquoi les valets de vos enfans seraient ainsi cha-
marrés, pendant que les vôtres sont tout unis.

M. GIRARD.

Monsieur Bertolin, j'ai acquis des biens seigneuriaux, une charge qui m'anoblit [1], un écus-

[1] Les grands offices de judicature conféraient la noblesse
héréditaire, mais il fallait en général avoir servi pendant
vingt ans au moins.

Après la *noblesse d'office* venait la *noblesse de cloche*,
accordée aux prévôts des marchands, maires, échevins, etc.
Cette dernière était personnelle, ne passait pas aux enfants,
sauf au premier degré parfois.

Toute charge conférant la noblesse était dite *savonnette à
vilain*. Voy. ci-dessous, p. 341.

Les bourgeois enrichis achetaient des biens seigneuriaux,

son; mon fils va commencer à faire souche : il faut qu'il paraisse.

M. BERTOLIN.

Quoi ! qu'il paraisse ce qu'il n'est point ?

M. GIRARD.

C'est ainsi qu'on le devient, mon ami.

M. BERTOLIN.

La méthode est assez bizarre ! Tenez, mon cher monsieur Girard, quoique nouvellement débarqué dans cette capitale, je sais à merveille à quoi m'en tenir sur tous ces marquisats et sur toutes ces livrées, et le public n'en est pas plus la dupe que moi. A votre tour, dites-moi avec la même franchise, croyez-vous que j'aie eu la sotte vanité d'amener ma fille de Hollande pour en faire une de ces grandes dames qui, rougissant de leurs honnêtes et modestes parens, ne s'épuisent en faste et en impertinences que pour attraper un ridicule en courant après la qualité ?

M. GIRARD.

Mon ami, si j'attachais autant d'importance que vous à toutes ces misères-là, qui sont courantes ici dans le siècle où nous sommes, elles me chagrineraient autant qu'elles vous choquent. Elles ne me plaisent pas, au fond, plus qu'à vous... Daignez m'écouter avec l'indulgence

des terres nobles et prenaient le titre qu'elles eussent conféré à un noble, mais ils n'étaient, en réalité, nullement anoblis.

que je suis souvent obligé d'avoir pour tout ce
que je vois.

M. BERTOLIN.

Excusez ma franchise, car je ne puis m'en
défaire.

M. GIRARD.

A la bonne heure! Mais, du moins, écoutez-
moi.

M. BERTOLIN.

Soit.

M. GIRARD.

Si vous saviez le tour que les hommes ont pris
ici depuis que nous commençons à grisonner
l'un et l'autre... Si vous connaissiez mon fils et
les autres jeunes gens de son âge, vous con-
viendriez que, malgré un peu de faible pour le
clinquant, que je lui passe, c'est un Caton en
comparaison.

M. BERTOLIN.

Ce défaut est le plus pitoyable de tous, mais
ce n'est point un vice. S'il n'avait que celui-là...

M. GIRARD.

On peut encore lui reprocher un peu d'étourderie, mais ne faut-il pas que jeunesse se
passe?... D'ailleurs, croyez qu'en lui donnant
une femme aimable et sensée, j'ai prévu que
c'était un moyen d'abréger le tems de la folie.

M. BERTOLIN.

C'est fort bien raisonner pour ce qui regarde

votre fils ; mais moi, je voudrais que ma fille eût un mari agréable et plein de raison.

M. GIRARD.

Eh ! cela viendra vite, mon cher !

M. BERTOLIN.

Oh ! parbleu, vous forcez ma sincérité. Vous ne savez donc pas toutes les fredaines de ce fils... Eh bien, je ne fais que d'arriver, moi ; et, sans le vouloir, j'ai appris des choses qui me font présumer que sa conversion est un peu plus difficile.

M. GIRARD.

Vous m'alarmez, mon ami.

M. BERTOLIN.

Ce n'est pas mon intention. Mais, il faut bien vous convaincre que je ne suis pas homme à rompre sur un prétexte.

M. GIRARD.

Mais enfin, qu'a-t-il donc fait?

M. BERTOLIN.

Les trois choses les plus criantes et les plus folles pour le fils d'un honnête marchand. Primo, hanter plus grand seigneur que soi. En second lieu, avoir, à leur exemple, des dettes d'honneur, une petite maison[1] et une concierge[2].

---

[1] Maison située dans un quartier peu fréquenté ou aux portes de la ville, et destinée à recevoir des maîtresses que l'on veut éviter de compromettre.

[2] Les grands seigneurs avaient des *suisses* ; les enrichis, les petits-maîtres, des *concierges* ; les bourgeois, des *portiers*.

Finalement, soutenir tout cela en faisant ce que les dissipateurs et les libertins appellent *des affaires*.

M. GIRARD.

Eh, dites-moi, s'il vous plaît, qui peut vous avoir déjà fait ces contes infâmes?

M. BERTOLIN, *apercevant La Fleur*.

Tenez, morbleu, tenez, voilà mon auteur qui arrive.

M. GIRARD.

Qui? Ce malheureux-là?.

M. BERTOLIN.

Lui-même.

SCÈNE IV

LES MÊMES, LA FLEUR.

LA FLEUR, *à part*.

Eh bien! ce diable d'homme en pourparlers avec le patron!... Qu'est-ce que cela veut dire?

M. GIRARD.

Approche, malheureux. Quel noir démon a pu te suggérer la pensée diabolique de calomnier lâchement ton maître auprès d'un ami dont nous recherchons l'alliance? Réponds.

LA FLEUR.

Moi, monsieur!

M. GIRARD.

Oui, toi.

LA FLEUR, *à part.*

Que diable veut-il donc dire ! (*Haut.*). Eh comment aurais-je pu m'y prendre ? Je ne le connais point. Que le ciel me confonde si je lui ai parlé de ma vie !

M. GIRARD.

Voilà un impudent coquin ! Quoi, tu oses nier !

LA FLEUR.

Nier ! J'en ferais serment.

M. GIRARD.

Serment, pendard !

LA FLEUR.

Oui, monsieur. Je soutiens, au contraire, envers et contre tous, que M. de Menneville est un jeune homme d'une conduite, d'un honneur, d'... d'une vertu même ! (*A part.*) Mais, que diable fait donc ici M. Raffle ?

M. GIRARD.

Tu soutiens cela ?

LA FLEUR.

Oui, monsieur, et personne n'oserait dire le contraire qu'un maudit juif qui est venu nous offrir de l'argent à une usure épouvantable, et qu'en gens sages nous avons rembarré. (*A part.*) Mais ce Raffle maudit, que fait-il là, encore un coup ?

M. GIRARD.

Que veux-tu dire avec ton juif ? Laisse là tes

feintes ! Dis, qui t'a pu inspirer de dire à M. Bertolin...?

LA FLEUR.

A M. Bertolin !

M. GIRARD.

Oui, misérable !

LA FLEUR.

M. Bertolin est un homme que je respecte. Moi, lui en imposer ainsi... Ah ! monsieur, la conduite de M. votre fils... il faudrait avoir la langue d'un serpent pour y mordre. (*A part.*) Je veux être pendu, si j'entends rien à tout ceci.

M. GIRARD, *à M. Bertolin.*

Eh bien, vous entendez...

M. BERTOLIN.

Oui, qu'on vous trompe.

LA FLEUR, *à part.*

Il parle bas à Raffle... Oh, ce sera ce friponlà...

M. GIRARD.

Quoi ! monsieur La Fleur, vous avez donc l'effronterie de soutenir que vous n'avez pas parlé à M. Bertolin !

LA FLEUR.

Eh ! je ne l'ai jamais vu !

M. GIRARD, *à M. Bertolin.*

Jamais vu !

M. BERTOLIN.

Cela n'empêche pas qu'il ne m'ait parlé.

M. GIRARD.

Je n'y comprends rien.

LA FLEUR.

Jamais je ne lui ai proféré une syllabe.

M. GIRARD, *à M. Bertolin.*

Entendez-vous?

M. BERTOLIN.

Oui, fort distinctement...

M. GIRARD.

Et tu lui dis cela en face !

LA FLEUR.

En face !... mais... (*A part.*) Je ne vois personne ici que cet arabe de Raffle !

M. BERTOLIN *éclate de rire.*

Ah ! ah ! ah !

M. GIRARD.

Que veut donc dire tout ceci, mon ami ?

LA FLEUR, *à part.*

Son ami !

M. GIRARD.

Eclaircissez moi... car je m'y perds.

M. BERTOLIN.

C'est, en deux mots, que ce misérable m'a pris ce matin pour M. Raffle, et qu'il m'a fait des confidences qu'il voudrait bien certainement n'avoir point lâchées.

LA FLEUR, *à part*.

Ouf !

M. GIRARD.

Je demeure anéanti.

LA FLEUR, *à part*.

Et moi, je ne vaux guère mieux.

M. BERTOLIN.

Remettez-vous, mon ami, et approfondissons ceci.

M. GIRARD.

Ah ! monsieur La Fleur, vous êtes donc l'agent secret et le coopérateur du désordre caché de mon fils ?

LA FLEUR.

Monsieur !...

M. GIRARD.

Parlez, qu'est-ce que tout ceci signifie ?

LA FLEUR.

Monsieur, tantôt j'ai... (*A part.*) Oh ! qui diable ne se serait mépris à la mine de cet homme-là ? (*Haut.*) J'ai, Monsieur...

M. GIRARD.

Eh bien, scélérat !... tu as...

LA FLEUR.

Fait un malheureux quiproquo... Mais, monsieur, la vérité est que M. votre fils...

M. GIRARD.

Mon fils...

LA FLEUR.

Votre fils... a eu... une affaire d'honneur...
Mon zèle avait imaginé..., pour ne pas affliger un
père sensible et tendre, de... donner un tour à
cela.

M. BERTOLIN.

Quel galimatias! quel amphigouri!

LA FLEUR, *bas à M. Girard.*

Si monsieur voulait permettre que j'eusse
l'honneur de lui dire un mot entre quatre yeux.

M. GIRARD.

Tu peux parler haut... (*A part.*) Je meurs
d'inquiétude.

M. BERTOLIN, *à part.*

Parbleu! voilà un impudent drôle qui, je
crois, connaît bien son homme. Voyons comment il se tirera de là.

LA FLEUR.

Il m'était enjoint de garder un profond silence
sur ce malheur. Mais puisque vous me l'ordon-
nez, monsieur..., c'est malgré moi que je vais
vous affliger, le ciel m'en est témoin.

M. GIRARD.

Eh! dépêche-toi, malheureux, dépêche-toi.

LA FLEUR.

C'est un accident fâcheux... Mais quel homme
d'honneur est à l'abri de ces choses-là?...
M. votre fils voulait vous en dérober la con-

naissance, mais vous me forcez de trahir son
secret.

M. BERTOLIN.

A quoi bon tous ces préambules ?...

LA FLEUR.

Eh ! monsieur, donnez moi le tems de prépa-
rer le cœur de M. Girard... Ce cœur paternel...

M. GIRARD.

Eh ! bourreau, tu le déchires par tes circonlo-
cutions.

LA FLEUR, *à voix basse.*

Je vous dirai donc, monsieur, que hier au soir
M. votre fils était à l'Opéra. De fil en aiguille,
un jeune seigneur lui lâcha quelques propos
assez déplacés ; il riposta. On se parle à
l'oreille, on sort, on dégaine, et en trois passes,
voilà mon petit seigneur sur le carreau.

M. GIRARD.

Ah ! je respire. Et n'est-il point blessé ?

LA FLEUR.

Non, monsieur..., mais l'affaire pouvait avoir
des suites fâcheuses, la famille de son adversaire est puissante.

M. BERTOLIN.

Bon ! nouvelle perfection ! la manie de ferrailler...

LA FLEUR.

Comment, monsieur, ferrailler ! Un jeune

homme plein d'honneur et de courage, qu'on outrage, qu'on traite de petit bourgeois! .

M. BERTOLIN.

Voilà-t-il pas de quoi égorger un homme! Et qu'avait-il à faire avec ces gens-là? Tenez, mon ami, je parierais que ce faquin vous fait une histoire... D'ailleurs, quel rapport peut-il y avoir entre ce combat vrai ou faux, et les choses qu'il m'a dites?

LA FLEUR, *à part.*

Ah! maudit Hollandais!...

M. GIRARD.

Ah ça, dites-moi la vérité... Pourquoi me faire un conte affligeant et aussi étranger à ceux de la petite maison, de la concierge, et à l'emprunt des usuriers?

LA FLEUR.

Ah! monsieur, rien n'est plus aisé à comprendre... (*D'un ton très pathétique.*) Quand M. votre fils a vu son adversaire tombé, son cœur a saigné bien plus que la blessure que qu'il venait de faire. Mon père, s'est-il écrié, mon cher père, il faudra que je m'éloigne de vous!...

M. GIRARD, *fort attendri.*

Le malheureux enfant!

M. BERTOLIN.

La narration de ce maraud commence à m'ébranler.

LA FLEUR, *continuant sur le même ton.*

Cours, mon cher La Fleur, cours ; mais surtout cache soigneusement ce désastre à l'auteur
de mes jours; trouve-moi de l'argent... Car je
ne puis rester à Paris... Heureuse, mille fois
heureuse cette bonne ville, où il y a de si bons
pères... Malheureux les enfans... qui... Ici,
monsieur, la douleur lui a coupé la parole. Je
l'ai vu si désolé, son désespoir m'a tellement
épouvanté... que je m'en allais, venais, courais,
comme un homme qui a perdu l'esprit...
lorsque... lorsqu'un de mes amis, à qui j'ai com-
muniqué mon embarras, m'a promis la visite et
l'assistance de M. Raffle à la pointe du jour.

M. BERTOLIN.

Je ne conçois pas comment ce maraud-là nous
fera passer par-dessus la petite maison et la concierge.

LA FLEUR.

A peine rentré, le hasard m'a fait rencontrer
monsieur, je l'ai pris pour M. Raffle. Que
voulez-vous, monsieur? Il m'a pressé, poussé.
Pour mettre des bornes à sa curiosité, et toucher
bien vite l'argent dont nous avions besoin, j'ai
mieux aimé que mon maître passât à ses yeux
pour un libertin, que de lui confesser la raison
qui nous avait fait recourir à lui.

M. GIRARD.

Et voilà tout?

LA FLEUR.

Oh oui, tout... en conscience.

M. GIRARD.

Dis-moi, mon pauvre La Fleur... ton maître?

LA FLEUR.

Mon maître... il dort, monsieur.

M. GIRARD.

Il dort?

LA FLEUR.

Oui, monsieur.

M. GIRARD.

Y penses-tu?

LA FLEUR.

Monsieur, les choses, grâce au ciel, ont pris un tour favorable. Nous avions laissé un espion sur le champ de bataille; il y a deux heures environ qu'il est venu calmer nos alarmes : la blessure n'est point mortelle.

M. BERTOLIN.

En ce cas, ce n'est que demi-mal.

LA FLEUR, *avec importance.*

C'était un furieux combat, monsieur. Nous avions affaire au plus grand escrimeur de Paris, aussi votre gendre futur s'y est comporté avec le sang-froid d'un César.

M. GIRARD.

Je vous l'avais bien dit, mon ami. Mon fils a les défauts de l'âge où il est, chaleur de sang, ardeur de jeunesse, un peu de vanité, même de l'étourderie : mais ses mœurs et son cœur...

LA FLEUR.

Ah! monsieur, le jour n'est pas plus pur.

M. GIRARD.

Allons, puisque les choses se sont passées aussi heureusement, je prétendrai cause d'ignorance, pour que mon fils n'ait point de reproches à te faire.

LA FLEUR.

Monsieur... (*A part.*) Le bonhomme mord à la grappe, et l'autre reste confondu!

M. GIRARD.

Va, laisse-le reposer. Instruis-moi cependant de tout ce qui pourrait se passer relativement à cette malheureuse affaire... Vous, mon ami, après cette explication, j'espère que vous êtes satisfait. Allons achever notre entretien dans mon cabinet.

M. BERTOLIN.

Je suis à vous. (*A part.*) Tout ce que j'entends me confond encore plus que tout ce que je vois.

SCÈNE V

LA FLEUR, *seul.*

Ouf... me voilà tiré d'un pas fâcheux! Moyennant un petit seigneur que mon imagination féconde tue et ressuscite en un instant, voilà la plus lourde sottise assez habilement réparée! Où diable avais-je donc mis mes yeux et mon esprit ce matin!... Mais on ouvre par là... C'est mon cher petit César.

SCÈNE VI

MENNEVILLE,. *en frac*, LA FLEUR.

MENNEVILLE.

La Fleur?

LA FLEUR.

Monsieur!

MENNEVILLE, *furieux.*

Comment, coquin! Tu ne m'as pas encore annoncé ce scélérat, ce juif, cet arabe!

LA FLEUR, *avec dissimulation et timidité.*

C'est... c'est qu'il n'est pas venu, monsieur.

MENNEVILLE.

Il n'est pas venu, pendard! Parbleu! un honnête homme a bien de la peine à se ruiner avec ces malheureux-là!

LA FLEUR.

Oh! monsieur, ils sont si employés aujourd'hui!

MENNEVILLE.

Il est vrai qu'on est forcé d'avoir recours à eux.

LA FLEUR.

Monsieur?

MENNEVILLE.

Eh, bien!

LA FLEUR.

La fortune vous fournit aujourd'hui une ressource bien plus honorable. Votre future...

MENNEVILLE.

Ma future?

LA FLEUR.

(*A part*). Oh! le libertin, il pâlit... (*Haut.*) Oui,
monsieur, elle est arrivée d'hier au soir.

MENNEVILLE.

Oui... Je l'avais oublié, mon père me marie.-

LA FLEUR.

Vous recevez cela assez froidement.

MENNEVILLE.

Que veux-tu? Je m'accommodais assez bien de
mon célibat.

LA FLEUR.

Oui, oui, cela n'allait pas mal.

MENNEVILLE.

Je ne sais. Le lien conjugal doit être bien
doré.

LA FLEUR.

Aussi dit-on, monsieur, qu'il y a des écus.

MENNEVILLE.

A la bonne heure!

LA FLEUR.

D'ailleurs, la prétendue est ma foi très aimable.

MENNEVILLE.

Elles le sont quelquefois la veille, mais jamais
le lendemain.

LA FLEUR.

D'accord, monsieur, mais la dot!

MENNEVILLE.

Cela est plus certain... As-tu fait mettre l'anglais à mon cabriolet?

LA FLEUR, *surpris*.

A votre cabriolet!

MENNEVILLE.

Et à quoi donc, butor?

LA FLEUR.

Il gronde! Avant-coureur du mariage...(*Haut.*) Monsieur sort ce matin?

MENNEVILLE.

Oui, monsieur La Fleur, je sors... Et qu'y a-t-il à cela?...

LA FLEUR.

Ah, monsieur! C'est témoigner bien peu d'empressement à monsieur votre beau-père, arrivé d'hier au soir..., à une jolie femme...

MENNEVILLE.

Je crois que ce drôle-là veut m'apprendre à vivre!

LA FLEUR.

Ah! monsieur!

MENNEVILLE.

Le vicomte est-il venu?

LA FLEUR.

Non, monsieur.

MENNEVILLE.

Il n'est pas de parole; il m'avait assuré en sortant du jeu qu'il viendrait...

LA FLEUR.

Vous payer?

MENNEVILLE.

Sans doute.

LA FLEUR.

Oh! il aura eu des empêchemens... Je gage que ce gros Allemand, qui joue si bien au piquet et gagne toujours sur les grosses parties, sera plus exact... Oh parbleu, le voici; je né me trompe pas.

SCÈNE VII

LES MÊMES, LE BARON DE TRICHEMBACK.

LE BARON.

Eh pon jour, mon cher marquis, che suis pien fâché... Fous avez choué hier d'un grand guignon. Cinq cents louis!... Mais c'est pagatelle pour vous.

MENNEVILLE.

Monsieur le baron, la fortune est journalière, je me rattraperai.

LE BARON.

Ratrabé... oui, oui, che suis peau joueur. A ce soir revanche... oui ratrabé! ah, ah, ah!

LA FLEUR, *à part*.

Il veut dire attrapé une seconde fois.

MENNEVILLE.

Nous verrons, j'ai bien des affaires aujourd'hui.

LE BARON.

Cinq cents louis, et che m'en fuis.

MENNEVILLE.

Vous êtes pressé, monsieur le baron. Je suis malheureusement sans fonds, et très occupé pour la journée.

LE BARON.

Occubé, oh! quelque betite amour, che gage.

MENNEVILLE.

Je ne sais si l'amour en sera, mais je me marie.

LE BARON.

Betite mariache glandestin, sans doute!

MENNEVILLE.

Non, très sérieux.

LE BARON.

Oh! C'être donc pour peaucoup d'argent?

MENNEVILLE.

Oui, beaucoup.

LE BARON, *faisant des révérences*.

Ah, ché me recommande, monsieur le marquis, ché me recommande. (*Au vicomte qui entre.*) Oh! parpleu, cholie nouvelle, monsieur le vicomte, ah, ah, ah, ah! monsieur le marquis, ste soir... (*Il rit*). Ah, ah, ah!

SCÈNE VIII

LES MÊMES, LE VICOMTE.

LE VICOMTE.

Eh qu'y a-t-il donc, mon pauvre baron?

LE BARON.

Il prend une femme ste aujourd'hui... (*riant*), ah, ah, ah!

LE VICOMTE.

Eh bien! il la quittera demain.

LE BARON.

Non, non, pas comme ça. Une femme en ma-riache pour touchours.

LE VICOMTE.

Quoi, mon pauvre ami, tu t'enterres déjà?

MENNEVILLE.

Tout cela s'est arrangé sans que je m'en sois mêlé.

LE VICOMTE.

Mais ce sont là des singularités qui ne sont pas de ton siècle. Au contraire, mon ami, c'est avant la cérémonie qu'il faut s'en mêler; et quelques jours après l'union, laisser faire les autres.

LE BARON.

La mode de France être pien commode, ma foi!

LE VICOMTE.

Et la future est une enfant sans doute?

MENNEVILLE.

Je ne l'ai point vue. Tout ce que j'en sais,
c'est que le père est un bonhomme qui depuis
quarante ans a léziné en Hollande pour se
défaire avantageusement de cette enfant à Paris.

LE VICOMTE.

Oh parbleu, quand la pilule est si bien dorée,
on peut l'avaler!

LE BARON.

Avec de l'or peaucoup, une femme être touchours assez cholie.

LE VICOMTE.

Et assurément, mon cher ami, nous te perdons
pour une quinzaine?

LE BARON, *à part.*

Un quinzaine! (*Bas au marquis.*) Si monsieur
le marquis foulait me compter mon archent?

LE VICOMTE, *qui l'a entendu.*

Ah! baron de Trichemback, vous venez ici
pour demander de l'argent à notre ami!

LE BARON.

Oui, un petit paquatel que ché lui ai quagné.

MENNEVILLE.

Ma foi, monsieur le baron, je n'ai pas le quart
de votre somme; mais dans la journée, je suis à
vous.

LE VICOMTE, *bas à Menneville.*

Pourrais-tu me prêter ton reste? Il faudrait...
(*Il lui parle bas.*)

MENNEVILLE, *lui donnant sa bourse.*

Tiens, prends, cela est juste !

LA FLEUR, *bas à Menneville.*

Mais songez-vous, monsieur...

MENNEVILLE.

Tais-toi. (*Il est pensif.*)

LA FLEUR, *à part.*

Le joli ménage[1], prêter plutôt que de payer !

LE BARON, *bas au vicomte.*

Le marquis fous prête, et il ne me paye point.

LE VICOMTE, *bas au baron.*

Tais-toi, baron, tu sais que je te dois, c'est pour toi que je travaille. Je paye quand je peux, moi, et le marquis quand il veut.

LE BARON, *de même.*

Oh, ché comprends, mais...

LE VICOMTE, *haut à Menneville.*

Eh bien, comme te voilà rêveur, mon pauvre Menneville ! Tu as déjà l'air grave d'un père de famille. Ah çà, quand tout ce tracas-là sera passé, fais-nous avertir.

MENNEVILLE.

Vous en serez instruit.

---

[1] Ce mot est pris ici dans un sens aujourd'hui peu usité, désignant la manière économique de tenir une maison. De là sont venues les expressions *ménager, bon ménager,* appliquées à celui qui conduit bien un ménage, parfois même à un avare.

LE VICOMTE.

J'y compte au moins... Tu auras sans doute ton hôtel, tu nous feras une société supportable; car pour ta triste famille, ton père éternel et ton empesé beau-frère... tout cela est à périr. Il faut au moins pouvoir s'amuser quelquefois chez soi.

MENNEVILLE.

Vous avez raison.

LE VICOMTE.

Sans préjudice aux plaisirs du dehors.

LE BARON

Oui, oui, trois fois la semaine un petit bouillote pour passer le tems.

LA FLEUR, *à part.*

Voyez les honnêtes gens, l'un se charge du tripot, et l'autre du ... Oh! cela fera une bonne maison!

LE VICOMTE.

Adieu, mon pauvre marquis, marie-toi bien vite pour n'y plus penser, et puis rends-toi à tes amis.

LE BARON.

Eh pien, dans la chournée, monsieur le marquis?

MENNEVILLE, *avec impatience.*

Eh oui, monsieur, eh oui!

SCÈNE IX

MENNEVILLE, LA FLEUR.

MENNEVILLE.

Maudit Allemand! il est bien pressé!

LA FLEUR.

Oh! ces Allemands de Paris, monsieur, sont pis
que les Gascons.

MENNEVILLE.

Voilà ce que c'est. Ton maudit Raffle, que Dieu
confonde...!

LA FLEUR.

Il a tort, monsieur, c'est bien mal fait à lui,
mais un juif ne sait pas ce que c'est qu'une dette
d'honneur.

MENNEVILLE, *en colère*.

Ce faquin-là a toujours quelques mauvaises
plaisanteries à lâcher. C'est ton affaire, maraud,
si à mon retour je ne trouve point ici mon argent
compté, je te fais rouer de coups. Tu sais à quoi
tu m'exposes.

SCÈNE X

LA FLEUR, *seul*.

Cet orage m'a bien l'air de se résoudre en coups
de bâton, et de tomber sur mes épaules. Ouf! le
maudit Hollandais ! C'est pourtant sa casaque

brune, sa cravate et son grand chapeau qui m'exposent à tout cela. Trois usuriers porteurs de sentences à satisfaire, un joueur à désaltérer, et puis le courant ! Il faut bien de l'argent comptant pour tout cela ! Allons, monsieur de La Fleur, évertuez-vous... C'est dans les grands embarras que se distinguent les intelligences supérieures. Mais quel fracas ! Qu'est-ce donc que ceci ?

SCÈNE XI

LE BARON, RENAUD, LA FLEUR.

(*Renaud tient le baron au collet et le force d'entrer, à l'aide de deux valets de M. Girard*).

RENAUD.

Bon, mes amis, laissez-le ici, je vous réponds qu'il ne m'échappera pas. Gardez seulement la porte avec soin.

LE BARON, *se débattant.*

Parpleu, monsir, qu'est-ce que fous foulez de moi ? Moi point Wurts, moi le paron de Trichemback.

LA FLEUR, *à part.*

Qu'est-ce donc que ceci veut dire ? L'homme d'affaires de notre beau-père insulte monsieur le baron.

RENAUD.

Ah, baron de Trichemback ! Il y a longtems

que je me promettais le plaisir de vous rencontrer!

LE BARON.

Mais dites-moi, monsir de La Fleur, savez-fous si ste misérable n'est pas fou?

RENAUD.

Du moins l'on saura tout à l'heure que vous êtes un fripon, monsieur le baron, avec votre prétendu baragouin.

LE BARON.

Un fripon! un fripon! à moi fripon! au paron de Trichemback! Oh ché feu sortir d'ici pour ne pas couper les oreilles à cet imbertinent.

RENAUD, *le retenant.*

Doucement, doucement, baron de Trichemback!

LE BARON.

Safez-fous à qui fous barlez?

RENAUD.

Patience! patience! M. Bertolin va vous le faire dire par un commissaire.

LE BARON.

Monsir Pertolin! un commissaire à moi! à un paron de Westphalie!

RENAUD.

Ah! de la Westphalie!

LA FLEUR.

Que diable est-ce donc que tout cela?

SCÈNE XII

LES MÊMES, M. BERTOLIN.

M. BERTOLIN.

Qu'est-ce donc que tout ce bruit-là?

RENAUD.

Venez, venez, monsieur, je tiens notre homme!

M. BERTOLIN.

Que vois-je! ce scélérat de Wurst, qui a volé
ma caisse il y a deux ans.

LA FLEUR.

Oh! oh! voici bien du nouveau. Ah! baron de
Trichemback, vous aviez volé le beau-père avant
d'escroquer le gendre. Oui, oui, messieurs, c'est
un fripon, je m'en suis bien douté, il gagne toujours quand on double les paris.

LE BARON, *tombant aux genoux de M. Bertolin,*
et parlant bon français.

Eh bien, monsieur, vous êtes le maître de mon
sort, c'est-à-dire de me pardonner ou de me
faire pendre.

M. BERTOLIN.

Ah coquin! qu'as-tu fait de mon argent?

LE BARON.

Votre... votre argent, monsieur!

M. BERTOLIN.

Oui, scélérat, vingt mille florins que tu m'as
volés!

LA FLEUR, *à part.*

Diable! Voilà qui valait bien une baronnie de la Westphalie!

LE BARON.

Monsieur....

M. BERTOLIN.

Parle; qu'en as-tu fait?

LE BARON.

Monsieur....

LA FLEUR.

Sans avoir eu l'avantage d'être dans la confidence de M. le baron, je crois que je vous en dirais bien quelque chose.

M. BERTOLIN.

Eh bien?

LA FLEUR.

Un petit commerce très lucratif pour ceux qui savent mêler l'industrie au bonheur. Monsieur le baron joue et fait jouer ses amis.

M. BERTOLIN.

Ah! il joue....

LE BARON, *à genoûx.*

Monsieur, ayez pitié...

M. BERTOLIN.

Va, scélérat, va chercher ton triste sort loin de mes yeux.

(*Le baron se lève, hésite et s'enfuit.*)

SCÈNE XIII

LES MÊMES, *excepté le baron*.

M. BERTOLIN, *à la Fleur*.

Ce sont donc là les gens de qualité envers qui ton maitre contracte des dettes d'honneur?

LA FLEUR.

Ah! Monsieur... à son âge on peut être surpris.

M. BERTOLIN.

Oui, mais au mien cela ne serait pas pardonnable. Adieu, monsieur de La Fleur.

(*Bertolin sort, suivi de Renaud.*)

LA FLEUR.

Ce maudit vieillard-là est bien vert! Je crois que nous avons fait un trou à la tonne d'or : elle fuit, mon cher patron, elle fuit. Au reste, à quelque chose malheur est bon. Le sieur Wurst ne viendra point nous demander l'argent du baron de Trichembback, et en voilà un d'expédié sans débourser. Allons cependant tâcher de prévenir le tendre papa contre les impressions que pourrait faire cette nouvelle découverte.

FIN DU SECOND ACTE.

ACTE III

SCÈNE PREMIÈRE

MARIANNE, ROSETTE.

ROSETTE.

Bon Dieu, que vous êtes impatiente, mademoiselle. Donnez-moi le temps d'arranger ces
nattes, et de faire bouffer un peu votre physionomie.

MARIANNE.

Ah ciel, cela ne finirait pas d'aujourd'hui. Vous
m'avez déjà martyrisée pendant deux grandes
heures.

ROSETTE.

Deux grandes heures? Mais c'est peu de chose!

MARIANNE.

D'ailleurs je ne veux pas avoir la physionomie
bouffie.

ROSETTE, *à part.*

Quelle simplicité! (*Haut.*) Mademoiselle, c'est
un terme de l'art.

MARIANNE.

De l'art! oh, je ne l'aime point.

ROSETTE.

Vous ne l'aimez point, mademoiselle ? L'art fait pourtant ici des miracles ! Les moins recherchées ne font pas même scrupule d'en mettre depuis le sommet du panache jusqu'en bas du menton, et l'emprunt d'un visage est chose si commune que peu de femmes peuvent se vanter d'en avoir un à elles. Allons, allons, mademoiselle, souffrez que j'ajoute encore quelques boucles.

MARIANNE.

Non, non, je suis contente de celles que je tiens de la nature.

ROSETTE.

On a senti à Paris qu'il fallait corriger son ouvrage. Si les belles n'y trouvent pas leur compte, cette méthode, du moins, sert aux laides à franchir bien des comparaisons.

MARIANNE.

Savez-vous que vous êtes insupportable ? Je voudrais bien que Mme Leleu...

ROSETTE.

Mme Leleu !... Elle s'est réservé le soin de couronner mon ouvrage, elle doit placer sur votre tête la partie la plus essentielle de votre coiffure.

MARIANNE.

Y a-t-il encore quelque chose à y ajouter ? J'en ai déjà un pied !

ROSETTE.

Le panache, mademoiselle, le panache ! les plumes en sont longues et badines.

SCÈNE II

MADAME LELEU *en peignoir,* LES MÊMES.

MADAME LELEU.

Bonjour, ma belle enfant! Embrassez-moi... Ah, bon Dieu; que vois-je? Quelle maussaderie! Rosette, est-ce à coiffer ainsi mademoiselle que vous avez passé la matinée?

ROSETTE.

Madame, ce n'est pas ma faute si...

MADAME LELEU.

Il y a des jours où vous êtes d'une maladresse!...

ROSETTE.

Madame...

MARIANNE.

Je vous supplie, madame, de vouloir n'accuser que moi. Mlle Rosette se disposait à faire un chef-d'œuvre sur ma tête, mais la patience m'est échappée.

ROSETTE.

Il fallait voir mademoiselle gémir, bâiller, se tourner, se retourner, se plaindre. Mort de ma vie, est-ce là une femme? Je n'en ai jamais vu comme celle-là !

MADAME LELEU.

Vous êtes donc bien impatiente, ma belle cousine ?

MARIANNE.

A la toilette, beaucoup, madame, mais à l'occupation, jamais.

MADAME LELEU, *à part.*

Oh ciel ! qu'elle est gauche !... (*Haut.*) Vous aimez donc bien l'occupation?

MARIANNE.

Beaucoup, Madame.

MADAME LELEU.

Mais la plus essentielle pour une jeune personne, c'est celle de plaire. Voilà notre destination et notre élément, tous les instans que nous consacrons à nous embellir sont sans contredit les mieux employés.

MARIANNE.

J'ai toujours entendu dire à ma chère maman...

MADAME LELEU, *à part.*

A sa chère maman ! quelle pauvreté !

MARIANNE.

Que les vertus domestiques d'une femme sensible, attentive et vigilante avaient un charme plus durable et plus sûr que le vain éclat d'une beauté passagère, et que...

MADAME LELEU, *bas à Rosette.*

Oh, la petite bégueule ! Comme cela moralise ! C'est bien dommage, il y aurait de quoi en faire

une jolie femme. (*Haut.*) Eh bien, apprenez de
moi, mademoiselle, que si à Paris vous voulez
subjuguer un mari, car c'est le terme, il faudra
employer la toilette bien plus que la morale.

ROSETTE.

Suivez les conseils de madame, c'est une femme
qui sait s'y prendre.

MADAME LELEU.

Allez, Rosette, allez, cherchez-moi ces plumes... (*Rosette sort.*) Le plaisir d'être belle dé-
dommage bien du petit effort de sacrifier quelques heures vis-à-vis d'une glace, surtout quand
elle n'a que des choses agréables à nous dire.

ROSETTE, *revenue.*

Je vous réponds que vous allez faire pâlir toutes celles qui vous verront. Voici une mode nouvelle dont vous et madame avez l'étrenne.

MADAME LELEU.

Autrefois les belles se couronnaient de fleurs,
aujourd'hui elles se parent de plumes. Chaque
siècle a son symbole : nos aïeules étaient simples,
et l'on veut que nous soyons légères.

MARIANNE.

Quoi! madame, les maris veulent cela !

MADAME LELEU, *riant.*

Ah, ah, ah, les maris! Rosette !

ROSETTE, *de même.*

Ah, ah, ah! C'est ma foi bien ces messieurs là
que l'on consulte !

MADAME LELEU, *après avoir considéré le panache.*

Voilà qui vous siéra à ravir. Comment le trouvez-vous?

MARIANNE.

Ah mon Dieu, madame, cela est plus grand
que moi, je ne pourrai plus passer aux portes[1].

ROSETTE.

Bon, ce n'est rien que cela, vous ne serez encore empanachée qu'en femme de robe. Si vous
voyiez les plumes qu'on montait pour la fille d'un
financier qui demain doit se lever duchesse!

MADAME LELEU, *poussant un soupir.*

Ah! c'est là mon tourment!

MARIANNE.

Vous gémissez, madame?

MADAME LELEU.

Eh oui, ma chère Marianne, vous serez plus heureuse que moi, vous épouserez un homme d'épée.

ROSETTE.

Et vous éléverez vos plumes... Ah dame, sans
que personne ait le mot à dire.

SCÈNE III

LES MÊMES, UN LAQUAIS.

UN LAQUAIS.

M. l'abbé, madame, M. le marquis et M. le

---

[1] Sur la fureur des plumes et des panaches qui sévissait
alors, voy. *Les magasins de nouveautés*, t. III, p. 251 et
suiv. Voy. aussi ci-dessous p. 333.

conseiller viennent de monter dans votre appartement.

MADAME LELEU.

J'y vais. Venez, suivez-moi, ma chère Marianne, mon exemple va vous instruire. Quand vous serez ma belle-sœur, vous pourrez à votre tour jouir de cet instant de la toilette, le plus intéressant de la journée pour une femme d'une certaine façon. Mais j'aperçois le... comment donc appelez-vous cela ?

MARIANNE.

C'est le commis de mon père.

ROSETTE, à part.

Voyez la pauvre femme ! Elle a été allaitée à un comptoir, et elle ne sait plus ce que c'est qu'un commis !

MARIANNE.

Il paraît avoir à me parler.

MADAME LELEU.

Expédiez-le donc, je vous attends. (<i>Elle sort.</i>)

SCÈNE IV

MARIANNE, RENAUD.

RENAUD.

Mademoiselle.

MARIANNE.

Ah ! vous voilà, monsieur Renaud, il est bien tard !

RENAUD.

Les affaires de M. Bertolin... Vous le savez
bien, rien au monde que mon zèle pour lui ne
pourrait m'empêcher de venir prendre vos
ordres.

MARIANNE.

C'est bien fait, monsieur Renaud; tout ce
que vous faites pour mon père, mon cœur vous
en sait gré. Ah ça, comment me trouvez-vous?

RENAUD.

Il serait bien impossible à la parure de rien
ajouter à vos agrémens; vous l'embellissez, au
contraire.

MARIANNE.

Non, non, parlez franchement, ce n'est pas là
ce que je vous demande; parlez sans détour,
comment suis-je?

RENAUD.

Toujours la même. Mais...

MARIANNE.

Je vous entends, vous avez bien raison. Que
je vous en voudrais, si vous ne trouviez pas tout
cet attirail bien ridicule!... Enfin, cette Mme Leleu l'a voulu. J'espère bien que mon père ne
sera pas de son goût, alors je profiterai bien vite
du prétexte de l'obéissance.

RENAUD.

Quelle aimable ingénuité!...(*A part.*) Heureux
le mortel!... mais on vient.

MARIANNE, *avec la plus grande douceur.*

Adieu, monsieur Renaud.

RENAUD.

Est-il au pouvoir de l'art d'ajouter quelque chose à tous les charmes que la nature lui a prodigués !

SCÈNE V

RENAUD, LA FLEUR.

LA FLEUR, *sans voir Renaud.*

Comment faire ?... Par où sortir d'embarras ? Dans deux heures payer... ou bien... J'ai perdu mes pas auprès du véritable M. Raffle, point d'affaires ! il a les coups de bâton sur le cœur... Les eût-il sur le dos !... Ah chienne de méprise ! Oh, oh ! voici le factotum du beau-père. (*Lui faisant des révérences jusqu'à terre.*) Monsieur... j'ai l'honneur... Permettez-vous... Monsieur, je suis bien votre serviteur.

RENAUD, *sèchement.*

Monsieur, je suis le vôtre.

LA FLEUR, *à part.*

Si j'amadouais ce personnage, je pourrais peut-être accrocher par son moyen quelque acompte sur la dot !

RENAUD, *à part.*

Cet homme-là m'a bien la mine de ruminer quelque ruse !

LA FLEUR.

Vous me voyez pensif ou rêveur, monsieur. Croiriez-vous que je m'occupais de votre félicité, et que je vous l'envie ?

RENAUD.

Eh ! en quoi, s'il vous plaît, mon sort vous paraît-il si désirable ?

LA FLEUR.

Ah ! monsieur ! Comment ! L'honneur et le plaisir d'être attaché à M. Bertolin, au plus digne, au plus respectable des hommes ! Mais, en revanche aussi, quelle satisfaction pour lui d'avoir en vous un conseil sage, un ami sûr et solide, un second lui-même.

RENAUD, *à part.*

Voilà un début bien laudatif !

LA FLEUR.

Il est vrai, monsieur, que je ne suis qu'un valet ! Mais sous cet habit, j'ai une âme...

RENAUD.

L'homme et l'habit n'ont rien de commun.

LA FLEUR.

Ah ! que c'est bien dit, monsieur ! Aussi mon maître me disait ce matin : « Ah, La Fleur ! M. Bertolin doit amener avec lui un certain M. Renaud. Ce jeune homme ! ah ! c'est bien la perle des hommes ! »

RENAUD.

Je suis obligé à votre maître de sa bonne opinion

LA FLEUR.

Ah, monsieur ! mon maître est un jeune homme d'un coup d'œil, d'un discernement !... Toutes les belles qualités du monde. Mais entre nous soit dit, il me donne quelquefois bien du chagrin.

RENAUD, *à part.*

Apparemment qu'il le bat et ne le paye point. (*Haut.*) Comment, du chagrin ! Est-il serré, chiche ?

LA FLEUR.

Eh non, monsieur, il est au contraire généreux comme un prince, avec sagesse toutefois. D'ailleurs, je vous dirai que l'intérêt n'est pas ma passion dominante.

RENAUD.

Il vous maltraite donc ?...

LA FLEUR.

Jamais, monsieur, jamais. C'est la bonté, la patience, la douceur même.

RENAUD.

Mais je ne devine pas ce qui peut tant vous chagriner.

LA FLEUR.

Ah ! monsieur Renaud, ce garçon-là me fait saigner le cœur !

RENAUD.

C'est le propre d'un bon serviteur de prendre à cœur les affaires de son maître.

LA FLEUR.

Ah ! oui, les affaires, c'est bien dit... Monsieur, je compte sur votre discrétion au moins.

RENAUD, *étonné.*

Vous pouvez parler.

LA FLEUR.

Mon maître si leste, si pimpant, si magnifique,
si libéral pour ses gens... a un défaut : il... il. .
il aime l'argent.

RENAUD.

L'argent !

LA FLEUR.

Oui, monsieur, l'argent.

RENAUD.

Pour le dépenser, sans doute.

LA FLEUR.

Non pas, diable ! non pas... vous vous trompez, monsieur. La manie des affaires descend
assurément de génération en génération. Non
content des biens considérables que l'honnête
industrie de ses peres lui a laissés, il faut qu'il
tracasse, qu'il agisse...

RENAUD.

Mais il n'y a rien d'affligeant à cela.

LA FLEUR.

A la bonne heure, monsieur, à la bonne
heure ! Mais tout va si mal dans ce temps-ci, les
hommes sont de si mauvaise foi dans le siècle où
nous vivons ! Croiriez-vous, monsieur, que nous

venons d'essuyer coup sur coup deux banqueroutes effroyables ? (*A part.*) Il faut bien parler à
ces gens-là une langue qu'ils entendent.

RENAUD, *avec ironie.*

Comment ! Mais vraiment la chose est triste
et remarquable : deux banqueroutes et une
affaire d'honneur le même jour !

LA FLEUR.

Eh oui, ce sont des circonstances bien remar-
quables !

RENAUD.

On ne peut pas plus cruelles.

LA FLEUR.

Si quelque honnête homme avait la charité de
nous obliger dans un moment aussi critique, oh !
nous sommes gens à bien faire les choses.

RENAUD, *à part.*

Je crois qu'il cherche à me tenter.

LA FLEUR, *à part.*

Bon ! il réfléchit... il y vient... poussons...
(*Haut.*) Vous disposez assez de l'esprit du bon
M. Bertolin. Vous...

RENAUD.

Oui, j'ai lieu de me flatter d'avoir un peu de
crédit sur lui.

LA FLEUR.

Vous allez pour lui ? vous venez ? vous...

RENAUD.

Je fais ses affaires.

LA FLEUR.

Et vous?... et...

RENAUD.

Hein... Et je?...

LA FLEUR.

Et vous maniez les espèces?

RENAUD.

Comment donc? que voulez-vous dire?

LA FLEUR.

Eh oui ! vous faites circuler...

RENAUD, *finement.*

Ah, ah ! quelquefois.

LA FLEUR.

Eh bien! monsieur Renaud, car il faut enfin
se faire comprendre, nous avons besoin. Servez-
nous; on vous en tiendra compte sans bruit sur
la dot avec... oh oui ! une rétribution plus
qu'honnête.

RENAUD.

Je vous baise les mains, monsieur de La Fleur.
(*A part en s'en allant.*) Dans toute autre circons
tance, j'éclaterais.

SCÈNE VI

LA FLEUR, *après l'avoir suivi des yeux.*

De quelle diable d'espèce sont donc ces
hommes-là? Est-il dans tout Paris un seul cais-
sier de finance qu'une pareille proposition n'au=

rait fait sauter à mon col ! Comment ! un tour de
bâton aussi innocent en comparaison de tant
d'autres ! Pour moi, je m'y perds... Avisons
donc promptement à quelque autre moyen... Si
j'allais... Non, ce n'est pas cela... Mais... Oui
fort bien... le père !... Oui certes... L'idée est
noble et touchante ! (*Il fait quelques pas et revient.*)
Ne vaudrait-il pas mieux que le jeune homme
me secondât par une scène bien larmoyante... A
merveille ! Ma foi, le voici fort à propos.

SCÈNE VII

MENNEVILLE, LA FLEUR.

MENNEVILLE, *en désordre et en colère.*

Ah coquin ! Voilà donc de tes œuvres ! C'est
donc là l'effet de toutes tes promesses ! Ton
Gifflart, ton Raffle ! Me voir arrêter en pleine
rue, insulter par de la canaille ! Ah scélérat !
(*Il le prend au collet.*)

LA FLEUR.

Ah, ah, ah ! est-ce ma faute à moi, monsieur ?
Puis-je répondre des incivilités de vos créanciers ?

MENNEVILLE.

Ah maraud !

LA FLEUR.

Il y a assez longtemps que je me tue de vous
dire que ce petit train-là ne peut pas continuer.

J'aurais ajouté bien de belles choses, mais vous
êtes si prompt à frapper !

MENNEVILLE, furieux.

De l'argent, de l'argent !

LA FLEUR.

Eh oui ! je sens que cela vous donnerait au
moins du répit. Mais voilà ce qui nous perd.

MENNEVILLE.

Ce ne sont pas là tes affaires, bourreau.
M. Raffle, pendard, qu'est-il devenu ?

LA FLEUR.

Eh bien, monsieur, eh bien ! M. Raffle aura
entendu sans doute des gens mal intentionnés
tenir des propos... car la vertu a toujours des
ennemis ; il ne veut pas risquer le sol. De là, j'ai
été chez d'anciennes connaissances, on demande
des nantissemens, des effets, des bijoux ; et
comme vous savez, nous n'avons plus une nippe
superflue.

MENNEVILLE.

Mais mon mariage, misérable !

LA FLEUR.

Ils veulent voir le contrat, monsieur.

MENNEVILLE.

Et la succession ?

LA FLEUR.

Tarare ! ils disent que monsieur votre père se
porte bien, et que ce n'est pas à eux à vous faire
des avances d'hoirie... Tenez, croyez-moi,

monsieur, mariez-vous, changez de vie, etc...

MENNEVILLE.

Traître ! tu m'as mal servi, et tu me prêches !

LA FLEUR.

Ah ça, monsieur, parlons de sang-froid.

MENNEVILLE.

Eh bien ?

LA FLEUR.

Il est bien vrai que toute ma rhétorique n'a pu réussir à émouvoir en votre faveur le cœur d'un usurier... Mais, monsieur, j'ai un meilleur projet. Je voudrais que vous fussiez trouver monsieur votre père, et que.....

(*Pendant ces dernières phrases, Menneville doit avoir l'air absorbé.*)

Et que diable ce maudit talon rouge a-t-il affaire de venir interrompre mon sermon !

SCÈNE VIII

LES MÊMES, LE VICOMTE.

LE VICOMTE.

Eh ! mon Dieu, que viens-je d'apprendre ? Quoi ! mon pauvre marquis, on a voulu t'arrêter. Et qui sont donc ces coquins-là ?

MENNEVILLE.

Des misérables qui m'ont fait payer assez cher pour s'ôter le droit de me faire un affront !

LE VICOMTE.

Console-toi, mon ami, c'est un accident commun aux gens de notre sorte. Quoi, te voilà tout morfondu !

MENNEVILLE.

Ma foi, mon cher vicomte, je ne sais où donner de la tête.

LE VICOMTE.

Viens, mon brave, viens. J'ai là-bas deux de mes camarades, gens résolus et accoutumés à narguer des créanciers, viens sous notre escorte. Nous verrons à te donner des conseils.

MENNEVILLE.

Et toi, faquin, tu me le payeras.

LA FLEUR.

Mais, monsieur, écoutez-moi donc. M. votre père... M. Bertolin... sa fille...

SCÈNE IX

LA FLEUR, *seul.*

Au diable s'il m'écoute ! C'est la première fois de la vie que je m'avise de lui parler raison. O tems ! O mœurs !... Mais je crois qu'à force de réfléchir sur le joli train de vie de ces petits messieurs, je viendrai à bout de réformer le mien ! Cet honnête escroc sait que l'oiseau est encore bon à plumer pour lui : oh ! il va l'achever !... Parbleu, je suis bien bon, moi, de prendre tant de soin. Que m'en revient-il, après tout, de me tracasser pour fournir à toutes ses équipées et pour les cacher dans cette maison? Des coups quand je ne réussis pas; du froid, du chaud quand les affaires se soutiennent; et pour perspective au bout de tout cela, la porte!... Non, non... poursuivons notre dessein et réparons toutes nos complaisances en allant trouver M. Girard... Eh bien, il croira à un repentir que force majeure amènera bientôt, et tout ira bien. Oh, oh! voici mon Hollandais; sauvons-nous avant qu'il nous voie.

SCÈNE X

M. BERTOLIN, RENAUD.

M. BERTOLIN.

Non, non, tu as beau dire, je veux absolument désabuser le pauvre homme, et pour cela, je vais attendre ici qu'il soit rentré.

RENAUD.

Mais, monsieur...

M. BERTOLIN.

Son aveuglement me fait pitié. Quelle sottise, quelle duperie! Comment un homme de bon sens peut-il se figurer que la noblesse, que nos aïeux n'acquéraient que par leurs vertus et leurs exploits, ne soit plus aujourd'hui qu'un titre à faire des extravagances?... Parbleu! je n'ai pas

encore vu son petit seigneur de fils, mais d'après
les fredaines que j'apprends de tous côtés...

RENAUD.

Mais, monsieur, la jeunesse de l'un, l'amour
paternel de l'autre...

M. BERTOLIN.

Ah, l'amour paternel ! quand des scènes sont
publiques et scandaleuses !

RENAUD.

Ah, monsieur, que dites-vous là ?

M. BERTOLIN.

Oui, ce matin en sortant d'ici je vais chez le
banquier Vanharbourg. A sa porte, je trouve du
monde ameuté, j'aperçois une voiture légère
attelée d'un coursier fougueux, et entourée d'une
foule de recors. Le phaéton irrité qu'elle portait
s'anime à leur approche, il fouette à coups
redoublés. L'animal pressé fait ouvrir les rangs
aux risques de passer sur le ventre à tous les
suppôts de justice. Des passans froissés, d'autres éclaboussés jusqu'aux oreilles s'unissent à
eux, et crient : Arrête, arrête ! Le cheval, excité
par son guide, est déjà loin. On se demande qui
c'est ? On nomme un marquis. Peu après, une
populace furieuse, entourant un malheureux
dont les membres étaient brisés, prononce avec
imprécation le nom... Ah ! mon ami, je ne
donnerai jamais ma Marianne à un homme qui
veut échapper aux conséquences de sa mauvaise

foi ou de son inconduite par un acte de férocité !

RENAUD.

Votre récit me fait peine, mais encore y a-t-il
à cela plus de malheur que d'intention.

M. BERTOLIN.

D'intention, mon ami ! Il faudrait l'étouffer.
Non, encore une fois, non ; cesse de l'excuser:
J'ai pour ma fille d'autres vues dont tu ne te
doutes assurément pas.

RENAUD.

Je dois les respecter, monsieur. Mais l'honneur
de vous appartenir, l'égalité d'âge, de fortune...

M. BERTOLIN.

Ce n'est pas assez de l'avoir, il faut savoir la
conserver.

RENAUD.

Mais après tout, monsieur, croyez-vous que ce
soit un argent absolument perdu que celui qui se
dissipe en acquérant un peu d'expérience ?

M. BERTOLIN.

Renaud, n'es-tu pas aussi jeune que lui ? Crois-
tu que je te confierais le soin de mes affaires si
tu étais capable de toutes ces extravagances?
Non, mon ami, non. Penses-tu que ma fille ne
me soit pas plus précieuse que mon argent?
J'avais fait une sottise de la promettre sans
connaître mon homme, mais je te jure que je la
réparerai.

RENAUD.

Je ne puis disconvenir, monsieur, que ce ne soit agir en père sage.

M. BERTOLIN, *à part.*

Modeste et bon jeune homme, il ne pense pas que je me sois aperçu... Mais voici le maître du logis.

SCÈNE XI

LES MÊMES, M. GIRARD, LA FLEUR.

LA FLEUR, *parlant bas à M. Girard dans l'éloignement.*

Ah, monsieur, je vous en réponds corps pour corps. Le pauvre jeune homme est si pénétré qu'il n'osera paraître devant vous que lorsque je lui aurai porté l'assurance de son pardon.

M. GIRARD, *à La Fleur.*

· Va, tu sais ce que je t'ai dit. Qu'il vienne, il n'y a pas un instant à perdre. Ce qui me fâche, c'est qu'il ait attendu jusqu'à ce moment.

LA FLEUR, *lui baisant le bas de l'habit en s'essuyant les yeux.*

O le bon, l'excellent père! Après cela, monsieur mon maître, vous n'avez qu'à recommencer! Oh, je vous abandonne aussi... Et les billets, monsieur?

M. GIRARD.

Montez là-haut, Thibaut vous les remettra.

(*La Fleur fait une profonde révérence et sort.*)

SCÈNE XII

LES MÊMES, *excepté La Fleur.*

M. BERTOLIN.

Serviteur, serviteur, je vous attendais avec impatience. Il faut cependant que je vous prévienne que ce n'est pas pour vous dire des choses aussi agréables que je le désirerais.

M. GIRARD.

Quoi! vous songeriez encore à ce malheureux quiproquo de tantôt?

M. BERTOLIN.

Oh parbleu! chaque quart d'heure m'en apprend de plus belles.

M. GIRARD.

Mauvais rapports, mauvais rapports!

M. BERTOLIN.

Mauvais rapports, et si j'ai vu moi-même?

M. GIRARD.

Vous avez vu mon fils! parbleu! j'en suis bien aise. Eh! votre Marianne sera-t-elle si mal partagée?

M. BERTOLIN.

Malgré toute l'indulgence qu'il me serait doux de vous témoigner pour quelqu'un qui vous apartpent, je me sens entraîné à l'opinion de cinq à six cens bouches qui, je vous l'assure, ne chantaient pas ses louanges.

M. GIRARD.

Qu'est-il donc arrivé de nouveau ? Quelque espièglerie ?

M. BERTOLIN.

Diable, espièglerie ! N'est-il pas sorti ce matin dans une de ces infernales machines qu'on appelle des cabriolets[1] ?

M. GIRARD.

Je ne crois pas.

M. BERTOLIN.

Vous ne le croyez pas ?

M. GIRARD.

Non, mais je le suppose. N'est-ce pas le ton ?

M. BERTOLIN.

Ah, ah, c'est le ton ! Est-ce le ton aussi de devoir ce qu'on porte, de perdre ce qu'on a emprunté, et d'échapper aux créanciers qu'on trompe, aux dépens des jambes et des bras d'un honnête passant qui n'y est pour rien ?

M. GIRARD.

Et vous avez vu cela ?

M. BERTOLIN.

Oui, de mes deux yeux que voilà.

M. GIRARD.

Mais vous ne connaissez pas mon fils !

---

[1] Ce mot figure déjà dans le *Dictionnaire de l'Académie*, édit. de 1762, où l'infernale machine est ainsi définie : «Sorte de voiture légère montée sur deux roues. » Le *Dictionnaire de Trévoux*, édit. de 1771, reproduit cette définition, et ajoute : « Fort à la mode depuis quelques années. »

M. BERTOLIN.

Je n'avais pas encore cet honneur ; car, comme
vous voyez, il avait bien autre chose à faire que
d'aller au devant de son futur beau-père. Mais
tous les spectateurs ont pris soin de me mettre
au fait en se le montrant du doigt. Je suis fâché
d'être obligé, pour vous convaincre, de vous ré-
péter cette scène, mais aux grands maux, les
grands remèdes. — « Vois-tu, disait l'un, c'est le
marquis de Menneville ! — Plaisant marquis
vraiment, répondait l'autre ; ça n'a une savonnette[1] que d'hier, et ça vous passe déjà sur le
corps au pauvre monde ! — Il ferait bien mieux
d'auner du drap, répliquait un troisième. — Les
Girard, disait un autre, étaient de braves gens,
aussi ne se nomme-t-il plus comme eux ; tout le
monde sait bien d'où il vient, mais le diable
sait seul où il va. » J'en suis fâché, mais voilà ce
que j'ai entendu.

M. GIRARD, *à part*.

Serait-il possible ? mais non. La Fleur m'a
dit... (*Haut.*) Vous ne me ménagez pas, mon
ami. Heureusement que je puis vous prouver
qu'il faut que tous ces gens-là se soient mépris,
car j'ai des certitudes que mon fils n'a pu sortir
de chez moi aujourd'hui.

---

[1] Voy. ci-dessus, p. 273.

M. BERTOLIN.

Parbleu, cela me paraît fort!... Et ce beau baron de Westphalie, M. de Trichemback, ce fripon qui m'a volé il y a deux ans, et que j'ai pris chez vous presque la main dans le sac, me nierez-vous cela ?

M. GIRARD.

Je le blâme beaucoup de s'en laisser imposer par un escroc. Mais dans une grande ville où rien n'est plus journalier, on peut être dupe une fois ; c'est tout au plus un malheur.

M. BERTOLIN.

Un malheur ! Mais un malheur qui n'arrive qu'à ceux qui vont le chercher, qu'aux étourdis qui vont donner tête baissée dans tous les brelans, comme des étourneaux dans un filet. D'ailleurs, vous savez le proverbe : on commence par la sottise, et l'on finit par...

M. GIRARD.

Ah, mon ami, arrêtez.

M. BERTOLIN.

Je vous dis des vérités dures, mais vous en avez besoin.

M. GIRARD.

Mais ayez donc patience.

M. BERTOLIN.

Baste ! terminons. Vous êtes anobli, n'est-ce pas ?

M. GIRARD.

Mais, dites-moi, est-ce encore un crime ?

M. BERTOLIN.

Non, je vous l'ai déjà dit, ce n'est qu'une folie. Mais votre fils, gagnant encore de l'avance, est déjà un seigneur; il n'aura pas ma fille, ou il faudra...

M. GIRARD.

Ou il faudra ?

M. BERTOLIN.

Que je voie clair comme le jour que jusqu'à présent mes yeux et mes oreilles m'ont abusé.

M. GIRARD.

Cela ne sera pas difficile.

M. BERTOLIN.

Parbleu, votre aveuglement est inconcevable!

M. GIRARD.

Et votre prévention, permettez-moi de vous le dire, bien incompréhensible. Quand je vous dis que je suis sûr de mon fait...

M. BERTOLIN.

Sûr de votre fait!

M. GIRARD.

Eh oui, vous dis-je, eh oui. Allons nous mettre à table, la compagnie nous attend. J'espère, quelques heures après, vous présenter ce fils dont quelques circonstances, que sa seule légèreté a produites, vous donnent une aussi désespérante opinion. Vous la perdrez en le voyant.

M. BERTOLIN, *à part.*

Pour l'achever, il est peut-être hypocrite !

M. GIRARD.

Je ne suis point aveugle, mon ami. Je vous demande encore une fois jusqu'à la fin du jour pour vous satisfaire. La Fleur...

M. BERTOLIN.

Oh le bon garant!... (*A part.*) Quelle crédulité !

M. GIRARD.

Venez, venez, je vous réponds de tout.

M. BERTOLIN, *impatient.*

Mais si ce soir c'est vous qui vous trompez?

M. GIRARD.

Je vous rendrai votre parole.

M. BERTOLIN.

Allons soit, à ce soir.

FIN DU TROISIÈME ACTE.

ACTE IV

SCENE PREMIERE

M. BERTOLIN, MARIANNE.

M. BERTOLIN, *entrant sur la scène*.

Bon Dieu ! quel dîner ! Mais c'est le banquet
des fous ! Est-il possible, mon enfant, de donner
son bien à manger à ces gens-là ? Pour moi, j'en
ai assez, je le jure, et je vais me sauver comme
je le pourrai.

MARIANNE.

Je vais vous accompagner, mon père.

M. BERTOLIN.

Non, ma fille, non. Nous autres gens d'affaires, nous avons toujours quelque prétexte
pour fausser compagnie : on nous excuse. Restez, restez.

MARIANNE.

Je les entends approcher.

M. BERTOLIN.

En ce cas, je me sauve. Tu saisiras, ma fille,
le moment où tu pourras venir me joindre sans
avoir l'air de fuir personne.

SCÈNE II

MADAME LELEU, MARIANNE, LE MARQUIS,
M. D'OFFREVILLE, LE CONSEILLER, L'ABBÉ.

MADAME LELEU.

Ah de grâce, marquis! Sortons des combats,
surtout point de ta... de ti..., comment donc
cela?

LE MARQUIS, *en riant.*

Tactique, madame, tactique. Il n'y a pas aujourd'hui de caporal qui n'en sache plus que
Montecuculli.

LE CONSEILLER.

Il faut convenir que jamais les gens de guerre
n'ont plus écrit, et que nous avons bien des Vé-
gèces et des Polybes.

M. D'OFFREVILLE.

Il faudrait bien de ces pièces-là pour faire la
monnaie d'un César!

LE MARQUIS.

- Des pièces! de la monnaie! Mon ami d'Offreville, vous parlez de cela comme d'une rescrip-
tion [1].

MADAME LELEU.

Des rescriptions! toujours des termes de

___
[1] Ordre écrit, permettant de toucher une somme déterminée sur certains fonds ou sur certaine personne. C'est une
sorte de lettre de change.

guerre. Laissez donc là toutes ces belles choses, et parlez-moi du nouveau carrosse... Oh ! que je hais toutes ces berlines [1] basses et écrasées. Il semble qu'on soit encaissé dans ces vilaines machines-là. Une femme est obligée d'y renoncer à sa coiffure [2] ou à son coussin. Quand elle fait même ce dernier sacrifice, il faut que son corps y soit plié comme un Z.

M. D'OFFREVILLE.

Vous avez bien raison, madame.

MADAME LELEU.

Et vous dites, monsieur le conseiller, que c'est madame de Claquenville qui a eu le premier ?

LE CONSEILLER.

Hier, madame, elle fut en faire parade dans

[1] Le *Dictionnaire de Trévoux* disait vers 1771 : « Les berlines sont fort à la mode depuis quelque temps. » Cette voiture, originaire de Berlin, était moins vaste et moins lourde que le carrosse proprement dit.

[2] « Les coiffures, écrit Mme Campan, parvinrent à un tel degré de hauteur, par l'échafaudage des gazes, des fleurs et des plumes, que les femmes ne trouvaient plus de voitures assez élevées pour s'y placer, et qu'on les voyait souvent pencher la tête ou la placer à la portière. D'autres prirent le parti de s'agenouiller pour ménager d'une manière plus certaine encore le ridicule édifice dont elles étaient surchargées.» (*Mémoires*, chap. IV, t. I, p. 76.) En 1776, Marie-Antoinette honora de sa présence un bal donné par la duchesse de Chartres. Les *Mémoires secrets* racontent qu'à cette occasion, « la reine ayant redoublé la hauteur de son panache, il fallut le baisser d'un étage pour qu'elle put entrer dans son carrosse, et le lui remettre quand elle en est sortie. »(T. XII, p. 154.)

vingt maisons, et fit le tour de Paris, droite comme un piquet sur un double carreau, narguant toutes les malheureuses qui, la tête enfoncée dans les épaules, semblaient envier sa voiture et son attitude triomphante.

MADAME LELEU.

Comment, une impériale qui se lève et se baisse à commandement?

LE CONSEILLER.

D'un coup de pouce, madame, avec moins d'effort qu'il n'en faut pour tirer le cordon.

MADAME LELEU.

Voilà qui est inconcevable!

LE MARQUIS.

Surprenant!

LE CONSEILLER.

Tous les arts de luxe ont fait un progrès...

MADAME LELEU.

Oh! voilà qui est fini. Je réforme toutes mes voitures. Et cela s'appelle?

LE CONSEILLER.

Une complaisante.

M. D'OFFREVILLE.

Si l'on pouvait en faire autant aux portes! Elles auraient quelquefois besoin d'un peu de complaisance aussi.

MADAME LELEU.

Oh, je n'aurai pas un instant de repos que je

n'en aie une ! Allons, marquis, il faut que vous
m'y conduisiez sur-le-champ.

LE MARQUIS.

J'en suis bien au désespoir, madame, la duchesse hier me fit promettre...

MADAME LELEU.

Je n'ai rien à dire à cela... petit volage. Ah !
c'est une duchesse qui vous enchaîne aujour-
d'hui... En ce cas, je m'empare du conseiller.

LE CONSEILLER.

Que vous me donnez de regrets, madame !
J'ai depuis trois jours un piquet arrêté chez la
présidente ; malheureusement, c'est une revanche
que je dois.

MADAME LELEU.

Et vous, aimable Crésus !

M. D'OFFREVILLE.

Oh madame ! je suis dans les architectes. Je
pars pour ma terre ce soir. Je fais ajouter une
aile pour loger ma femme ; son appartement
sera séparé du mien par tout le corps de logis.
Vous sentez bien que cela est pressé.

MADAME LELEU.

Mais voilà qui est affreux. Je n'aurai donc que
l'abbé ?

L'ABBÉ.

Z'attendais mon tour avec impatience, madame, ze suis toujours aux ordres de la beauté !

LE MARQUIS.

Vivent messieurs les abbés! Ah madame! voilà le ton et l'esprit du corps.

MADAME LELEU.

Vous devriez en rougir, messieurs. C'est une honte, la galanterie est perdue; il ne reste plus aux femmes honnêtes que les petits collets [1].

M. D'OFFREVILLE.

On aime le fruit défendu, madame. Cet état-là surtout court après.

MADAME LELEU.

Je vous laisse, messieurs, je n'emporte pas l'espoir de vous revoir. Allons, ma petite sœur, car il vous faudra bientôt une complaisante aussi.

M. D'OFFREVILLE.

Cette mode n'a pas tout à fait commencé par les carrosses.

MARIANNE.

Trouvez bon, madame, que je saisisse l'instant où vous allez vous occuper de cette impor-

---

[1] J.-C. Nemeitz écrivait vers 1718 : « ... Il existe encore une cinquième catégorie d'abbés qui ne veulent appartenir à l'Église ; ils ne portent l'habit noir et le petit collet que par vanité. Un habit noir coûte bon marché, et le petit collet suffit pour se faire donner tout au long le titre de Monsieur l'Abbé. » Voy., dans cette collection, *La vie de Paris sous la Régence*, p. 76. — Le petit collet n'était en réalité qu'un rabat.

tante acquisition, pour me rendre aux ordres
de mon père.

MADAME LELEU.

Comment donc, de votre père?

MARIANNE.

Oui, il m'attend actuellement dans ses appartemens.

MADAME LELEU, *haussant les épaules.*

Allez donc, mademoiselle, allez, et vous,
l'abbé, donnez-moi la main.

L'ABBÉ.

Oui, Messieurs, oui. Ze suis content de mon
partage; vous serserez où vous voudrez les
deux autres grâces. Ze vais voler sur les pas de
la plus belle.

LE MARQUIS.

Toujours galant, monsieur l'abbé.
(*L'abbé présente la main aux dames.*)

SCÈNE III

LE MARQUIS, M. D'OFFREVILLE, LE CONSEILLER.

LE MARQUIS.

Cette bégueule a la manie de vouloir des
écuyers... Elle s'imagine qu'on n'a rien de
mieux à faire que d'aller s'étaler avec elle... Bon
pour un abbé.

LE CONSEILLER.

Comment! mais c'est un martyre, une question à subir que d'essuyer toutes les ridicules prétentions de cette femme!...

M. D'OFFREVILLE.

C'est une complaisance que de manger dans cette maison. Quand cela m'arrive, je ne vois jamais assez tôt le moment d'en sortir.

LE MARQUIS.

Ah! l'ami d'Offreville! Pour nous dédommager un peu, vous nous devez un souper dans la petite maison; car actuellement que la dame a le dos tourné, vous voilà sans doute revenu du château.

M. D'OFFREVILLE

Oh! vous avez deviné... Nous tâcherons d'oublier la morgue municipale de ces citadins-là.

(*Ici La Fleur paraît au fond de la scène et les écoute.*)

LE CONSEILLER.

Ce sont de bonnes gens.

LE MARQUIS.

Oui, mais d'une platitude!...

LE CONSEILLER.

J'en conviens.

LE MARQUIS.

Moi, militaire et garçon; il me faut bien un grand commun pour tous les jours oisifs de ma-

semaine... Sans cela qui voudrait s'embour-
geoiser?

M. D'OFFREVILLE.

L'expression est neuve.

LE MARQUIS.

C'est pour ne rien dire de pire. Que pensez-
vous, messieurs, de ce gros minher de Batave
que j'avais en face? N'est-ce pas là un convive
bien amusant?

LE CONSEILLER.

Et son discret commis qui était à ma droite ?

LE MARQUIS.

Son air respectueusement imbécile !

LE CONSEILLER.

Et puis la petite boudeuse !

M. D'OFFREVILLE.

Oh ! elle n'est pas du tout mal.

LE MARQUIS.

A la bonne heure. Mais avisez-vous de lui dire
une jolie chose, elle rechigne comme une vieille
coquette à qui l'on parlerait de ses quarante
ans.

M. D'OFFREVILLE.

Quel contraste burlesque à tous les efforts de
la dame pour paraître maniérée !

LE MARQUIS.

Elle est à assommer, à assommer !... Oh ! si
cela était tous les jours aussi absurde, on ne m'y
reprendrait pas souvent.

LE CONSEILLER.

Et le fils du logis?

LE MARQUIS.

Le fils du logis! Un petit fat qui s'idolàtre et qui n'a pas le sens commun.

LE CONSEILLER.

Jouant les grands airs, l'étourderie !

LE MARQUIS.

L'étourderie maussade! D'ailleurs un sot, une dupe.

M. D'OFFREVILLE.

Si j'en crois certain bruit, cela n'ira pas loin.

LE MARQUIS.

Comment donc?

M. D'OFFREVILLE.

Sortons, je vous dirai cela. On parle d'embarras; il circule par la ville certaine rumeur entre les gens d'affaires...

LE MARQUIS.

Sortons, messieurs, sortons.

LE CONSEILLER.

Ma foi, messieurs, je vous suis.

SCÈNE IV

LA FLEUR, *seul.*

Bon, messieurs les amis de la maison, appuyez. Cela s'appelle payer son écot en monnaie courante... Oh! vous avez bien raison; mon cher

maître effectivement mérite bien la petite notice,
et même on pourrait aller plus loin. Le chien,
le bourreau! M'avoir encore enlevé ces billets
au porteur dont le bon homme de père...
J'avais bien affaire aussi d'aller le lui dire! Oh!
oh! pour comble de maux, voici les honnêtes
gens à qui le produit en était destiné. S'ils ne
l'ont pas rencontré en sortant, ils courront
encore longtems pour être payés. Écoutons-les
d'abord à l'écart.

SCÈNE V

SERREMAILLE, RAMASSON.

RAMASSON.

Oh ventrebleu, je m'ennuye de toutes ces
remises-là! Il me payera aujourd'hui, ou nous
verrons.

SERREMAILLE.

Fût-il encore plus fils d'échevin[1] qu'il ne
l'est, monsieur Ramasson, il faut qu'il me satis-
fasse.

RAMASSON.

C'est bien assez des grands seigneurs qui nous
payent de belles paroles. Si tous ces nobles en
herbe s'en mêlent aussi, le métier ira bientôt
trop mal pour s'en embarrasser! N'est-il pas
vrai, mon confrère?

[1] Voy. ci-dessus, p. 273.

SERREMAILLE.

Sans doute. D'ailleurs cela est encore trop près de l'aune et du comptoir pour s'y fier.

RAMASSON.

Oui, oui. Passe encore quand il y a dans une famille des hautes futaies qu'elle a vu croître de père en fils, de vieux châteaux à l'abri des retraits.

SERREMAILLE.

C'est bien dit. Quand la pelotte est assez grossie, on décrète, on abat, on démolit.

RAMASSON.

Ah ! quelquefois on s'y loge.

SERREMAILLE.

Et l'on devient seigneur châtelain.

RAMASSON.

La belle chose, monsieur Serremaille, que de pouvoir dire : ma terre, mes droits, mon parc, mon château !

SERREMAILLE.

Oui, ça console bien d'avoir travaillé !

RAMASSON.

Ah ça, entre nous, combien vous est-il dû, mon confrère ?

SERREMAILLE.

Une bagatelle au fond. Comme tous les acquêts sont tous frais, je n'ai pas voulu risquer là-dessus comme sur une possession du tems des croisades.

RAMASSON.

C'est très prudemment fait à vous. Il faut pourtant bien aider un peu à la lettre, pour peu qu'on veuille travailler. Si l'on exigeait toujours des prescriptions comme cela, il faudrait voir souvent son argent rester oisif.

SERREMAILLE.

Et vous, compère, pour combien?

RAMESSON.

Moi! quatre-vingt mille livres et les intérêts... Oh! je ne viens chercher qu'un acompte.

SERREMAILLE.

Ni moi non plus. Il m'est dû, suivant la teneur de la reconnaissance, cent trente mille livres au principal tout seul; et attendu que j'ai prêté ladite somme sans intérêts pour le premier mois... Ah! mais voici monsieur La Fleur.

SCÈNE VI

LES MÊMES, LA FLEUR.

LA FLEUR.

Serviteur, monsieur Ramasson, bonjour, monsieur Serremaille. Eh bien, comment vont les affaires?

SERREMAILLE.

Les affaires! oh par la sambleu...

LA FLEUR.

Oui, oui, les affaires, car avec vous, messieurs,

c'est toujours par là qu'il faut commencer. Et puis la santé...

SERREMAILLE.

La santé?

LA FLEUR.

Et la vôtre, monsieur Ramasson? Il ne faut pas le demander. Vous avez un teint frais et reposé ; à votre âge, c'est un plaisir.

RAMASSON.

Laissons là mon âge et mon teint. Avez-vous mon argent?

LA FLEUR.

Votre argent! ah que je voudrais bien l'avoir, monsieur Ramasson, peste! Comme je serais bientôt seigneur d'une belle terre à clocher!

RAMASSON.

Il n'est pas question de cela. Avez-vous l'argent que votre maître me doit?... Car aussi bien, il m'est impossible de le trouver au logis...

LA FLEUR.

Oh! il sort souvent et de bon matin. Mais aujourd'hui, messieurs, vous serez agréablement dédommagés de la peine que vous venez de prendre?

SERREMAILLE.

Il y est donc?

LA FLEUR.

Non; il ne rentrera peut-être pas de tout le jour?

SERREMAILLE.

·Oh ! pourvu que l'argent y soit !

LA FLEUR.

Il n'y a pas le sol chez lui.

SERREMAILLE, *brusquement.*

Adieu.

RAMASSON, *de même.*

Serviteur.

LA FLEUR, *les ramenant.*

Un moment, s'il vous plaît, un moment. Votre argent est...

TOUS DEUX, *avec empressement.*

Où ?

LA FLEUR.

Chez vous, au moment où je vous parle.

SERREMAILLE.

Eh par la ventrebleu, j'en sors !

RAMASSON.

Il se moque, compère, je suis venu tout droit ici.

LA FLEUR.

Eh bien, vous vous serez croisés.

SERREMAILLE.

De l'argent ! oh je l'aurais vu !

RAMASSON.

Parbleu, je l'aurais senti, moi !

LA FLEUR.

Il est pourtant très certain que mon maître est sorti pour aller vous remettre de l'or en barre.

Ce sont bons billets à vue au porteur, échappés
du portefeuille de M. Girard.

SERREMAILLE.

Il nous en conte, monsieur Ramasson.

RAMASSON.

A d'autres, monsieur Serremaille, à d'autres !

LA FLEUR.

Non, messieurs, non, écoutez-moi. Surtout ne
faites point de bruit dans ce logis si vous voulez
être payés. Motus. C'est du comptant.

SERREMAILLE.

Moi, je ne dis mot.

RAMASSON.

Je suis muet.

LA FLEUR.

Bon comme cela. Pour vous convaincre, faut-
il vous dire tout... Qu'en faveur d'un très grand
mariage, le bonhomme nous a lâché de quoi
arranger nos affaires; que vous toucherez aujour-
d'hui une forte somme ; qu'aussitôt le conjungo
prononcé, maître d'une tonne d'or, nous soldons
avec vous... que... allons, allons, messieurs...

RAMASSON.

Mais si l'on était assuré...

LA FLEUR.

Oh! par tous les diables, si je vous mens, vous
n'aurez qu'à faire tout ce qu'il vous plaira.

SERREMAILLE.

Si l'on pouvait compter...

LA FLEUR.

Compter ! chut. Voilà le beau-père. Pour
Dieu, point d'esclandre, ou. vous nous forcerez à
vous faire banqueroute.

SCÈNE VII

LES MÊMES, M. BERTOLIN.

LA FLEUR, *bas à Ramasson.*

Prenez l'air d'importance et de prud'homie
d'un gros agent de change, offrez-moi de l'argent, des effets... J'ai mes raisons... vous ne
risquez rien. Je ne vous prends pas au mot.

M. BERTOLIN, *dans le fond de la scène. A part.*

Voilà son valet, il parle avec réflexion à ces
gens-là. Ne serait-ce point quelques Raffles encore ? Prêtons l'oreille.

LA FLEUR, *bas à Serremaille.*

Parlez-moi, vous, d'argent qu'on nous doit ; il
y a un mois d'intérêts à gagner en sus... (*Haut.*)
Oui, oui, monsieur, mon maître a tout le tems
d'attendre, on peut garder ces fonds-là encore
dix-huit mois... Nous avons cru hier en avoir
besoin, c'était une fausse alarme... Nous pourrons même mettre encore dans cette affaire dix
mille écus de nos épargnes au bout de l'an.

SERREMAILLE.

Monsieur....

LA FLEUR.

Diable, mais c'est un fort bon emploi, allez,
monsieur Serremaille, allez... (*Bas.*) Allez chez
vous, on vous y portera de l'argent avant le soir.
(*Serremaille sort.*) (*Haut.*) Et vous, monsieur? ah !
vous voulez placer entre nos mains, vous n'êtes
vraiment pas le seul, vous n'êtes pas le seul.

RAMASSON.

Monsieur, je vous demande...

LA FLEUR.

Oui, je vous ai fort bien compris. La somme
est considérable ; c'est un vieux garçon, n'est-ce
pas? A la bonne heure, nous pourrons nous en
charger. A revoir. (*Bas.*) Et vite, détalez, votre
argent vous attend peut-être.

RAMASSON.

J'y cours, monsieur, j'y cours. (*Il sort.*)

LA FLEUR, *à part.*

Ces marauds-là m'ont fait trembler !

SCÈNE VIII

M. BERTOLIN, LA FLEUR.

M. Bertolin s'avance lentement.

LA FLEUR, *comme s'il était seul.*

Ouf, quel maudit métier ! Parbleu, on n'a pas
le temps de respirer ! Monsieur mon cher patron,
si ceci continue, oh ! il vous faudra au moins
deux caissiers et six commis... Ma foi, ce monsieur

Bertolin fait une belle dot à sa fille, mais il aura
là aussi un gendre épouvantablement riche! Quel
contraste pourtant! cela n'est pas croyable à
moins d'y voir et d'y toucher comme moi. Briller
comme un seigneur, agioter comme un banquier,
dépenser, il est vrai, d'un côté, mais thésauriser
comme un juif de l'autre! (*En faisant un mouvement pour se retourner, il heurte M. Bertolin qui
se trouve près de lui.*)

M. BERTOLIN.

Eh bien! eh bien!

LA FLEUR.

Ah pardon, monsieur, je ne savais pas... Je
vous croyais encore à table... J'ai si grande
hâte... Excusez-moi, monsieur. (*A part.*) Eh
vite, eh vite, allons encore jeter un coup d'œil
sur le cours que prendront les billets. (*Il sort.*)

SCÈNE IX

M. BERTOLIN, *après une pause pendant laquelle il
doit suivre La Fleur des yeux.*

Et quatre!... Parbleu, voilà un coquin bien
fécond en stratagèmes... Ceci a pourtant un air
de vraisemblance. Si j'étais sûr qu'il ne m'eût pas
vu, voilà qui donnerait quelque fondement à la
bonne opinion du père... Non, non, cela ne se
peut pas... un étourdi, un petit maître noté avoir
un crédit!... Le piège est grossier. Allons bride

en main, et puisque j'ai accordé la journée, examinons tout attentivement.

SCÈNE X

LE MÊME, M. FRANCIN.

M. BERTOLIN.

Que vois-je ! Ah c'est mon cher Francin ! mon
ancien ami ! le camarade de ma jeunesse !

M. FRANCIN.

Eh oui, Bertolin, c'est moi. Après dix-huit
années d'absence, quel plaisir pour moi de vous
embrasser à Paris !

M. BERTOLIN.

Quelle que soit mon antipathie pour ce séjour
maudit de la folie et du tumulte, la satisfaction
de vous y voir me le rend cher. Embrassons-nous
encore une fois.

M. FRANCIN.

A l'instant même où j'ai su que vous y étiez
arrivé, je me suis hâté.

M. BERTOLIN.

J'ai débarqué ici hier au soir, et dès le matin,
j'ai été vous chercher : vous l'a-t-on dit ?

M. FRANCIN.

Oui, mon ami, aussitôt que je suis rentré.
Aucune considération n'a pu ralentir mon impatience ; mais il fallait que ce fût pour vous, car

il y a bien longtems que je n'ai touché le seuil de
ce logis.

M. BERTOLIN.

Bon ! je vous y croyais intime.

M. FRANCIN.

Si peu, que depuis plus de vingt ans je n'y ai
pas mis le pied.

M. BERTOLIN.

Vous me surprenez fort. Vous ne me parlâtes
point de ce refroidissement lors de votre voyage
en Hollande.

M. FRANCIN.

J'avais mes raisons.

M. BERTOLIN.

Entre nous, j'y vois bien des choses qui me
déplaisent. Mais Girard est un bon homme, et
c'est pitié...

M. FRANCIN.

D'accord de tout cela. Mais...

M. BERTOLIN.

Mais quoi ! quelque affaire d'intérêt ! quelque
procès !

M. FRANCIN.

Grâce au ciel, je n'en eus de mes jours. Non,
je m'en suis éloigné pour une cause qui ne sub-
siste plus... Je prévois même que les causes contraires sont à la veille de m'en rapprocher.

M. BERTOLIN.

Je ne vous devine pas.

M. FRANCIN.

Jusqu'à présent, mes motifs véritables ont été un secret pour tout le monde, et vous êtes le premier à qui il est important d'en faire part.

M. BERTOLIN.

Je vous écoute.

M. FRANCIN.

Au bout de deux années d'une union bien assortie et parfaitement heureuse, vous savez que le bon homme Girard perdit feu ma sœur. Il ne mit qu'un intervalle assez court entre cette perte et un second engagement. Je ne sais quelles raisons, dont il ne me fit point part, lui firent précipiter le choix qu'il alla faire dans une famille où le faste et la folle vanité étaient les péchés d'habitude. Je continuai pendant quelques mois de fréquenter sa maison : bientôt je m'aperçus que je n'étais pas au ton qu'on y avait pris. La nouvelle Mme de Menneville (car elle avait abjuré le nom modeste de Girard) m'y voyait d'assez mauvais œil, on avait mis mon petit neveu dans une pension de campagne, bref, je me tins à l'écart. On ne parut pas s'en apercevoir ; je n'y revins plus.

M. BERTOLIN.

Vous fîtes sensément, j'en aurais agi de même.

M. FRANCIN.

Le jeune Renaud...

M. BERTOLIN.

Ah, l'excellent jeune homme que vous m'avez donné là !

M. FRANCIN.

J'ai toujours espéré...

M. BERTOLIN.

Économe, sobre, prudent...

M. FRANCIN.

Je...

M. BERTOLIN.

Grand travailleur...

M. FRANCIN.

Je suis bien aise...

M. BERTOLIN.

Et fort joli garçon...

M. FRANCIN.

Il promettait...

M. BERTOLIN.

Il a morbleu bien tenu. Sans prétentions avec cela, et d'une modestie !...

M. FRANCIN.

Il est donc bien différent de nos jeunes gens ?

M. BERTOLIN.

Oh ! je vous en réponds. Aussi je l'aime comme si c'était mon fils. J'en suis si satisfait que je compte l'associer à mes affaires, car je me fais vieux, mon ami, et j'ai besoin de repos.

M. FRANCIN.

C'est consolant d'avoir au moins quelqu'un de sûr.

M. BERTOLIN.

Sûr! sûr! Il vaut son pesant d'or. Je vous avoue même, dans l'effusion de mon cœur, que sans certains scrupules,... Mais ne pensons pas à cela, c'est un regret inutile.

M. FRANCIN.

Que voulez-vous donc dire?

M. BERTOLIN.

Avec un aussi bon esprit, une âme aussi honnête, un extérieur aussi heureux... Enfin, c'est dommage...

M. FRANCIN.

Quoi dommage?

M. BERTOLIN.

Eh! vous m'entendez, vous m'entendez... Allez, mon ami, je vous devine, il me souvient que vous étiez un compère... Vous savez bien que je ne suis pas homme à faire grande attention à l'antiquité de la race, aux fiefs, aux écussons; je laisse le bonhomme Girard donner dans tout ce fatras... mais encore faudrait-il qu'un jeune homme eût une famille!

M. FRANCIN.

Ah doucement. Il ne vous faut qu'une famille? Oh bien! Renaud en a une qui peut aller de pair...

M. BERTOLIN.

Eh oui, mon ami, eh oui! personne ne dispute

cela. (*D'un air ironique.*) Mais quant à la façon dont il y tient!...

M. FRANCIN.

Patience, mon ami, patience.

M. BERTOLIN.

Tenez, tenez, le voici.

SCÈNE XI

LES MÊMES, RENAUD.

RENAUD, *volant dans les bras de M. Francin.*

M. Francin! Mon cœur le reconnait! Ah, monsieur!

M. BERTOLIN, *à part.*

Il a beau dire!... Nature, il n'est pas possible de s'y méprendre!

M. FRANCIN.

Je suis enchanté, mon Renaud, de te voir si grand et si bien formé; et surtout, mon pauvre enfant, que tu aies si bien mérité l'estime de ton patron.

RENAUD.

Monsieur, je n'ose me flatter qu'elle soit le prix de mes faibles services; j'en reçois les marques avec reconnaissance, comme la récompense de mon zèle.

M. BERTOLIN.

Tenez, tenez, mon ami, voici encore ma Marianne.

SCÈNE XII

LES MÊMES, MARIANNE.

M. FRANCIN.

Qu'elle est belle et modeste ! c'est la douceur
et la sérénité de sa mère.

M. BERTOLIN.

Ah ! mon ami, il n'y a qu'elle aussi qui ait pu
me consoler de cette perte. Salue monsieur, ma
Marianne, c'est un bon ami, un allié.

M. FRANCIN.

Oui, belle Marianne, je puis me flatter de ce
double avantage.

MARIANNE.

Monsieur, il m'est bien sensible d'avoir l'occasion d'honorer tout ce qui est aussi cher à mon
père.

M. BERTOLIN.

Oui, c'est bien dit, mon enfant. Le brave
Francin m'est effectivement très cher, et je veux
que tu l'aimes presqu'autant que moi. Ah çà,
mon ami, nous avons assez de choses à nous dire
pour aller passer une heure ensemble dans mon
appartement.

M. FRANCIN.

Je désire vivement cet entretien, et je suis sûr
que vous en serez content.

RENAUD, *à M. Bertolin.*

Monsieur, ne faudra-t-il pas?...

M. BERTOLIN.

Oui, Renaud, oui, mon ami, va de ce pas chez Vanharbourg, et tu rapporteras... tu sais.

(*Tous les acteurs sortent par différents côtés.*)

FIN DU QUATRIÈME ACTE.

d

ACTE V

SCÈNE PREMIÈRE

LA FLEUR, seul.

J'ai beau aller et venir. Où s'est-il donc
fourré? Voilà pourtant le jour critique qui tire
vers sa fin. Mes promesses ont déjà tout l'air de
celles que j'ai faites si souvent, aussi les créanciers sont furieux... Que dit actuellement le
père? Oh! assurément le Hollandais le pousse et
lui donne de l'aiguillon. Nous sommes perdus
sans ressource .. Du moins, si j'avais su me taire
sur les billets! Ma foi, j'ai cru le toucher, et
l'amener à repentance. Bon, à repentance! Un
petit-maître qui se mêle de philosophie!... Je
m'y connais mal, ou il est engagé dans quelque
tripot fraîchement découvert... Mais quel est ce
personnage?

SCÈNE II

UN DOMESTIQUE, LA FLEUR.

LE DOMESTIQUE.

N'est-ce pas vous qui vous nommez La Fleur?

LA FLEUR.

Oui. Qu'y a-t-il?

LE DOMESTIQUE.

Hâtez-vous de me suivre, vous le saurez.

LA FLEUR.

Et où donc, s'il vous plaît?

LE DOMESTIQUE.

Venez toujours. C'est de la part du marquis de Menneville.

LA FLEUR.

Oh, le bourreau! J'en étais sûr. Ce messager-là a l'air et le ton sinistres. Je parierais que tout est flambé, ou pour le moins en grand danger de l'être.

SCÈNE III

M. GIRARD, *voyant La Fleur sortir.*

Eh bien! Où court-il si vite? La Fleur... La Fleur! Il ne m'entend pas. Son maître n'arrive point... Que puis-je augurer des allées et venues de l'un et du retard de l'autre? Aurais-je véritablement été dans une illusion pernicieuse?... La Fleur, ce matin encore... Il m'a peut-être trompé... Holà, quelqu'un!

SCÈNE IV

LES MÊMES, CLAUDIN.

CLAUDIN.

Avez-vous appelé, monsieur?

M. GIRARD.

Montez chez mon fils, qu'on le cherche, qu'il descende.

CLAUDIN.

Oui, monsieur. (*A part.*) Voici du nouveau. Notre bourgeois gronde en parlant de notre jeune monsieur. (*Il sort.*)

M. GIRARD, *seul.*

Je ne sais, mais depuis tout ce qui s'est passé vis-à-vis de M. Bertolin, il me vient de vives alarmes. Quoi! depuis six ans, je me serais aveuglé sur la conduite de Menneville?... Il me revient, malgré moi, cent traits à l'esprit, que j'ai traités de bagatelles, et que j'ai eu tort de ne point approfondir. Je me flattais qu'il avait au dehors seulement les défauts du tems... Mais si...

CLAUDIN, *rentrant.*

Monsieur, notre jeune monsieur n'y est pas.

M. GIRARD.

Il n'y est pas?

CLAUDIN.

Non, monsieur. (*M. Girard reste absorbé.*) Si

j'osais... monsieur. C'est que je l'ai vu sortir et rentrer deux fois d'une manière qui ne nous revient pas. Et puis, par après, il est encore sorti, et puis il n'est plus rentré, tant y a que ça nous tracasse.

M. GIRARD.

Sorti une troisième fois, sans être rentré!... A quelle heure?

CLAUDIN.

Comme tout le monde était à table.

M. GIRARD.

Allez... (*A part.*) Je suis joué. La Fleur est un fourbe. Il... mais au fond, dans les circonstances présentes, à quoi cela aboutirait-il? Oh! ce seront des tracasseries de ces malheureux créanciers, des craintes, peut-être le soin et l'empressement de sortir d'affaire avec ces pestes de la jeunesse. (*Il réfléchit.*)

SCÈNE V

LE MÊME, M. BERTOLIN.

M. BERTOLIN, *sans voir M. Girard.*

Ce Francin est un homme plein de prudence et de vertu... Je suis honteux de mes idées. Ah! un vieux garçon dans ce pays-ci est toujours suspect. Mais il m'a donné de si bonnes preuves... Qui diable aurait été se douter?... Soyons prudent. Voici notre pauvre ami...

Comme il est pensif! Eh bien! vous rêvez, mon cher Girard?

M. GIRARD.

Oui, j'étais occupé...

M. BERTOLIN.

Je suis importun peut-être..

M. GIRARD, *le prenant par la main.*

Non, mon cher ami, jamais.

M. BERTOLIN.

Je suis impatient de voir arriver Renaud, je l'ai chargé d'une affaire.

M. GIRARD.

Vous me paraissez chérir beaucoup ce garçon-là.

M. BERTOLIN.

C'est qu'il le mérite, mon ami. Si vous le connaissiez comme moi, vous l'aimeriez encore plus tendrement.

M. GIRARD.

Le voici, je vais vous laisser...

M. BERTOLIN.

Non pas, s'il vous plaît, je n'ai rien de caché...

SCÈNE VI

LES MÊMES, RENAUD.

RENAUD.

Je vous apporte, monsieur, de fort bons effets pour le montant de vos fonds.

M. BERTOLIN.

Bon, mon ami. Il faut convenir que Vanharbourg est aussi expéditif qu'il est sûr. Je lui sais
bon gré de sa diligence...

RENAUD.

Voici d'abord trois effets sur Londres, faisant
ensemble neuf mille livres sterling.

M. BERTOLIN.

C'est tout autant qu'il m'en faut.

RENAUD.

Voilà encore, en deux lettres de change sur
Hambourg, cinquante mille florins.

M. BERTOLIN.

Elles sont presque à vue, c'est mon affaire.

RENAUD.

Quant à ceux-ci, ce sont bons billets au porteur sur la place, ils valent du comptant.

M. BERTOLIN.

Bon, et cela est bien plus commode.

RENAUD.

Ils ont été faits ce matin à la bourse. Nous les
devons à l'empressement d'un jeune seigneur à
qui il fallait de l'or pour un gros pari qu'il a à la
course d'aujourd'hui... Au reste, ils sont reconnus par le tireur, qui est en grand crédit.

M. BERTOLIN.

A merveille, mon Renaud, à merveille! Va,
je te récompenserai bien de tes soins. (*Renaud
sort.*)

SCÈNE VII

M. BERTOLIN, M. GIRARD.

M. BERTOLIN.

Je pense à une chose, mon cher Girard. Tous ces billets au porteur forment ensemble un capital équivalent à peu près à ma mise dans notre dernière entreprise... Je vais vous les remettre:

M. GIRARD.

Volontiers. De qui sont-ils?

M. BERTOLIN.

De ... de ... d'Offreville.

M. GIRARD.

J'en avais encore ce matin à peu près pour la même somme. C'est de l'argent, que ces effets-là... Mais que vois-je?...

M. BERTOLIN.

Qu'est-ce donc, mon ami, ce papier vous serait-il suspect?

M. GIRARD.

(A part.) Ce sont mes numéros... (Haut.) Non, non, il est très bon au contraire, je le préfère à tout autre.

M. BERTOLIN.

En ce cas, c'est affaire soldée... Eh bien! le cher fils, en avez-vous des nouvelles?... Peut-être est-il aussi à la course, car un seigneur comme

lui ne doit manquer aucune des extravagances à
la mode.

M. GIRARD.

Je ne le crois pas assez fou pour se mêler d'un
jeu qui ne convient qu'à des grands.

M. BERTOLIN.

Ah! c'est la folie générale, personne ne veut
plus être moyen.

M. GIRARD, à part.

Ciel! je meurs d'inquiétude et d'impatience.

M. BERTOLIN.

Je vous quitte pour un instant. J'ai quelques
lettres dont Renaud travaille à me débarrasser.

M. GIRARD.

Ensuite, j'aurai besoin d'un moment d'entretien avec vous.

M. BERTOLIN.

En ce cas...

M. GIRARD.

Non, allez... Voici quelqu'un qu'il faut que
j'interroge...

M. BERTOLIN.

Allons... (*A part.*) Le pauvre homme n'est pas
tranquille... Puisse-t-il se désabuser, et remédier
du moins à tout ceci! (*Il sort.*)

SCÈNE VIII

M. GIRARD, LA FLEUR.

M. GIRARD, *sévèrement*

Eh bien, ton maître?

LA FLEUR.

Mon maître, monsieur?

M. GIRARD.

Oui.

LA FLEUR.

Monsieur... (*A part.*) Que lui dire? Je suis au
bout de mes subtilités et je ne me sens plus le
courage de lui en imposer.

M. GIRARD.

Eh bien, parle donc!

LA FLEUR.

Il est... Ma foi, monsieur, je n'en sais rien.

M. GIRARD.

Tu n'en sais rien?

LA FLEUR.

Non, monsieur, je vous assure.

M. GIRARD.

Et mes billets? Sais-tu ce qu'ils sont devenus?
Tu as sans doute suivi mes intentions.

LA FLEUR.

Sur-le-champ, monsieur.

M. GIRARD.

Sur-le-champ?

LA FLEUR.

Demandez-les à M. votre fils.

M. GIRARD.

Que je lui demande ! Et quoi ?

LA FLEUR.

Les billets au porteur.

M. GIRARD.

Grâce au ciel, je sais en partie leur sort au moins, puisque les voici.

LA FLEUR.

Quoi ! les billets que M. Thibaut m'a remis par votre ordre ?

M. GIRARD.

Oui, eux-mêmes. Et je prétends savoir de toi par quelle aventure ils sont revenus jusqu'à moi.

LA FLEUR.

Revenus ! Ah ! monsieur, cette aventure-là ne peut être que très heureuse, je tremblais qu'ils ne fussent en plus mauvaises mains.

M. GIRARD.

Que veut-il donc dire ?

LA FLEUR.

Oh ! sans contredit, monsieur, M. de Menne-ville vous les aura rapportés... Il aura gagné, il aura gagné. Ma foi, je ne l'aurais pas cru capable d'un procédé... Excusez, monsieur, j'ai l'honneur de vivre avec lui dans une certaine familiarité. J'entends quelquefois sortir de sa bouche des maximes...

M. GIRARD.

Que veulent dire tous ces détours? Répondez
à ce que je vous demande.

LA FLEUR.

Cela ne paraît pas avoir besoin de commentaire. La fortune aidant à l'animal sur lequel il
avait risqué trois mille louis, le jaquet[1] adverse
se sera, pour notre bonheur, cassé le col.

M. GIRARD.

Qu'est-ce qu'un jaquet adverse?

LA FLEUR.

Un jaquet, monsieur? C'est un personnage
très intéressant et très cher. Comment? On se
les arrache aujourd'hui plus qu'on ne ferait un
bel esprit, on leur graisse la patte, comme au
secrétaire d'un rapporteur.

M. GIRARD.

Et que m'importent les beaux esprits et les
jaquets?

LA FLEUR.

Monsieur, que M. de Menneville réussisse
encore cinq ou six fois, et...

---

[1] Dans la pièce qui précède (voy. p. 167) Rutlidge écrit
jacqys. Je trouve, dans les mémoires secrets de Bachaumont,
jacqueis (14 septembre 1776). Sébastien Mercier préfère *jo-*
keis et *jockeis* (Tableau de Paris, t. V, p. 224, et t. VIII,
p. 40. (Le premier dictionnaire français qui paraît avoir recueilli ce mot est celui de Laveaux, qui parut en 1820; j'y
trouve, à l'article *Jockey*, cette définition : « Jeune homme
faisant l'office de postillon et même de valet de pied. »

M. GIRARD.

Réponds à ce que je te demande. D'abord, pourquoi lui as-tu remis mes billets?

LA FLEUR.

Pourquoi? C'est que ce jeune homme-là a des manières si persuasives que je n'ai pu y résister malgré vos ordres.

M. GIRARD.

Tu les lui as assurément livrés?

LA FLEUR.

Ah! monsieur, j'en porte même quittance sur mes épaules. Il m'a fait de ces sommations auxquelles, pour leur salut, il a bien fallu céder.

M. GIRARD.

Sais-tu ce qu'il en a fait?

LA FLEUR.

Je ne sais plus rien, si ce n'est que vous les tenez.

M. GIRARD.

Cherche-le sur le champ. Qu'il vienne... ou je ... je m'entends... suffit... *(Il sort.)*

SCÈNE IX

LA FLEUR, *seul.*

Ma foi, je n'y suis plus... Je crois pourtant entrevoir... Mais ceci devient sérieux au moins, le sang du papa bénévole commence à s'échauffer. Tous ces humains endurans sont pis que les

autres quand la mesure est comblée... Ah! ce
serait donc à dire, mon infatigable patron, que
vous aurez été réaliser tout chaud ce dernier
secours de la main paternelle, pour aller gorger
d'or quelque escroc de la Tamise!... Vous n'avez
pas assez de ceux de votre pays natal!... Il est
pourtant bien fourni. Mais à travers tout cela,
M. Ramasson... son confrère Serremaille... Le
par corps! Oh parbleu! la journée ne peut guère
se passer sans quelque catastrophe... Mais que
vois-je? Champagne en désordre, sans chapeau,
le justaucorps sale et déchiré! Oh! nous en te-
nons, ou je suis bien trompé.

SCÈNE X

CHAMPAGNE, LA FLEUR.

LA FLEUR.

Comme te voilà tout essoufflé, mon pauvre
Champagne!... Monsieur est-il de retour?

CHAMPAGNE.

De retour! Ah le pauvre garçon!... Il est...

LA FLEUR.

Il est...

CHAMPAGNE.

Mon carrosse, mes pauvres chevaux!...

LA FLEUR.

Eh bien?

CHAMPAGNE.

Tout est en fourrière.

LA FLEUR.

Quoi, mon maître !...

CHAMPAGNE

Oh ! ils étaient une armée... Pour cette fois, il
est dedans.

LA FLEUR.

Voilà la catastrophe ! Elle est arrivée enfin.
J'entends, je crois, le patron. Oh ! je n'aurai
jamais le courage de lui apprendre...

CHAMPAGNE.

Tu n'auras pas cette peine-là : toute la maison,
tout le quartier en sont remplis ; la ville et les
faubourgs, que sais-je ? Après les exploits des
chevaux, on ne parle de rien tant que de la folie
des parieurs. Et puis, on vous le brocarde !
C'était bien à lui, dit-on, à faire le grand seigneur !

LA FLEUR.

Je l'avais bien prévu. Quand le train de tous
ces marquis bourgeois se soutient, il nous
revient, à nous autres malheureux serviteurs,
des veilles et les injures du tems. Les affaires
sont-elles embarrassées ? des maudissons[1] et de
l'étrille. La bourse est-elle tout à fait vide ? la
porte. Trop heureux si leurs parens daignent
nous payer nos gages... J'entends le père. Il
approche ; sauvons-nous.

---

[1] Des malédictions. Voltaire et Rousseau ont encore employé *maudissons* dans ce sens.

SCÈNE XI

M. BERTOLIN, M. GIRARD.

M. GIRARD.

Vous aviez raison, le voile est déchiré. Je vois les affreuses conséquences de ma crédulité et de ma mollesse.

M. BERTOLIN.

Oui, mon ami. Mais ce n'est point un stérile chagrin qu'il faut prendre, c'est un parti ferme et sensé.

M. GIRARD.

Que faire? Ses dissipations sont énormes, ses dettes sont criantes; elles absorbent bien au delà de ce que feu sa mère lui a laissé. J'ai déjà plusieurs fois fait des sacrifices très pesans, et le vide est encore plus grand que jamais.

M. BERTOLIN.

Avec le tems, mon ami, avec le tems! D'ailleurs, en écartant l'usure et ne payant que ce que la loi ordonnera, la dette se réduira au quart.

M. GIRARD.

Après cela, je l'abandonne... Ma sévérité surpassera mon égarement... Je n'en puis revenir. Croiriez-vous qu'aujourd'hui encore, ce malheureux a abusé de ma bonté? Dans la persuasion que ses extravageances étaient moins graves et que ce seraient les dernières, sur l'assurance de

son repentir, je lui avais donné ces mêmes
billets que Vanharbourg...

M. BERTOLIN.

Quoi! C'était le jeune seigneur de la course?

M. GIRARD.

Je n'y puis penser sans indignation.

M. BERTOLIN.

Cela est fort.

M. GIRARD.

Je ne veux plus le voir... et je le déshérite.

M. BERTOLIN.

Mon vieil ami, c'est sortir d'un excès pour se
précipiter dans un autre. Vous savez que je suis
franc, excusez si je vous dis que votre excessive
condescendance doit le rendre un peu moins
coupable ; il faut d'abord tenter de le corriger.
Si vous ne réussissez pas, à la bonne heure.

M. GIRARD.

Oh! j'en suis désespéré, et mon regret sera
éternel.

M. BERTOLIN.

Pourquoi, si le mal ne l'est point? Serrez-le,
remettez-lui la tête, dissipez toutes ces vapeurs
de vanité dont l'enivrent quelques étourdis qui
déshonorent de grands noms. Cette ivresse-là
fait plus de fous et de dissipateurs que toutes
les autres passions ensemble dans un siècle et
dans un pays de luxe. Changez impitoyablement
le ton de votre maison, faites-y rentrer tout le

monde dans votre état : ils apprendront à n'en plus rougir. Personne n'en sortit jamais de cette manière sans se mettre bientôt au-dessous, au lieu de s'élever au-dessus.

M. GIRARD.

Cela est bien malheureux. Mais n'avait-il pas mon exemple? Car jamais...

M. BERTOLIN.

Tant mieux, c'est une avance. Ajoutez-y de la résolution, cela sera sans réplique.

M. GIRARD.

Ce fut ma femme, ce fut leur mère, et je fus seulement assez faible...

M. BERTOLIN.

Votre histoire est celle de bien d'autres ici. C'est presque toujours les femmes qui y apportent cette maladie dans les familles. Ah ça! vous sentez-vous déterminé?

M. GIRARD.

Aidé de vos conseils, je vous promets plus que de la fermeté.

M. BERTOLIN.

Il ne faut pourtant pas autre chose. J'aperçois votre fille... Souvenez-vous de vos résolutions, les femmes sur ce chapitre sont plus récalcitrantes que les hommes.

M. GIRARD.

Je sens qu'il faut commencer par elle à m'expliquer.

SCÈNE XII

LES MÊMES, MADAME LELEU.

MADAME LELEU.

Ah! monsieur!... votre fils est perdu.

M. GIRARD, *froidement*.

C'est un petit malheur, s'il l'a mérité.

M. BERTOLIN, *bas à M. Girard*.

Bon. Continuez, ferme!

MADAME LELEU.

Comment! vous pourriez souffrir...

M. GIRARD.

Oui, tout ce qui est juste.

M. BERTOLIN, *bas à M. Girard*.

Très bien.

MADAME LELEU.

Mais, songez-vous qu'un homme d'un état et d'une condition!...

M. GIRARD.

Condition tant qu'il vous plaira. Il n'en est pas qui doive tenir contre celle de payer ses dettes, de se comporter en bon fils, en honnête homme, en citoyen.

M. BERTOLIN, *à part*.

A merveille.

M. GIRARD.

Ma fille, je suis moins pénétré du malheur

arrivé à votre frère que de voir qu'il se soit oublié dans tous ces points.

MADAME LELEU.

Mais, monsieur, il n'est pas aujourd'hui un jeune homme d'un certain étage à qui ces misères-là n'arrivent. Je ne vois pas ce qu'il y a de si criminel...

M. GIRARD.

Commençons, s'il vous plaît, par laisser ce ton-là... Je n'aime point ce *Monsieur* que vous me prononcez d'une manière si auguste. Je veux que mes enfans m'appellent leur père, parce que je désire qu'ils se souviennent que je le suis. Ensuite, ma fille, pour couper court à toutes vos remontrances, il faut que je vous dise que je m'aperçois du tort que j'ai eu de souffrir depuis vingt ans tout cet étalage et ces tons falots de qualité que feu votre mère a introduits dans ma maison, et je vois l'abus des airs de grandeur qu'on s'y est donnés.

MADAME LELEU.

Il serait beau vraiment de nous revoir petits bourgeois ! Que dirait le monde ?

M. GIRARD.

Tout ce qu'il voudra. Le suffrage des fous ne m'inquiète guère, celui des hommes sensés ne manque jamais à ceux qui rentrent dans les bornes quand ils ont eu le malheur de s'en écarter. En un mot, tranchons. Puisque vous êtes si éloignée de ma façon de penser, il faut vous parler net. Vous avez un mari, vous en dépendez. Si ce train de vie, et surtout cette volée d'étourneaux du bel air que vous m'attirez sans cesse ici, lui conviennent et à vous aussi, vous aurez votre chez vous... Pour Menneville, j'aurai soin d'écarter les occasions.

MADAME LELEU.

Monsieur, ce langage m'étonne. Vous êtes le maître, car je ne vois pas qu'une femme comme moi...

M. GIRARD.

Une femme comme vous ! Une femme comme vous a causé tous mes chagrins.

MADAME LELEU.

Vous trouverez bon, monsieur, que je vous prie de vous expliquer avec M. Leleu.

M. GIRARD.

C'est mon intention.

MADAME LELEU.

En ce cas, j'attendrai... (*A part.*) C'est cet animal-là qui vient réveiller tous les goûts bourgeois de mon pauvre père. (*Elle sort.*)

SCÈNE XIII

LES MÊMES, UN LAQUAIS

LE LAQUAIS.

Monsieur, il y a là un M. Francin.

M. GIRARD.

Francin ! je m'étonne... qui peut l'amener ?
Il prend mal son tems.

M. BERTOLIN.

Ce fut autrefois votre meilleur ami. Il ne vient
probablement pas pour vous affliger, il faut le
voir... C'est un bourgeois, mon ami, qui n'a
point rougi de l'être ; il n'est point au nombre
des proscrits.

M. GIRARD.

Vous avez raison, il faut qu'il ait quelque service à me rendre. Notre refroidissement ne m'a
jamais fait oublier combien il aimait à faire du
bien.

LE LAQUAIS, *qui doit avoir attendu à l'écart.*
Faut-il qu'il entre, monsieur ?

M. GIRARD.

Oui.

SCÈNE XIV

LES MÊMES, FRANCIN.

M. FRANCIN.

Mon frère !

M. GIRARD, *l'embrassant.*

Ce nom qui me pénètre m'apprend que vous
avez oublié mes torts.

M. FRANCIN.

N'y pensons plus. Je viens partager vos peines.

Hélas! mon ami, dans le tems où je les ai prévues, il aurait été impossible d'y apporter remède sans porter atteinte à votre paix domestique. Ce personnage m'a paru incompatible avec la qualité de frère de votre première femme. D'ailleurs, j'aurais peut-être échoué. Affranchi aujourd'hui de cette crainte, je viens essuyer vos larmes.

M. GIRARD.

Vous savez donc que ce malheureux enfant vient de subir un affront, hélas! trop mérité. Aussi, je prétends qu'il reçoive...

M. FRANCIN.

Un châtiment raisonnable...

M. GIRARD.

Qu'il ne se présente jamais devant moi. Sa présence affligerait, à chaque instant, ma vieillesse infortunée. Je suis désespéré... Il faudra donc, seul et isolé, pleurer...

M. BERTOLIN.

Écoutez Francin, mon ami, écoutez-le.

SCÈNE XV ET DERNIÈRE

LES MÊMES, MARIANNE, RENAUD.

M. FRANCIN, *à Renaud et à Marianne, qui après s'être avancés sur la scène, font un mouvement pour se retirer.*

Eh non! mon ami, approche. Et vous, belle

Marianne, venez vous joindre à nous pour consoler un père affligé.

M. RENAUD.

Je craignais d'être indiscret.

M. FRANCIN.

Non ! non ! mon cher Girard. Le ciel vous a affligé dans un de vos enfans. Le mal cependant n'est plus si grand, mon amitié a cru deviner vos intentions, j'ai tranché avec les sangsues qui l'avaient abîmé, j'ai armé la vigilance du ministère public contre les fripons qui l'avaient escroqué, en un mot, il en sera quitte pour le quart de ce qu'il avait contracté de dettes. Quant au jeune homme, il a besoin d'éloignement et de correction. Le tems changera son caractère, et l'absence effacera le souvenir de ses folies dans l'esprit de ceux qui en furent témoins. Voici un ordre pour l'éloigner et lui faire passer quelque tems dans nos colonies.

M. GIRARD.

Mon ami, vous avez vu tout cela avec sagesse, et la punition n'est que trop douce... Cruelle extrémité pour un père ! Faut-il !...

M. FRANCIN.

Dites-moi un peu, mon cher Girard, ne retrouvez-vous pas quelques traces de ce sentiment si profond et si tendre pour un pauvre enfant perdu en bas âge ?

M. GIRARD.

Ah! mon cher Francin, que me dites-vous là? Si le ciel m'eût laissé cette consolation, il retracerait sans doute à mes yeux le caractère d'une mère aimable et modeste...

M. FRANCIN.

Eh bien! père moins malheureux que vous ne pensez, apprenez...

M. GIRARD.

Je suis tout ému... achevez.

M FRANCIN.

Apprenez que mes soins vous l'ont conservé, et que, tandis que je viens d'éloigner de vous un enfant dont l'éducation a corrompu le naturel, je veux vous consoler en vous en rendant un autre dont les soins d'un ami ont fait tout ce qu'un père comme vous pouvait désirer.

M. GIRARD.

Serait il possible?... Expliquez-vous, de grâce.

M. FRANCIN.

Votre seconde femme, vous le savez, avait fait exiler ce pauvre enfant de la maison paternelle. Je prévis tout ce qu'il avait à attendre d'une marâtre frivole et sans sentiment; je sentis les dangers que courait votre maison sous une maîtresse fastueuse et hautaine, et je me doutais qu'elle serait en même tems pour cet enfant un séjour désagréable et une mauvaise école. Alors je résolus de m'en emparer. Pour cela, j'engageai l'honnête femme aux soins de qui il était confié, à me le remettre et à divulguer le bruit de sa mort. Celle d'un enfant qu'elle avait, arrivé à peu près vers ce temps, nous aida à donner un fondement à cette feinte ; et comme votre épouse prenait peu de part à l'événement, on ne chercha point à l'approfondir. J'ai eu soin de constater les faits d'une manière secrète, mais irrécusable ; et voici... (*Il montre des papiers.*)

M. GIRARD.

Hâtez-vous donc de me dire si le ciel a secondé vos soins en me conservant...

M. FRANCIN.

Oui, vous le reverrez digne de vous. C'est le sage et judicieux Bertolin qui l'a formé. Si j'ai conservé votre fils, il en a fait un homme, il...

M. GIRARD.

Quelle voix se fait entendre au fond de mon cœur!... (*Regardant Renaud qui est tout en larmes.*) Aimable et beau jeune homme... êtes-vous mon fils?

M. FRANCIN.

Cette voix ne vous trompe point. Oui, c'est lui. (*Renaud tombe aux genoux de M. Girard, qui le serre dans ses bras. Après une pause, Renaud reprend*).

M. RENAUD.

Ah ! mon père.

M. GIRARD.

Mon cher enfant!

M. BERTOLIN.

Il n'est pas juste qu'en retrouvant un fils dont j'ai pris tant de soins, j'en perde tout à fait le fruit. Pour qu'il soit aussi le mien, je satisfais au désir secret de mon cœur en lui donnant ma Marianne.

M. GIRARD.

Mes amis, si ma joie pouvait être sans mélange, elle serait trop parfaite.

RENAUD à *Marianne*.

Cette union, belle Marianne, est l'espoir le plus doux que puisse m'offrir le changement de mon sort. Mais si elle était contraire à vos désirs, je conjurerais moi-même le meilleur des pères...

MARIANNE.

Avez-vous jamais rien vu qui puisse vous le faire penser ?

M. BERTOLIN.

Oh! je me suis quelquefois douté du contraire. Mais je te pardonnais au fond de mon cœur, parce que je te connaissais discrète et sage. D'ailleurs, j'étais un peu amoureux de ce garçon, aussi moi; et malgré quelques sots soupçons dont je demande bien pardon à notre ami Francin, je ne sais où cela m'aurait conduit.

RENAUD.

Belle Marianne, si mes yeux m'ont quelquefois trahi, malgré le respect qui aurait du moins imposé à ma bouche un éternel silence, vous avez dû y lire que cet instant est le plus inespéré et le plus beau de ma vie.

M. GIRARD.

Pourquoi faut-il qu'il ne me rende pas heureux? Sans le mélange cruel...

RENAUD.

Soyez-le, mon père... Mon frère est votre fils, vos bontés le rappelleront à son devoir.

M. GIRARD.

La pente vers le mal est rapide, mon enfant, un retour solide et réel vers le bien ne saurait être l'ouvrage d'un jour. Quand je me serai assuré qu'il vous ressemble, il aura son pardon. Vous, mes dignes amis, aidez-moi à effacer par une fermeté raisonnée le mal qu'ont causé mon aveuglement et ma condescendance. Mon cœur a besoin de vos conseils.

M. BERTOLIN.

Vous savez que je ne les épargne pas.

FIN

PARIS

TYPOGRAPHIE PLON-NOURRIT ET Cie

Rue Garancière, 8

www.ingramcontent.com/pod-product-compliance
Lightning Source LLC
Chambersburg PA
CBHW071617270326
41928CB00010B/1661